JN007829

人口減少下に
〝個が輝く〟
日本の未来図

価値循環の成長戦略

デロイト トーマツ グループ

日経BP

はじめに

はじめにショッキングなデータをご紹介しよう。

7・7%――。これは、内閣府の「国民生活に関する世論調査」(2022年度)にある「**あなたのご家庭の生活は、これから先、どうなっていくと思いますか**」という質問に対して、「**良くなっていく**」と答えた人の割合だ(図表0-1)。裏を返せば9割以上の人が、将来の暮らし向きについて、どんなに良くても「現状維持」が精一杯と考えているのだ。これが、今の日本を覆っている「空気」である。

人口減少と少子高齢化により、日本経済の長期衰退の流れは止めようがない、という悲観論は根強い。果たして、人口

図表0-1　今後の家庭生活が「良くなる」と思っている人の割合

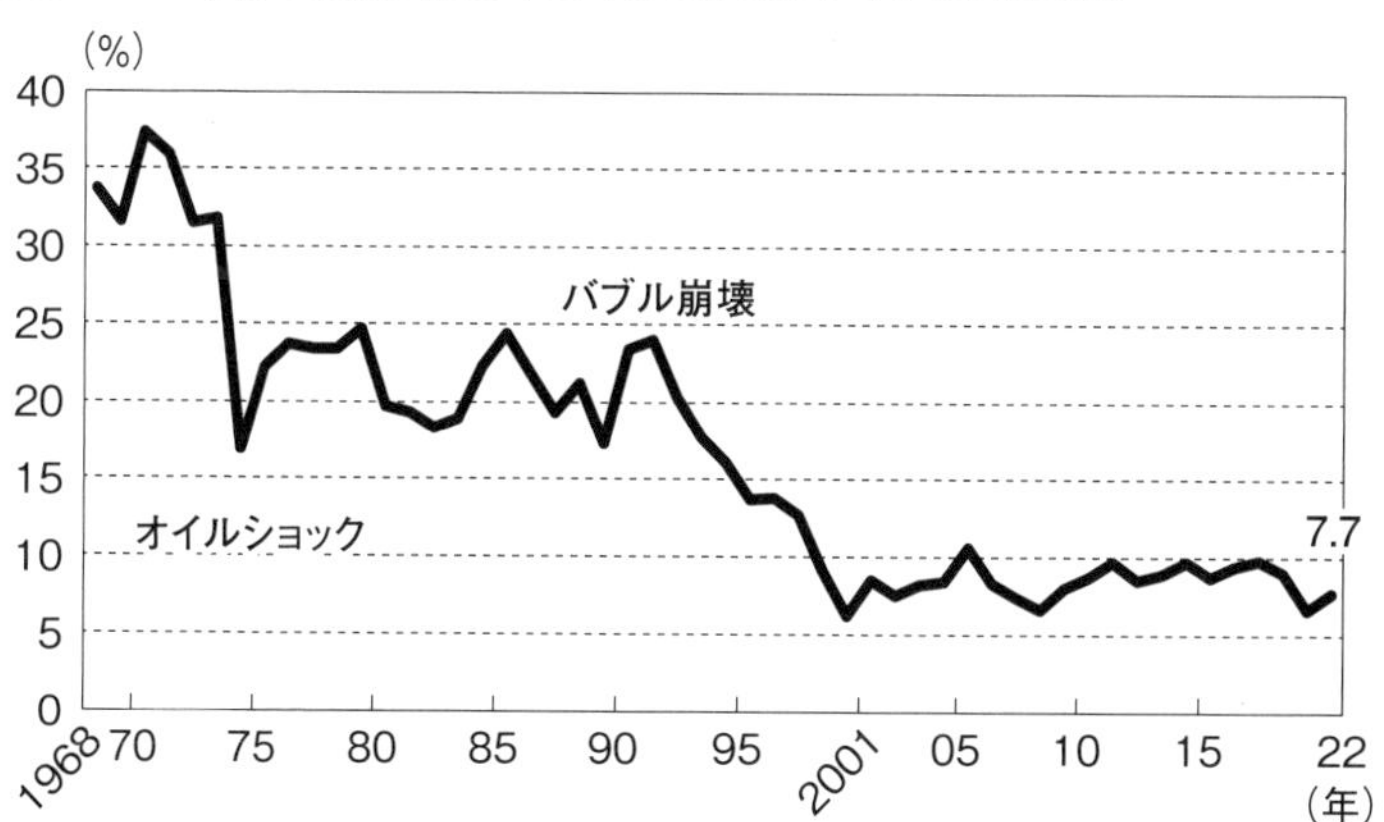

データソース：内閣府「国民生活に関する世論調査」(https://survey.gov-online.go.jp/index-ko.html)を加工して作成

注：1998年、2000年、2020年は調査未実施のためデータなし。1年間に2回調査を実施している年は平均値を使用

減少の流れが不可避な中で、一人ひとりが「明日は今日よりも良くなる」と感じて希望を持って生きていくことはできないものだろうか。

私たちデロイト トーマツ グループは、昨年刊行した『価値循環が日本を動かす～人口減少を乗り越える新成長戦略』（2023年、日経BP、以下前著）において、人口増加に依存しない経済成長のあり方を提唱した。価値循環とは、人口が減少する環境下でもヒト・モノ・データ・カネのリソースを「循環」させることで付加価値を高めて成長できる、という考え方であり、人口減少の悲観論からの脱却を促すものだ。

本書『価値循環の成長戦略』は、前著の考え方をより推し進めて、人口減少下で「個の豊かさ」をいかに高めるかに主眼を置いて提言を試みる。

人口減少の時代こそ、人の数ではなく「個」に目を向ける〝好機〟と捉える新たな発想を持つべきではないか。それが本書の時代認識である。人口が減るということは、一人ひとりの存在価値、いわば「希少性」が高まることを意味する。

これまで日本は、ともすると「全体」の規律や効率性を優先してきたが、その一方で、一人ひとりの可能性の実現や豊かさの実感という点では立ち遅れてきた。近年においてダイバーシティーやウェルビーイングが注目されていることは、その裏返しでもある。これからの時代は、一人ひとりの付加価値や個人としての豊かさに軸足を置き、「質的な成長」

を最優先で追求するモデルに転換することが求められているのだ。
「希少性」を増す個々の人に光を当て、一人ひとりが価値を発揮し輝くには、日本全体の経済規模を大きくして結果的に個が豊かになるという捉え方から、個を豊かにすることに主眼を置き、その集合体として全体が成長する、という考え方に発想を転換する必要がある。

本書の目的は、人口減少下にあっても価値循環を通して、一人ひとりの付加価値や豊かさの向上につながる道筋を描くことにある。そうしたシナリオを描き、個々人が、企業、地域、産業などあらゆるレベルで実践することで、将来への手応えと予見可能性を高めて、1人でも多くの人が「明日は今日よりも良くなる」と感じられる日本社会の指針になることを目指している。

〝個が輝く〟——。実は、目を凝らしてみると、そのきっかけともなる新たな動きは日本各地ですでに出始めている。そうした動きの一例を見てみよう。

●農業は「もうかる仕事」として人気が高まっている。愛媛県でかんきつ類を中心に農園を営む人は、4年間自衛官として働いた後に一念発起して農業の道に入った。高級かんきつ類に的を絞って高収益農業を追求しており、「農家はもうからないイメージがあるが、そんなことはない。高収入で、やったらやっただけもうけられる」と意気込む。農林水産省のデータによると、49歳以下で起業して農業に新規参入する人の数は、過去10年余りの間に約3倍に増えている。

●アニメの作画を担うアニメーターの仕事は、低賃金・長時間労働が「当たり前」とされてきた。しかし、人手不足が深刻化する中で、アニメ制作会社が一定以上の実力のあるアニメーターを「囲い込む」動きが顕在化し、それに応じて平均年収も上昇傾向にある。日本動画協会によると、近年、アニメ市場の規模は海外が国内を上回る勢いで急速に伸びてきている。こうした中で、現状の倍以上の報酬を手にする例も出現しつつあるといわれている。

●国際的なスノーリゾートとして知られる北海道のニセコでは、時給アップや賃上げの動きが激しい。2023~2024年の冬シーズンは、ホテルの清掃スタッフの時給が2000円程度に上昇した。あるホテルでは、特に人員確保が難しい接客スタッフの賃金を約25%増額したという。インバウンド（訪日外国人）客数の急速な回復を受けて、従業員やアルバイトの争奪戦が過熱したことが大きな要因だ。

●兵庫県丹波市の山間部にある通販専門のパン工房は、東京の大手企業で働いていた人が脱サラして立ち上げた。そのときどきで手に入る食材を基にレシピを考えるため、商品は「おまかせセット」のみ。注文を受け付けるのは数カ月に1度にもかかわらず販売するパンはすぐに売り切れる。地元丹波を中心に、顔の見える生産者が手掛けた食材を適正価格で買い取ることにこだわっており、地元の小さな経済圏の中心となっている。

●日本で介護職に就いていたある人は、オーストラリアに渡って現地の介護現場で仕事をするようになって、月収が日本にいた時の3倍以上の80万円程度に跳ね上がった。しかも、日本と違い残業はほとんど無く、余暇に医療英語の勉強をする余裕もできたという。

人口減少下の日本経済は、全体で見ると多くの業種で長らく深刻な人手不足にある。にもかかわらず、人材のミスマッチは一向に解消せず、賃金の上昇もまだ限定的で不十分な水準が続いていた。しかし、このようにミクロレベルで個別の動きに目を凝らせば、やりがいのある仕事を見つけて人並み以上に「稼いで」いる人たちもたくさんいる。

そのような事例から浮き彫りになるのは、既成の常識や慣習にとらわれずに、業種・業界や地域・国などの間の見えない「壁」を乗り越えて、新たな市場や成長機会の開拓に積極的に挑戦するヒトや企業の存在だ。

「壁」をものともせずに果敢に動くヒトが、人並み以上に「稼げる」チャンスをつかむ。様々な「壁」を乗り越えて新たな事業を興し、他社よりも「稼げる」機会を提供する企業に、やる気と能力にあふれたヒトが集まり、その企業がますます成長する。さらに、こうしたヒトや企業を熱心に誘致・勧誘した地域の経済は活性化し発展していく――。こうした好循環が、〝個が輝く〟ことを起点に日本各地で芽生え始めている。

これからの日本社会は、全体を優先するがあまり個を劣後しがちだった同調性が強い空気を変え、自律した個が輝き、かつ互いが「壁」を乗り越えてつながることで、真に〝協調〟する社会へと変化を遂げることが求められている。

では、このように「壁」を乗り越えて個人、企業、地域などがつながり、そうした新たなつながりが契機となって生み出される好循環の輪を日本全体に広げて展開するには、どうしたらよいのだろうか。

本書では、壁を乗り越えて〝個が輝く〟ための日本の経済社会のあり方について、ミクロとマクロの両面から、企業、地域、産業全般にわたって、未来への道筋を描くことを試みている。具体的には、個々人の豊かさのベースとなる象徴的な指標として「1人当たりの付加価値」を掲げ、それを高めるための実践的なアプローチを提唱する。

まずは、1人当たり付加価値を持続的に成長させている企業や地域の成功事例を分析しながら、個の付加価値を高める価値循環を効果的に生み出していくための実践的な方法論を示す（第2章、第3章）。その上で、日本全体で生み出す付加価値を高め、それを個々人のレベルでの豊かさの向上に持続的に結びつける社会的な仕組みとしての「循環型成長モデル」について詳しく解説する（第4章～第7章）。

私たちは、人口減少時代こそ「個」に目を向ける好機であると考える。個人を企業、地域、経済社会で最大限に生かし、互いが協調できる仕組みを実装すること、さらに一人ひとりが意識を変えて動き始めることによって、希望ある明日の日本を実現することができるのだ。

人口減少下に〝個が輝く〟日本、その実現に向けた一歩を共に歩みはじめよう。

第3章

人口減少下でも成長する地域経済の戦略発想

第4章

新市場を創る7つの「成長アジェンダ」と日本の勝ち筋

第5章

付加価値の高い雇用を生み出す2つの「労働移動」 233

第6章

〝個〟を生かす「全世代型リスキリング」と「レベルアップ型」賃上げ 255

第7章 〝個が輝く〟日本を目指して

第1章

人口減少時代の最重要課題は1人当たり付加価値の向上

人口が減少し日本が縮んでいく……。そうした漠然とした不安と諦めから抜け出し、〝個が輝く〟日本を実現するにはどうすればよいのか。本章では、こうした課題を日本の現状に即して明らかにしつつ、人口減少下で1人当たり付加価値を向上させる成長戦略のコンセプトとしての「価値循環」について解説する。さらに、価値循環を社会全体に実装させ、より大きなスケールで具現化させていくための「循環型成長モデル」の見取り図を示し、そのシナリオを本書全体の構成を基に概観していくことにしたい。

◆持続的な賃上げには「1人当たり付加価値」の向上が不可欠

賃金上昇率「一人負け」の日本

今、世界の熱い視線が日本に注がれている。長期にわたって低迷してきた日本経済に、再成長の兆しが見えてきたためだ。海外投資家による日本株への投資が増加し、2024年の春闘では「30年ぶりの高水準の賃上げ」といわれた前年に匹敵する賃上げの実現に期待が集まった。

「賃上げ→消費拡大→物価上昇→企業の収益増加→さらなる賃上げ」という力強い「好循環」を生み出していくには、何にも増して、人々が物価上昇を上回るほど「稼げる」ようになるかどうかが問われてくる。一人ひとりの稼ぐ力、いわば個の付加価値（1人当たりの

図表1-1　1人当たり実質賃金の国際比較

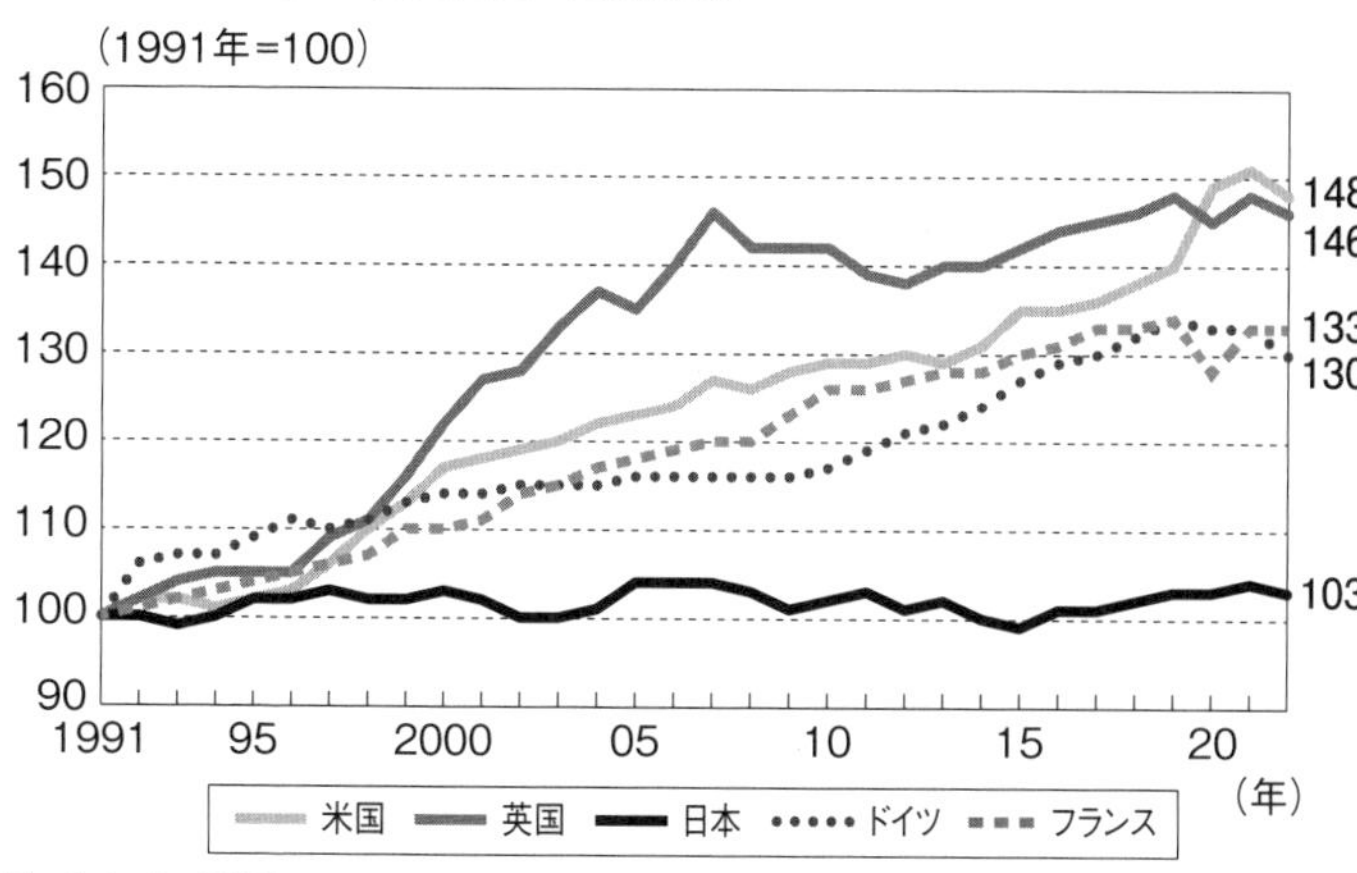

データソース：OECD
注：2022年の米ドル（購買力平価換算）により実質化した値を基に計算

付加価値）が高まることによってこそ、賃金と物価が安定的に上昇する「好循環」が本格的に回り始め、いよいよ「失われた30年」といわれる長期停滞から抜け出すシナリオが実現可能になる。

足元で動き始めた賃上げの動きを、一過性に終わらせずに〝持続的〟な賃上げにつなげるには、過去から続く長期停滞からの脱却というハードルを越えなければならない。

しかし、現実はそう簡単ではない。

ここで日本の賃金の状況を振り返ってみよう。2023年の賃上げが「30年ぶり」と騒がれた通り、過去30年間、日本企業が雇用の維持を最優先した結果、賃金の伸びはほとんど見られずに他国に大きく水をあけられてきた（図表1-1）。いわば、日本の「一人負け」とも言えるような賃金上昇率の伸び悩みが続いてきたのだ。

では、長年にわたって賃金が上昇しない原因は何だったのか。


賃金は「付加価値」×「労働分配率」で決まる

まず、そもそも賃金はどのようにして決まるのか。

賃金を決定する要因は、端的には「付加価値」と「労働分配率」だ。ここで言う付加価値とは、製品やサービスなどの売上金額から原材料費や外注費などを差し引いたものであり、付加価値のうち給料などとして働き手に分配された割合が労働分配率である。

つまり賃金は、「**賃金＝付加価値×労働分配率**」で概算できる。仮に労働分配率が一定の場合、付加価値が高くなれば賃金は上がる。言い換えると、「1人当たり付加価値」を高めれば高めるほど、賃金上昇につながりやすいという構造である。

では日本において、働き手が生み出す1人当たり付加価値はどのように推移してきたのだろうか。国全体で考えると、国内総生産（GDP）とはその国で生み出された付加価値の総和として定義される。よってGDPを就業者数で割ることで、就業者1人当たりの付加価値（就業者1人当たりの労働生産性）を見ることができる。日本生産性本部によると、日本の就業者1人当たり付加価値は、2022年時点で8万5329ドル（購買力平価換算では833万円、図表1-2）。経済協力開発機構（OECD）加盟の38カ国中の順位で見ても、

図表1-2 OECD加盟国の就業者1人当たりの付加価値（2022年）

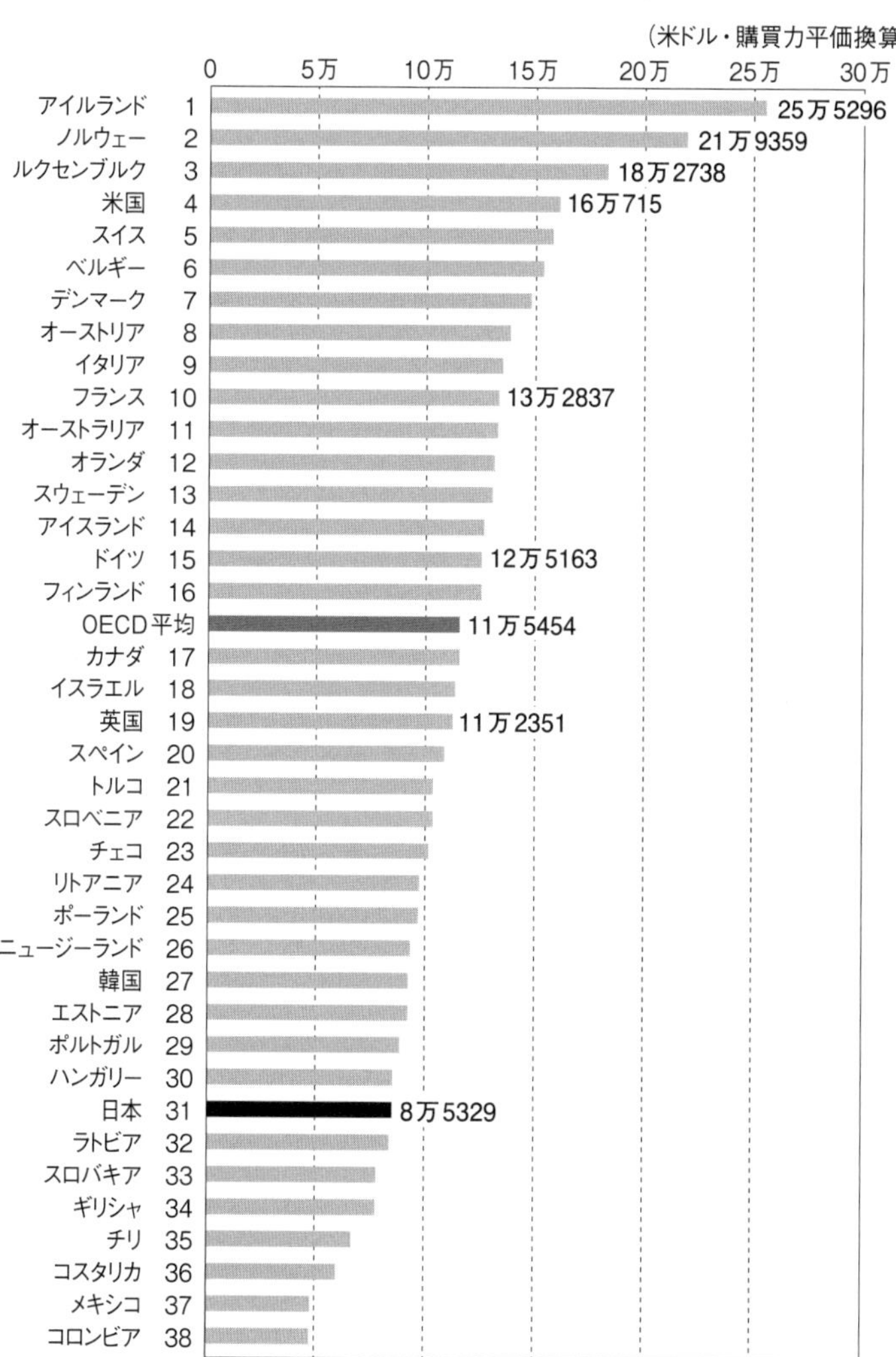

データソース：日本生産性本部
注：国名の右の数字は順位

図表1-3　就業者1人当たりの付加価値の順位の推移（1970～2022年）

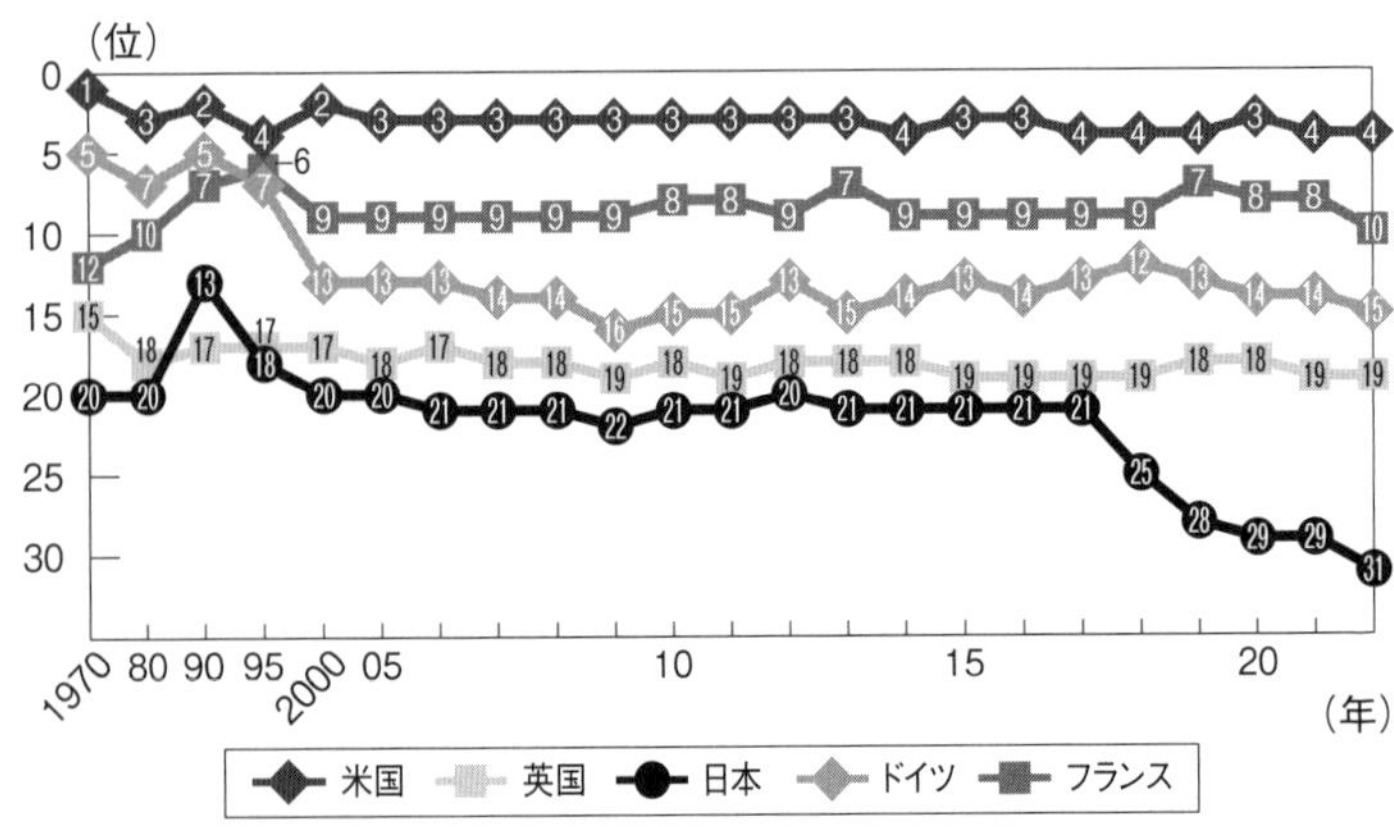

データソース：日本生産性本部
注：1991年以前のドイツは西ドイツ

1970年以降で最も低い31位に落ち込んでいる（図表1-3）。

一方、賃金を決めるもう1つの要因である「労働分配率」の水準は、他国と比較して大きく下回っているとはいえない（図表1-4）。つまり、日本の賃金が伸び悩んできた大きな原因は、就業者1人当たり付加価値が伸びていないことにあると考えられる。

「自前主義」による個別最適志向が低迷の原因

図表1-3で見た通り、日本の就業者1人当たり付加価値（1人当たり労働生産性）は、かねて先進諸国の間でも低い水準に甘んじてきた。改めて過去を振り返ると、日本の労働生産性の低さは、「失われた30年」と

図表1-4　労働分配率の推移の国際比較

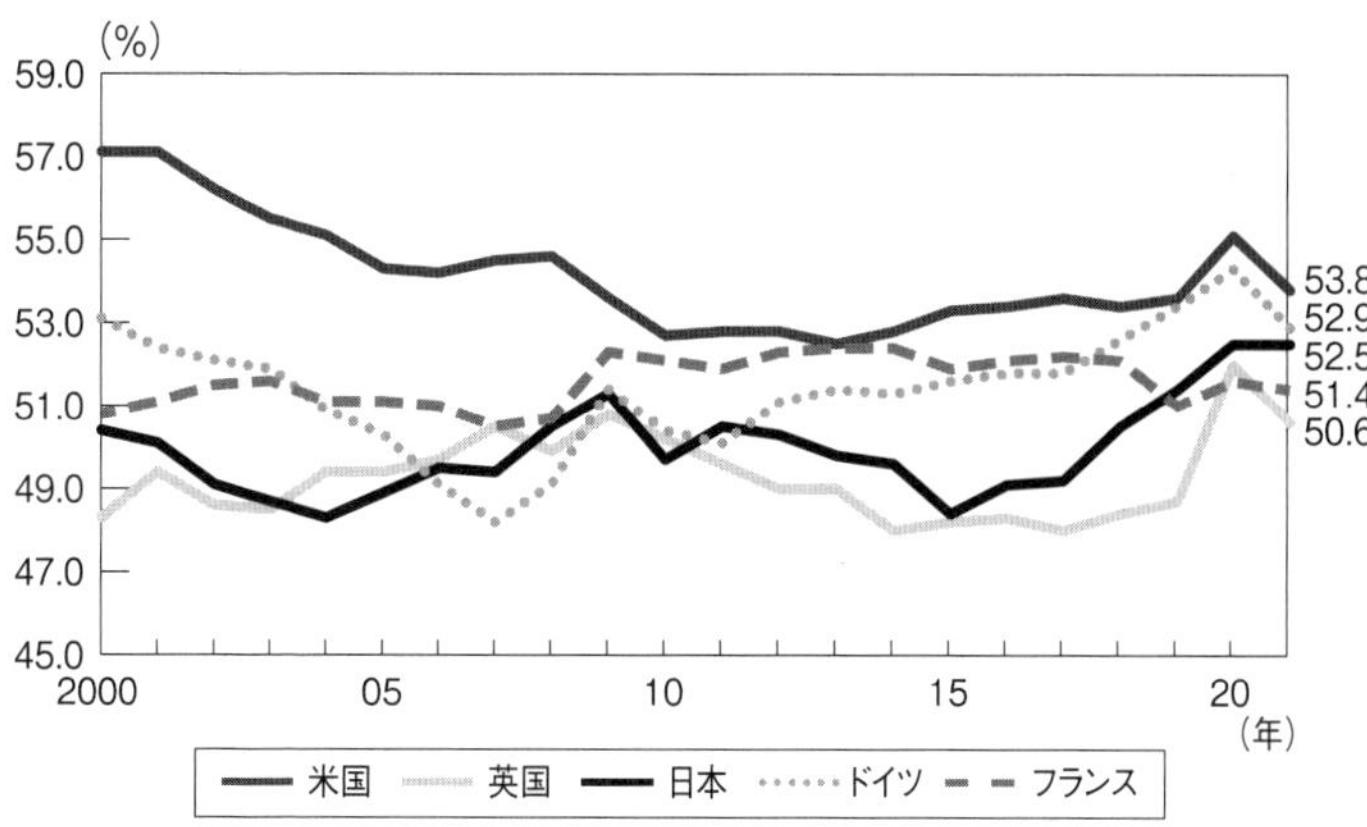

データソース：OECD
注：雇用者報酬を名目GDPで除して算出

いわれる90年代以降よりも、かなり以前の70年代からずっと続いてきていることが分かる。つまり、こうした日本の低生産性の背景には、一過性ではなく長年にわたって定着している日本社会の構造的な特質がある。この大きな原因としてまず考えられるのは、企業や行政をはじめとする日本の組織に特有の「自前主義」に裏打ちされた個別最適志向だ。

最近でも、生産性を高めるためにデジタル化を進めようとすると、企業や自治体がそれぞれ自前のＩＴシステムをつくり込んでいるため、相互にデータを共有するのに苦労し、なかなか期待される効果が表れないという話がよく聞かれる。この例に代表されるように、日本では従来から多くの経済活動の領域において、自前主義と、そこ

図表1-5　個別最適志向がもたらす様々な「壁」と新たなつながりの必要性

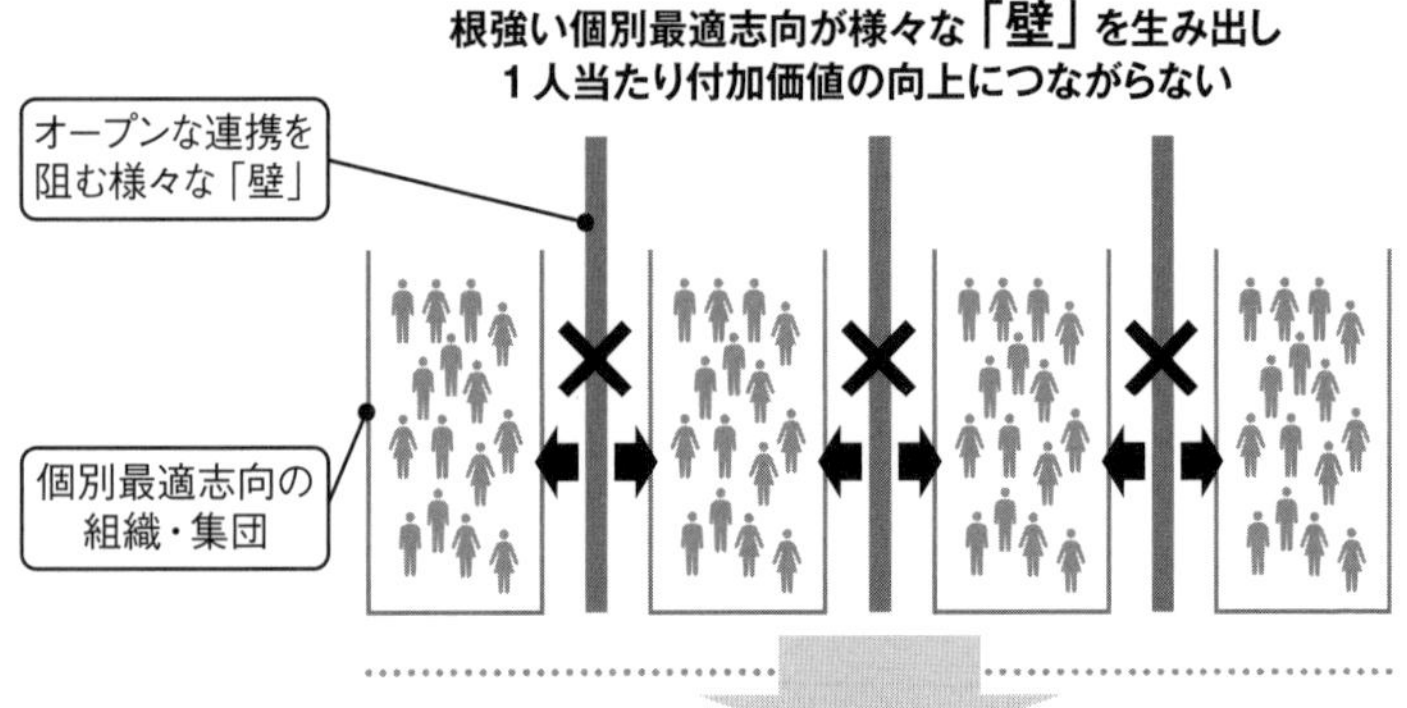

から派生する個別最適の発想が根強い。いわば〝タコつぼ化〟された状態から抜けきれないことで、多様な相手とのオープンな連携が妨げられ、縦割り組織特有のセクショナリズムと非効率に陥りがちだ。

個別最適の追求が、異なる組織や業界の間を隔てる「壁」を生み、それが企業の生産性や収益性の向上の足かせとなって、働き手１人当たりの付加価値を低い水準に押しとどめてきたと考えられる（図表1-5）。

それでも、高度成長期には人口増加に伴って経済全体の規模も拡大を続けたため、各企業や組織が自前の仕組みや設備で個別に自己完結していても、その総和がプラスであれば経済全体が成長し、「一億総中流」と呼ばれたように多くの国民も成長の果実を享受している実感することができた。「世界第2の経済大国」というステータスの陰に隠れて、1人当たり付加価値の低さは正面から問題視されてこなかったのだ。

長期停滞の中で1人当たり付加価値は「底割れ」

しかし、日本の人口減少傾向が明らかになってきた局面では、こうした継続的な市場拡大の前提が崩れる。バブル経済崩壊以降はOECD加盟国内で1人当たり付加価値の順位が下降線をたどり、1998年からは20位台が「定位置」となった。

さらにここ数年は、毎年順位がつるべ落としのように下がり続け、先述のように2022年にはついに20位台からも脱落して過去最低の31位となった。主要7カ国（G7）の中では圧倒的な最下位であり、お隣の韓国にも抜かれ、今やOECD加盟38カ国の「下から数える」ほうが早い位置になっている（図表1-2参照）。

元々先進国中でも低位にあった日本の1人当たり付加価値は、「失われた30年」と呼ばれる長期停滞と軌を一にして国際的なランクをさらに押し下げ、近年においてはまさに「底割れ」の状況を呈している。これでは、どんなに賃上げを行いたくても、その原資の増加が伴っていないため限界がある。賃金の水準が伸び悩み、他国に大きく水をあけられてしまうのも当然だ。

人口減少による経済活動の「委縮」が向上を阻害

なぜ、元々低かった日本の1人当たり付加価値の国際的な順位は「底割れ」するまでになってしまったのか。一人ひとりの日本人の能力や勤勉さが、過去数十年の間に他国に比べて著しく劣化したとは考えにくい。

実は、この期間に日本企業の経営のあり方に根本的な変化があったのだ。こうした変化の背景には、人口減少予測とそれに由来する成長期待の低下がある。

多くの日本企業は、高度経済成長期以来、人口増加に伴う市場拡大を前提にして、「いかに良いモノをより安く大量に供給できるか」を競いながら成長してきた。つまり、人口増加に伴う需要増が成長の源泉だった。

こうした「成功体験」の裏返しとして、1990年代後半以降、日本の人口減少傾向が明らかになると、多くの企業が「今後市場が縮小する」との予測の下に日本国内での投資を抑制し、より成長が見込める海外展開に経営資源をシフトさせてきた。いわば、国内市場に対する成長期待が著しく低下したのである。その結果、企業は、製造設備などのモノへの投資だけでなく、日本国内でのヒトへの投資（＝賃上げ）も抑え込んできたのだ。

本来であれば、企業の積極的な投資が新たな市場を開拓し、それに呼応して個人の旺盛な消費が新たな市場をより一層拡大させる。これが経済を回転させるエネルギーとなる。ところが人口減少を目の前にして多くの企業が「守り」に入った結果、企業も個人も経済活動を委縮させてしまい、新たな市場やこれまでにない付加価値を創出するようなイノベーションは起こりづらくなっていった。

人口減少そのものというよりも、むしろ「今後の人口減少予測」に由来する成長期待の低下が、「空気」のように日本全体を覆い尽くした。その結果、企業の投資を起点とする「将来に向けた市場の創出」に自己抑制がかかり、ヒト・モノ・カネの動きが著しく停滞してしまったのだ。

今の日本に求められているのは、こうした「空気」を変えるために長年続いてきた構造的な特質に目を向け、そこに立ちはだかる様々な「壁」を乗り越えて、人口減少下でも1人当たり付加価値を向上させ得る新たな成長戦略を打ち出すことである。

◆人口減少を乗り越える成長戦略のコンセプトは「価値循環」

1人当たり付加価値は人口成長率にかかわらず高められる

それでは本当に、日本において1人当たり付加価値を向上させることは可能なのか。

人口減少下で仮に日本経済全体の規模的な成長があまり望めなくなるとしても、それが自動的に1人当たり付加価値の低下につながると決めつけるのは早計だ。公益財団法人ア

図表1-6　OECD加盟国の人口成長率と1人当たりGDP成長率との関係

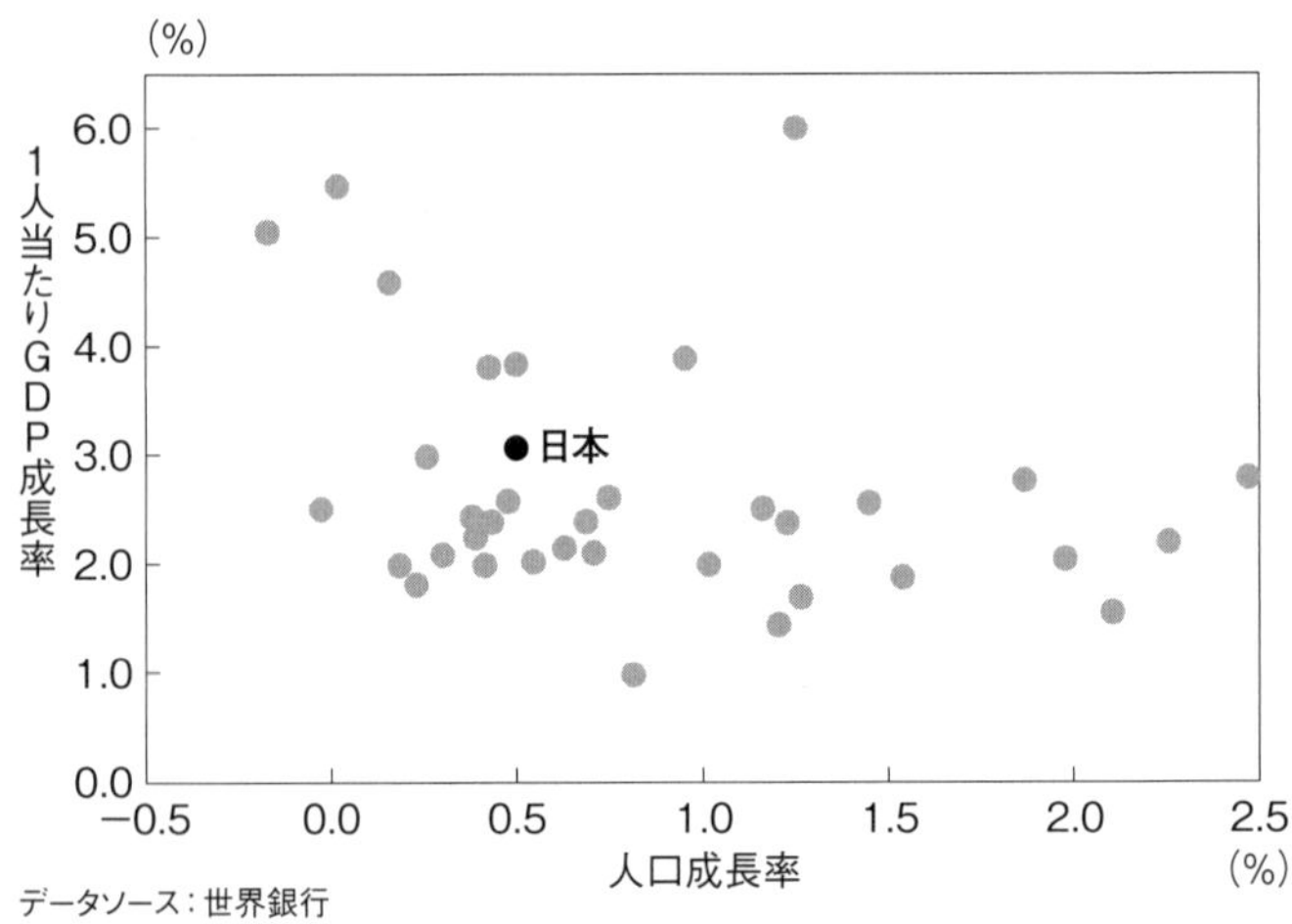

データソース：世界銀行
注：人口成長率と1人当たりGDP成長率は、1961～2019年における各国の平均値
アジア成長研究所のリポートを参考に作成

ジア成長研究所がOECD加盟国の過去のデータを基に行った分析によれば、人口成長率と1人当たりGDP成長率との間には統計的に有意な正の相関関係は見られないことが示されている(図表1-6)。

つまり、今後日本全体の人口が減っていくとしても、働き手が生み出す1人当たり付加価値を上げ、一人ひとりがより豊かさを享受することは不可能ではないのである。さらに、1人当たり付加価値を、人口減少による働き手の減少を上回るレベルで向上させれば、経済全体の持続的な成長を実現することも夢ではない。ただ、それを実現するためには、高度成長期以来多くの日本企業が暗黙の前提としてきた「人口増加に依存した成長モデル」から脱却する必要がある。

一国の経済成長率は、就業者の数の伸び率が高いほど、また就業者1人当たりの付加価値の伸び率が高いほど高くなる。経済学では通常、これらの要素を「労働投入量（＝就業者数×労働時間）」の伸び率と「時間当たり労働生産性」（＝1人当たり付加価値÷労働時間）の伸び率で表し、労働投入量の伸び率と時間当たり労働生産性（以下、労働生産性）の伸び率の合計を「潜在成長率」と呼んでその国の持つ本来的な成長力を表す指標としている。

潜在成長率＝労働投入量の伸び率＋時間当たり労働生産性の伸び率

潜在成長率が高いほど、国として高い経済成長を実現できることになる。人口減少により労働投入量の伸びが期待できない中で今後日本が経済成長を続けるには、労働生産性を高めることが不可欠なのである。

1％の成長実現には毎年2％の労働生産性の改善が必要とされる

日本の潜在成長率の推移を、労働投入量と時間当たり労働生産性に分けて見てみよう。
日本の労働投入量は、働き方改革などで改善した時期はあったものの、1990年代以降

図表1-7　日本の潜在成長率とその内訳

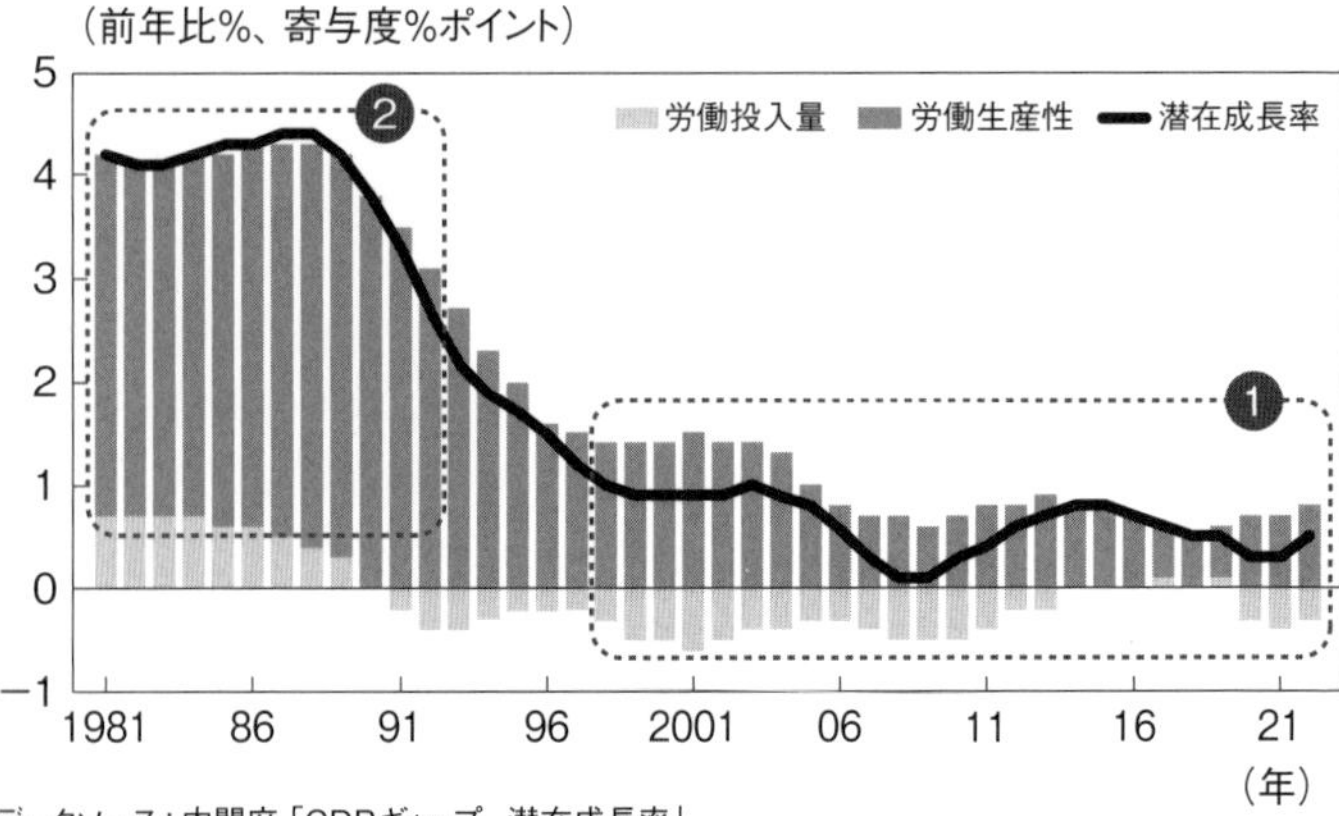

データソース：内閣府「GDPギャップ、潜在成長率」

ほぼ一貫してマイナスの伸びになっている。もう一方の労働生産性の伸び率も1990年ごろを境に急速に低下し、過去20年は1・4%以下となっている（図表1-7）。その結果、日本の潜在成長率は1990年代後半以降1%以下の伸びにとどまっている（図表1-7の①部分）。

今後に目を向けると、国立社会保障・人口問題研究所は、日本の生産年齢（15歳以上64歳以下）人口が2020年から2050年までに約2000万人減少すると推計している。これは、毎年約1%の労働投入量の減少に相当する。つまり、人口減少によって、今後の日本の経済成長率には毎年1%程度の下押し圧力がかかり続けることになる。

では、こうした労働投入量の減少をカ

図表1-8　潜在成長率と労働生産性の伸びの関係

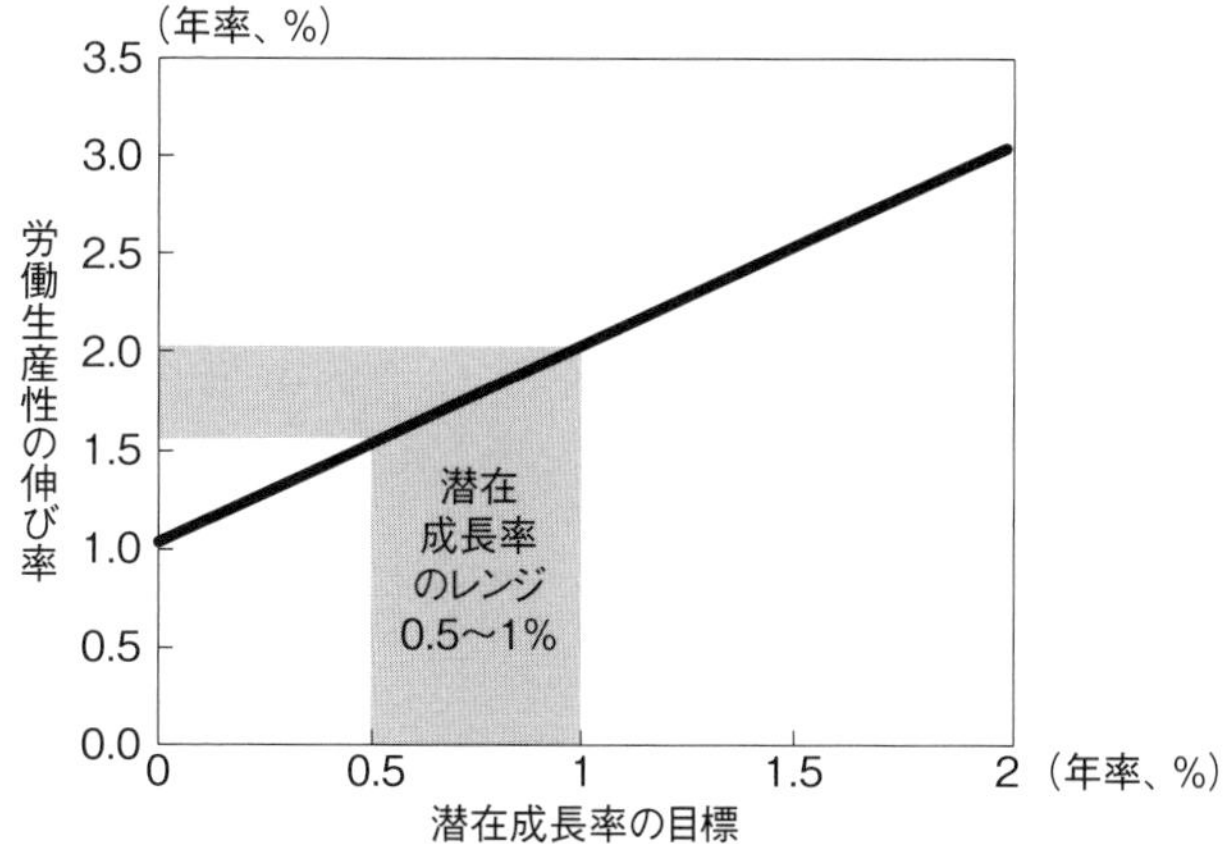

データソース：国立社会保障・人口問題研究所「日本の将来推計人口（令和5年推計）」、内閣府「中長期の経済財政に関する試算 令和6年」

バーし、日本が持続的な経済成長を実現するためには、どの程度の労働生産性の向上が必要なのだろうか。図表1-8は、日本の潜在成長率と労働生産性の伸び率との関係を示したものだ。横軸は日本が目指す潜在成長率の水準、縦軸は2050年までの人口減少を織り込みつつ、目標とする潜在成長率を実現するために必要な労働生産性の伸び率を示している。

これによれば、今から2050年までの間に、現在の日本の潜在成長率とされている年平均0・5%から1・0%の成長を達成するには、1人当たりの平均労働時間を一定とした場合、労働生産性を毎年1・5%から2・0%程度向上させる必要がある。

過去20年余りのトレンドを踏まえると、労働生産性の伸び率を大幅に向上させるのは「夢物語」に聞こえるかもしれない。しかし、日本は1990年代までは労働生産性を毎年3％を超える水準で改善させてきた実績があり（図表1-7の②部分）、米国は現在でも労働生産性を毎年約1・5％向上させている。つまり労働生産性の伸び率を2％程度に高めることで、人口減少下において現在の日本の潜在成長率（0・5〜1・0％）の上限レベルに相当する1・0％程度の成長を維持することは決して不可能ではないのである。

人口増加に依存しない成長を実現する「価値循環」とは

労働生産性を向上させ、1人当たりの付加価値を高めることで、経済全体の成長につなげるにはどうしたらよいのか。そこでカギとなるのが「価値循環」という考え方だ。

価値循環とは、ヒト・モノ・データ・カネという「4つのリソース」の循環によって「新たな市場」を創出し、付加価値を生み出すという考え方である。価値循環の素になる「循環」は、「回転」と「蓄積」の2つの要素で構成される。

「回転」とは、取引（活動）の頻度を増やし数量を増やすこと。「蓄積」は、取引（活動）を通じて得られた情報や知見を基に製品やサービスの質を高め、価格（価値）を上げることである。つまり、「循環」とは、「回転」と「蓄積」を繰り返すことで、人口という人数に縛られずに取引（活動）の「量と質」を高め、全体としての付加価値向上を実現することだ（図表1-9）。

図表1-9 「循環」を構成する2つの要素：「回転」と「蓄積」

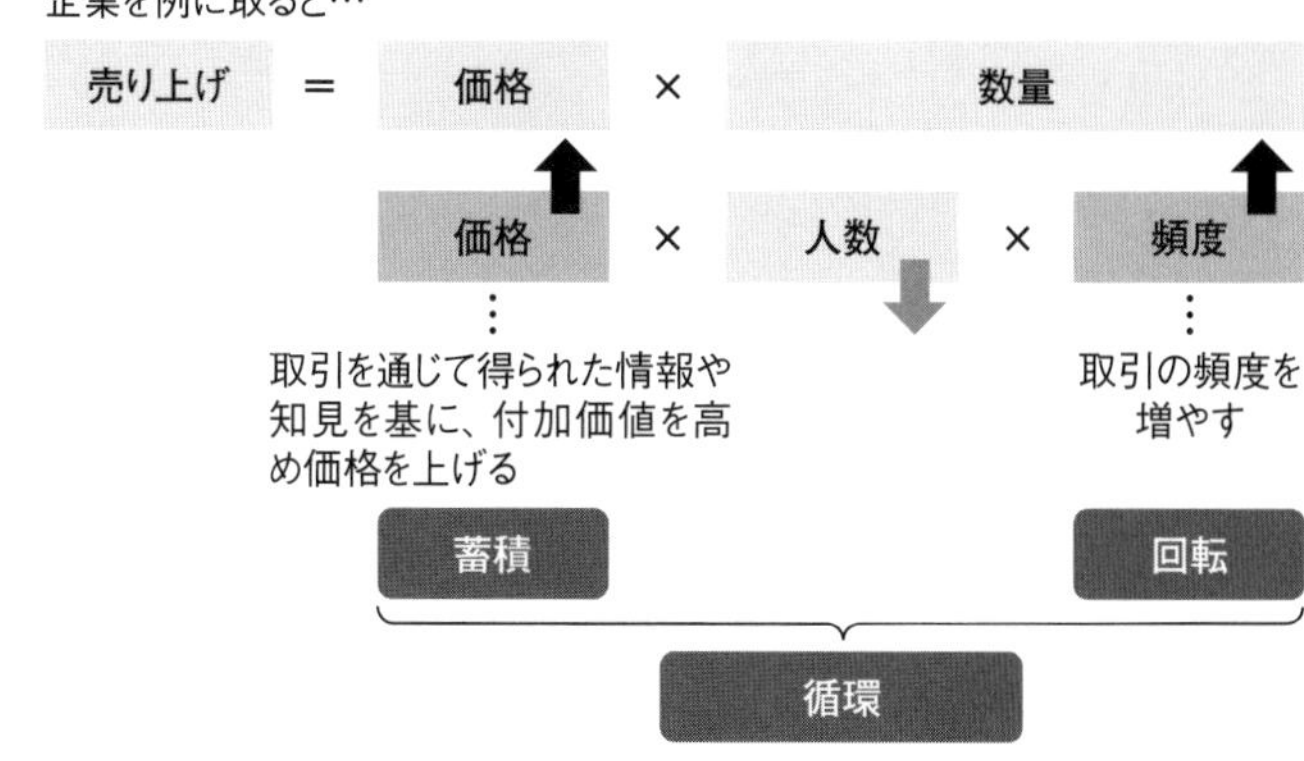

足元の動きに目を移すと、物価が上がり賃上げが叫ばれる中で、好業績や株価の上昇に沸いている企業も数多く出ている。その背景には、円安やデジタル化の効果などに加え、自社製品・サービスの「賢い値上げ」の浸透があると見られる。価格を上げたことで、一時的に客数は減っても、結果的に全体の業績が向上したという企業が増え始めている。

これは、過去30年のデフレ経済を経て、経済全体も個々の企業の経営も大きな転換点に差し掛かっていることを示唆する好例と言える。つまり、「良いモノをより安く、多くの人に売る」ことを是とした時代から、「良いモノをより高く、繰り返し使ってくれる人に売る」ことを目指す時代に、企業の成長戦略の基軸が大きくシフトしつつあるのだ。

人口減少の時代においては、人の数の増加に依存した成長から、「〝頻度〟と〝価格〟により付加価値を高める成長」に経営の軸足を大きく切る必要があるのだ。

「4つのリソース」と「4つの機会」を掛け合わせる

仮に人口が減っても、ヒト・モノ・データ・カネの「4つのリソース」を、従来の制度・慣行や常識などの「壁」にとらわれることなく効果的に循環させることで、経済活動の量と質を高めて、付加価値向上を伴う成長につなげることが可能になる。

さらに、人口減少下でも将来にわたり増加する機会に目を向けることで、新たな市場の創出ができるはずだ。具体的には「グローバル成長との連動」「リアル空間の活用・再発見」「仮想空間の拡大」「時間の蓄積が生み出す資産」という4つの機会である。

ヒト・モノ・データ・カネの「4つのリソース」の循環と、人口減少下でも拡大が見込まれる「4つの機会」をかけ合わせることで、「新たな市場」を生み出し、人口減少下でも付加価値を高めることで成長に結びつけていく。これが、私たちが提言する価値循環の基本的な枠組みである（図表1-10）。

「壁」を乗り越えて循環することが付加価値向上のカギ

すでに見たように、元来日本には構造的な特質として、内向きな個別最適志向によって

図表1-10　価値循環＝4つのリソースの循環×4つの機会

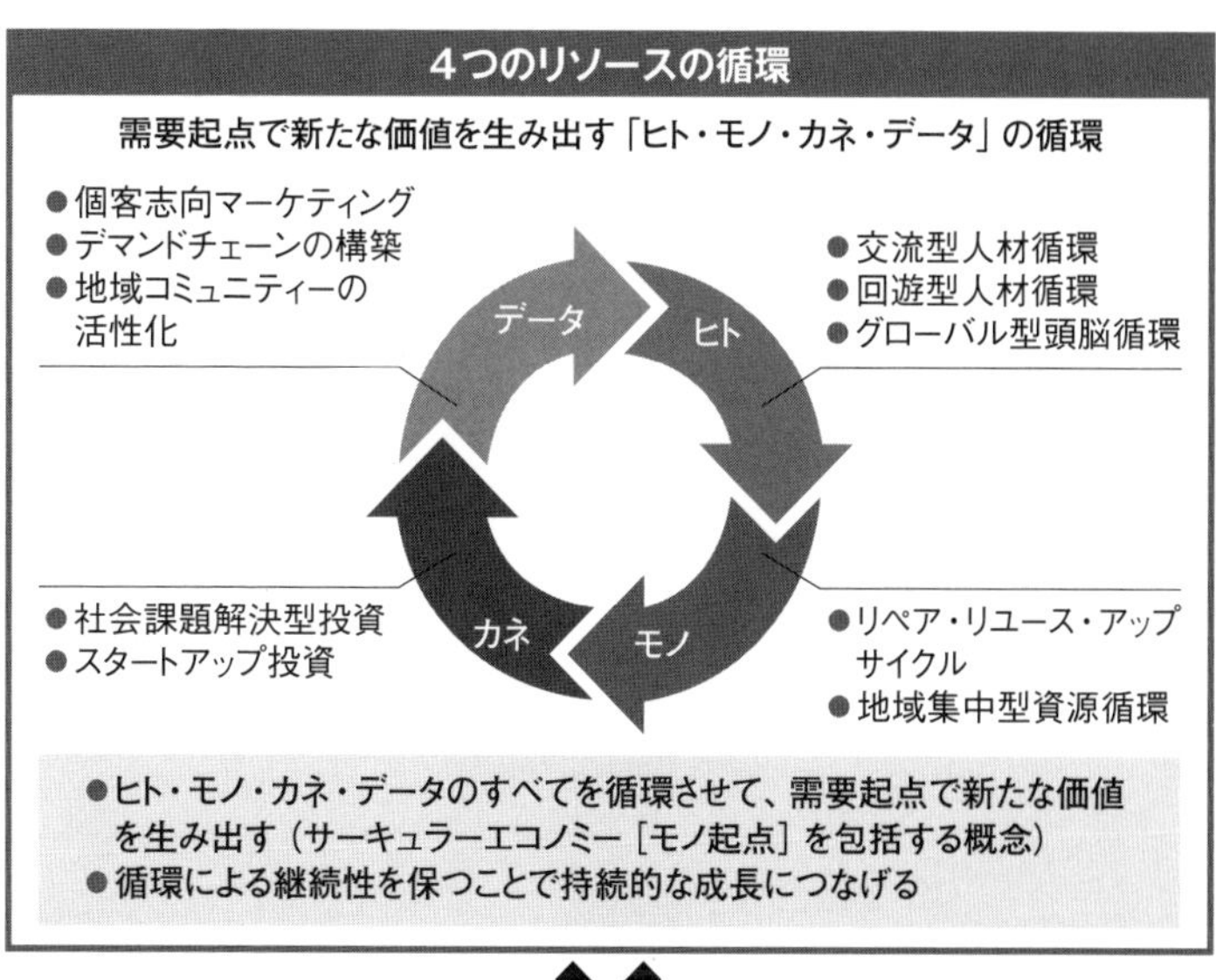

4つの機会

これから「増える」要素、「掘り起こせる」要素

①グローバル成長との連動	②リアル空間の活用・再発見
●海外のカネやヒトの取り込み ●インバウンドのアウトバウンド化 ●課題先進国のソリューション輸出	●世界有数の海洋資源の開拓 ●国土の過半を占める森林の活用 ●広がる宇宙空間関連の多様なビジネス展開
③仮想空間の拡大	**④時間の蓄積が生み出す資産**
●新しい経済活動の広がり ●新しいコミュニティーの広がり ●新しい労働の可能性の広がり	●地域特有の「宝」×他ジャンルのアイデア ●健康寿命×グローバル研究開発 ●熟練技能者の知見・経験×テクノロジー

生み出された様々な「壁」があり、それが多様な相手とのオープンな連携を阻んできた。その結果、企業の生産性や収益性の向上が立ち遅れ、働き手1人当たりの付加価値も国際的に見て低い水準で推移してきた。

こうした状況をはね返すためにも、「4つの機会」と「4つのリソース」を掛け合わせ、様々な「壁」を乗り越えて新たなつながりをつくることが大事になる。それぞれのつながりがつくり出す価値循環を通じて、人口に依存しない新たな成長を実現し、1人当たり付加価値の増大を達成できる。旧来からの固定観念を転換し、新たな成長を実現する余地はいくらでもあるのだ。

例えば、本書の冒頭で紹介したように、近年多くの若者たちが「稼げる仕事」として農業に参入し、成果を上げている。これは「農業は代々農家の人がやるもの」とか、「農業はもうからない」といった固定観念の「壁」を乗り越える新たな動きだと言える。現在日本の農業は高齢化が著しく進み、離農も増えている。新規参入者にとって、耕作に必要な農地を借りたり取得したりするハードルは著しく低くなっている。さらに国なども新規就農者向けの様々な支援施策を打ち出し後押しをしている。このように、余った農地を活用して新規就農することは、人口減少下で増えている「4つの機会」の中の1つ、「リアル空間の活用・再発見」の好例だ。

しかも、新規就農した若者たちの多くは、従来のやり方にこだわることなく、データを活用して生産量アップや省力化を進めたり、SNS（交流サイト）なども駆使して消費者に直接農産物を販売したりして、合理的で「もうかる農業」を実践している。生産や販売のあらゆる場面に「データ」の循環を取り入れ、消費者との直接的なつながりをつくることで、「モノ」（農産物）の新たな循環を生み出し、トータルとしての付加価値の向上を果たしている。

「リアル空間」に「データ」や「モノ」の循環を掛け合わせることで、もうかる農業を実践して、さらに「カネ」の循環を促進する。こうして事業が拡大すれば、より多くの若者が就農し、農業を巡る「ヒト」の循環の輪もより太くなる。このように若者の新規農業参入は、「壁」を乗り越えて新たなつながりをつくることによる、1人当たり付加価値の向上や賃金アップの可能性を示す事例である。まさに、価値循環を生み出すことで実現される今後の成長ポテンシャルを如実に物語るものだ。

◆価値循環の社会実装を可能にする「循環型成長モデル」

こうした価値循環がもたらす成長のポテンシャルを、一部の企業や個人が享受するだけにとどめずに、日本の経済社会全体で大きなスケールで具現化するためにはどうすればよいのだろうか。

そのためには、様々な「壁」を乗り越えて価値循環を生み出すことが日本経済全体はもとより個人の豊かさ・幸福感の持続的な向上につながる、という成長のシナリオが必要だ。こうしたシナリオの全体像を表したのが、図表1‐11に示す「循環型成長モデル」の見取り図である。

「循環型成長モデル」は、日本経済全体のマクロに関わる「大循環」、働き手を中心とする一人ひとりの豊かさや幸福といったミクロに焦点を当てた「小循環」、そして、日本を取り巻くグローバル経済を視野に入れた「グローバル循環」という、3つの循環によって成り立つ。


「大循環」は、社会課題の解決に向けた取り組みを潜在的な需要の開拓やイノベーションの源泉と捉え、新たな市場創出につなげようというものだ。日本は、高齢化・人口減少に代表される深刻な社会課題にいち早く直面する「課題先進国」といわれている。しかし、見方を変えれば、他国に先駆けて課題解決に挑み、そこにヒト・モノ・データ・カネが持続的に回る価値循環を創出し、新たな市場を生み出すことで、様々な社会課題の解決を経済成長の源泉にすることができるはずだ（図表1‐11の大循環A～D）。

「大循環」によって社会課題の解決を新たな市場創出に結び付けるには、自助、公助だけ

図表1-11 「循環型成長モデル」の見取り図

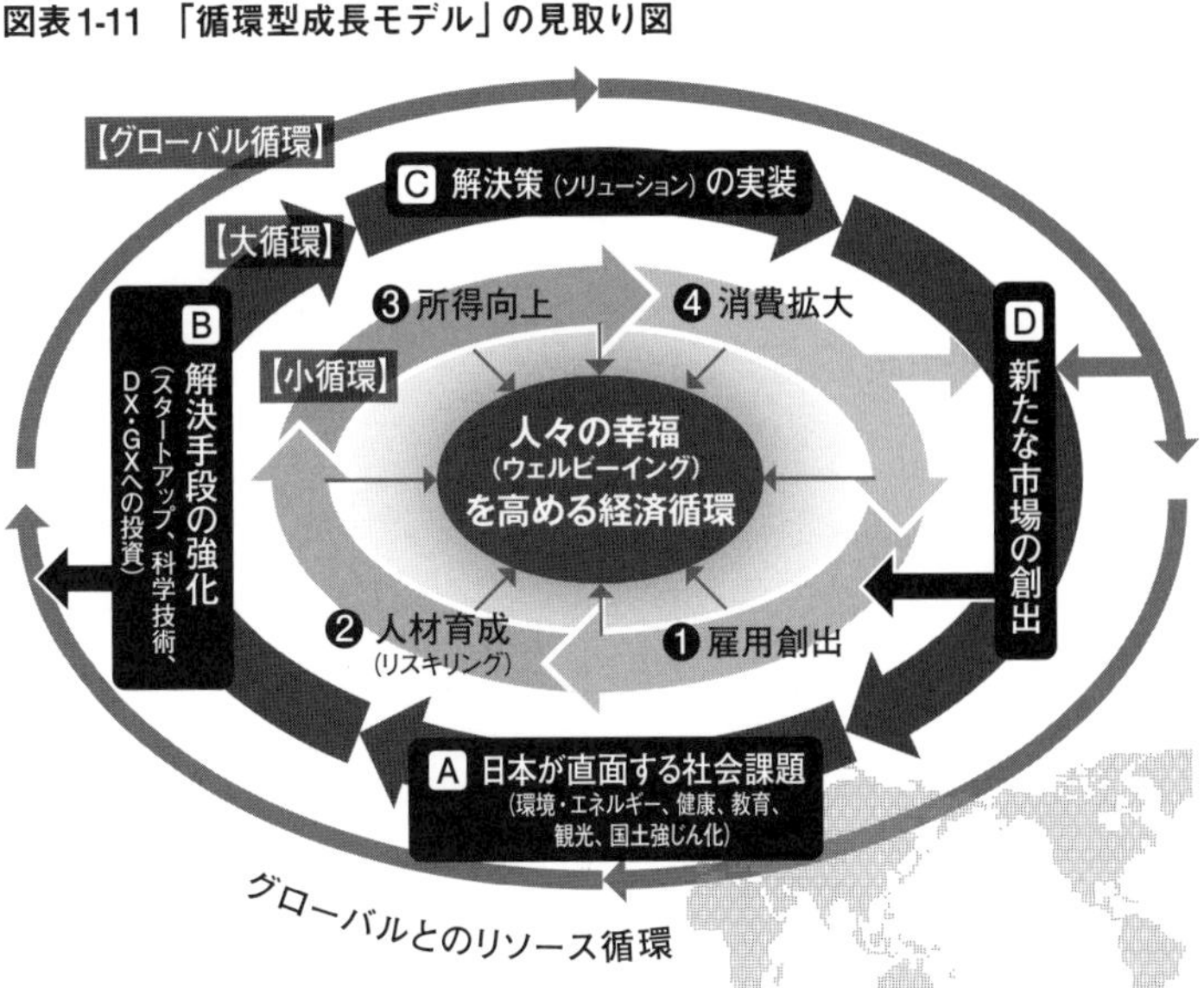

ではない「共助」の連携がますます重要になる。民間企業を中核に、NPOなどのソーシャルセクター、地域自治体、政府など官民が「壁」を越えて連携して、リソースを循環させて市場を創る「共助資本主義」の視点が求められる。

「大循環」をより一層広がりのあるものとして構想し、推進していく上で欠かせないのが、「グローバル循環」との連動だ。人口減少下の日本では、海外の成長力に目を向けて、日本以外の国々からヒト・モノ・カネなどのリソースや様々な機会を呼び込むこと（グローバル循環）で、日本の成長力を加速できる。グローバル規模で双方向での投資や人材交流、双発的なイノベーションや市場創出などが促され、大循環によって生み出される成長機会がさらに持続可能で拡張性のあるものになるのだ。

そして、「大循環」と「グローバル循環」によって生み出される成長機会によって1人当たりの付加価値向上を実現し、〝個が輝く〟ための豊かさや幸福感の持続的な向上につなげるのが「小循環」である。

図表1-11で具体的に見ると、「大循環」がもたらす新たな市場の創出（大循環D）は、新たな雇用機会の創出につながる（小循環①）。そして、その雇用機会で活躍できる人材を育成（リスキリング）し、新たな雇用機会への人材の移動を促す。それによって産業全体の生産性が高まって、1人当たりの付加価値が底上げされ、それを適切に分配することを通して、個々人の所得の向上と消費の拡大につながっていく（小循環②～④）というシナリオだ。

こうした成長戦略を実現するには、個別最適志向に陥りがちで様々な領域で根強く残る「縦割り」発想やセクショナリズムといった「壁」を乗り越え、循環を促す新たなつながりを創出するための変革を、大胆に進めていくことが求められる。

「循環型成長モデル」を構成する「大循環」「グローバル循環」「小循環」。これら3つの循環を一連のものとして切れ目なく連動させることが、人口減少下において日本が成長していく道筋になる。これが本書『価値循環の成長戦略』の考え方である。

本書の全体構成と各章の位置づけ

次章以降では、1人当たりの付加価値を高めることを目指す「循環型成長モデル」について、具体的な分析と提言を進めていく。

第2章と第3章では、循環型成長を実現するための企業や地域のあり方を述べていく。1人当たり付加価値を向上させている企業(第2章)や地域(第3章)に光を当てて分析を行い、付加価値の持続的な向上を可能にする要因を分析する。

人口減少時代に成長を続けるには、「人数」に依存する発想を転換して、取引の「頻度」あるいは取引1回当たりの「価格」を上げていくことが重要になる。つまり、「良いモノをより安く、多くの人に売る」ことを是とした時代から、「良いモノをより高く、繰り返し使ってくれる人に売る」ことを目指す時代に、成長戦略の基軸が大きくシフトしつつある。

ここから導き出されるのが、「頻度」を高めるための「共通化」と、「価格」の引き上げを可能にする「差異化」という循環型成長のカギを握る2つの戦略軸だ。「共通化」と「差異化」という切り口から成功事例を読み解くことで、人口減少下で企業や地域に必要とされる成長戦略の本質を明らかにする。

第4章では、よりマクロ的な産業全体のあり方に焦点を当て、業種・業界の既存の枠組みを越えて、日本全体でどのように新たな市場を生み出していくべきかを検討する。ここでは、今後の日本にとって、成長領域として重要性が高い「モビリティー」「ヘルスケア」「エネルギー」「サーキュラーエコノミー」「観光」「メディア・エンターテインメント」「半導体」という、7つの「成長アジェンダ」を取り上げる。

これらすべてのアジェンダは、日本が直面する社会課題に深い関わりがあり（図表1-11の大循環A）、日本固有の強みや特色を生かせる余地も大きい領域だ。また、そうした固有の強みや特色と最先端のテクノロジーなどを掛け合わせることで、課題解決を可能にする効果的なソリューションが生み出され（大循環B～C）、それが起爆剤となって新たな市場が創出されることが期待される（大循環D）。

これらの成長アジェンダは、「循環型成長モデル」における「大循環」のけん引力となる。そして社会課題解決による新たな市場の創出には、既存の業種・業界という縦割りの「壁」を越え、業界横断的に「横割り」で取り組むことが必要だ。そのため、7つの「成長アジェンダ」もあえて産業別の区切りにせず、産業横断的に整理している。

それぞれの成長アジェンダにおいて、現実に直面する「壁」を乗り越えて日本を成長させる「勝ち筋」を描き得るかが、「新たな市場の創出」（大循環D）につなげる上で最大のカギを握る。

第5章では、「大循環」と「小循環」の結節点を成す「雇用創出」と、そこに向けた労働移動のあり方に光を当てる。「大循環」において新たな市場が生まれると、それと呼応して新たな雇用機会が創出される（図表1-11の大循環Dから小循環①へ）。ただし、人口減少下で労働者数が増えない中で新たに創出された雇用機会を充足させていくためには、労働生産性が高い分野により多くの人々が従事できるような労働移動が求められる。

その具体的な対応策として、ここでは同一産業群の中で、より生産性の高いタスクに従事する人の割合を高める「〝産業群内〟の労働移動」と、元々生産性が高く今後の成長が見込まれる産業群に異業種から人を移す「〝産業群間〟の労働移動」の両方が必要であることを示す。さらに、第4章で取り上げる「成長アジェンダ」を実現することが、産業群内、産業群間の双方の労働移動を促進し、労働市場全体の生産性を高める上で有効であることを解説する。

第6章では、一人ひとりの付加価値の向上や豊かさや幸福感につながる「小循環」を促すために必要な政策的・制度的な対応について論じる。「大循環」によってもたらされる新たな成長の機会を1人当たり付加価値の向上に結びつけるには、「雇用創出」と「人材育成（リスキリング）」をしっかりと呼応・連携させること（図表1-11の小循環①と②）、さらに、「人材育成（リスキリング）」を確実に「所得向上」につなげること（小循環②と③）が重要である。

これらの各要素が切れ目なくつながり「小循環」が円滑に回るようになるには、労働移動や賃金上昇を阻んできた様々な「壁」を解消し、新たな仕組みを取り入れる必要があることを提言する。

具体的には、これまでの企業主体の内部労働市場での人材育成に加えて、外部労働市場における新たな産官学の連携強化のあり方を提言する。成人教育における先行的な取り組みとして注目を集めているデンマークの取り組みを分析し、日本において適用する上でのポイントを解説する。その上で、ミドル・シニア世代も含めた日本版の「全世代型リスキリングエコシステム」を構築し、社会としての終身雇用を実現する方策を提唱する。

さらに「人材育成」によって得られるスキル向上の成果を、個々人の「所得向上」につなげていくためには、賃金決定のあり方も構造的に変えていかなければならない。物価や同業他社の動向をにらんだ「一律・横並び」の賃上げ方式を脱却し、労使が同じ目標を目指して付加価値を共創し、働き手の貢献に応じて分配する「未来志向」の新たな賃金決定の仕組みに転換する必要がある。賃上げ促進税制などの諸制度も、労使の未来志向の取り組みを継続的に後押しする仕組みとして拡充していくことが求められる。

最終章の第7章では、「循環型成長モデル」の中心に位置づけられる「個人」の意識や行動の変革の必要性に光を当てる。すでに、個人のレベルにおいて、固定観念の壁を乗り越え「循環型成長モデル」を実践する例も出始めている。循環型成長が最終的に行き着く先は私たち一人ひとりの幸福にある。一人ひとりが未来に目を向け、価値循環を通じて個人の付加価値を高めることが、〝個が輝く〟日本を実現するために必要不可欠な第一歩となることを示す。

人口減少は日本だけの問題ではない。今世紀末までには、世界の多くの国々が人口減少フェーズに入ると予測されている。私たちは、人口減少というトレンドに過度におびえ、委縮すべきではない。むしろ、世界の国々に先駆けて人口減少を体験する中で、一人ひとりの付加価値と豊かさや幸福感の持続的な向上を実現する「循環型成長モデル」を、社会全体で構築・実装することを通じて、〝個が輝く〟国・日本として世界をリードするポジションを目指すべき立場にあるのだ。

次章からは、それぞれの現場において価値循環をいかに生み出し、それらを連鎖させ、分野や領域を超えて社会実装するための要諦について、順を追って見ていこう。

第 2 章

付加価値向上を目指す企業が取るべき3つの成長パターン

前章の冒頭で、個の豊かさを支える継続的な賃上げを実現するために、今後の日本にとって最も重要な課題が「1人当たり付加価値の向上」であることを示した。人口減少局面でも、働き手一人ひとりが生み出す付加価値を増やして持続的な成長を実現することは十分可能だ。

実は日本全体が経済の長期停滞や人口減少にさいなまれるのをよそに、就業者1人当たり付加価値の増加に成功してきた企業が少なからず存在する。そこで本章では「その他大勢」とこうした企業がどう違うのか、どのように「壁」を乗り越えて価値循環を生み出し成長・発展してきたのかを分析し、そこから何を学び取るべきかを見ていく。

◆人口減少下で成長する企業に求められる戦略軸とは

付加価値向上のカギ：頻度×価格

多くの日本企業はこれまで、人口減少の影響で縮小が見込まれる国内市場を尻目に、成長性の高い海外市場の開拓に力を注いできた。では一方で、これから日本企業が国内の成熟市場で成長するすべはあるのだろうか。

人口減少下で1人当たりの付加価値を高めて成長を実現するモデル、それが、私たちが提唱する価値循環の考え方だ。そこで柱となる要素が「頻度」と「価格」である。

企業活動に即して説明していこう。企業の売り上げは「価格×数量」で決まる。そして、数量は「人数×頻度」に分解できるので、**「売り上げ＝価格×人数×頻度」**（図表1-9参照）となる。

人口増加局面であれば、人数（顧客数）が増えれば、頻度や価格を増やさなくても売り上げが伸びて成長できた。しかし、「人数」の増加が期待できない人口減少局面に成長を続けるには、「人数」に依存する発想を転換して「頻度」あるいは「価格」を上げることが重要になる。

「人数」志向から、「価格」を高める経営に転換して高収益化している企業を紹介しよう。東京ディズニーリゾートを運営するオリエンタルランドでは、来園者の拡大路線を取っていたが、新型コロナウイルスの影響による入場者数制限が経営方針転換の契機となった。

具体的には入場者数の上限を引き下げつつ顧客体験の質を高めるために、定額で1年間入園できる年間パスポートを休止するとともに、混雑状況に応じた変動価格制や優先入場ができるディズニー・プレミアアクセスなどを導入した[1、2]。これらの施策によって、アトラクションやショーだけでなく、買い物や食事に時間を費やす顧客が増え、客単価が約40％増加した。また、混雑緩和が顧客の満足度向上につながり、さらなるリピートも期待できる効果が生まれた。

また、混雑状況に応じた変動価格制の導入により、繁忙期と閑散期における来園者数の偏りの緩和を図ることができ、園内のスタッフ配置の効率化というコスト面での副次効果も発生したと考えられる。

客数の増加に依存せず、顧客の体験価値向上により付加価値を創出する経営方針への転換に成功し、2023年4～12月には過去最高益を実現した[3]。

このような経営方針の転換は中小企業にも当てはまる。福岡県のあるイタリアンレストランでは、従来「人数」志向で、ランチタイムでビジネスマン向けにリーズナブルな料理を提供していた。しかし、従業員を募集しても集まらないという人手不足の影響を受け、「価格」を高めて少人数で営業する経営方針に転換した。

半年に一度値上げをするなどして、質の高いサービス・メニューに見合った高単価に切り替えることで、ハイエンド層や女性層も取り込み、来店時間帯はランチタイム以外も含めて平準化された。大人数かつピーク時の短時間の回転率を高めるモデルから、少人数できめ細かいサービスを継続的に提供するモデルへの移行は、顧客満足度の向上にもつながる。客数自体は一時的に減少したものの、しっかりとお金を払ってリピートする顧客が定着し、結果的に客単価の上昇が寄与して売り上げは上昇したという。コストの面でも、効率的な人員配置ができるようになり、必要なスタッフ数が減少して人件費も抑制された。

人口減少は、顧客の減少だけでなく働き手の減少も同時に意味する。よって、企業は多くの顧客にサービスを提供する方針から、限られた人員を生かして適切な価格で顧客満足度を高める方針に転換することが求められる。また顧客数の減少は結果としてピーク時の混雑などの過度な偏りを緩和し、従業員の配置の平準化を促すため効率的な営業体制の整備につながる場合もある。さらに、きめ細やかなサービスを提供し、顧客一人ひとりの満足度を高めリピートを促す機会にもなる。このように人口減少を逆手に取って頻度と価格を高めることが、人口減少時代に企業が成長するカギとなる。

人口減少時代の成長戦略に求められる両軸：「共通化」と「差異化」

では、頻度と価格をどのようにすれば上げることができるのか。頻度を上げるには、顧客との取引を一過性で終わらせずに継続させ、「回転」させることで「量」を増やしていく仕組みが必要だ。また、価格を上げるには「回転」によって収集できるデータ・情報を「蓄積」し、顧客のニーズや課題に沿う形で製品やサービスの「質」を高めることが求められる。つまり、価値循環とは「回転」と「蓄積」を繰り返すことで、顧客の人数に依存せずに取引の「量と質」を高め、全体としての付加価値向上を実現することなのだ。

それでは「回転」×「蓄積」によって価値循環を生み出すために、企業にはどのような戦略発想が求められるのだろうか。

「回転」を促すカギは「共通化」だ。例えば、事業分野や組織ごとにバラバラな物流網やデータ基盤、営業部隊などのインフラを「共通化」することで、顧客ニーズと提供する製品・サービスとの間での情報のやり取りが盛んになり、顧客にとっての利便性が向上する。これにより、同一顧客における利用「頻度」が高まり、取引量の増加につながる。

そして「蓄積」を通じて価格を上げるためのカギは「差異化」だ。回転によって得られた情報の「蓄積」から、価格を上げ得るような質の高い製品やサービスを生み出すには、競合と一線を画す「差異化」が重要である。すなわち「共通化」が「回転」を促して「頻度」を高め、「蓄積」を通じた「差異化」が価格の引き上げを可能にするのだ。

人口減少下の成熟市場における循環型成長の戦略では、これら「共通化」と「差異化」が最も重要な軸となる。「共通化」と「差異化」を両軸とする事業モデルを構築し、顧客ニーズや市場環境に即して2つの軸で最適なバランスを取ることこそが、あらゆる業種・業界で求められる。

◆「共通化」と「差異化」の両軸での経営戦略を実践する高成長企業

「共通化」と「差異化」を両軸とし、1人当たりの付加価値を高めている先行例としては、どのような企業が挙げられるのか。

本書では、東京証券取引所の上場企業を対象に、1人当たり付加価値を持続的に高めている「高成長企業」を抽出した。

※分析手法：高成長企業の抽出に当たっては、東証上場企業（金融業を除く）3577社を対象に、金融庁の電子開示システム「EDINET」上の有価証券報告書データを基に、2016～2022年における従業員1人当たり付加価値および企業としての付加価値の総額の年平均成長率（CAGR）を分析。なお、本分析では「付加価値」を、経常利益に販売費・一般管理費（人件費、広告宣伝費、旅費交通費、賃借料、租税公課などを含む。減価償却費は含まない）と金融費用を加えた金額として算定し、それを従業員数で除したものを1人当たり付加価値とした（ただし、データの制約上、売上原価に含まれている人件費は除く）。

まず、業種・業界を代表する一定規模以上の企業の中から、企業自体が高い成長を続ける、かつ1人当たり付加価値の向上という点において顕著なパフォーマンスを示す高成長企業をリストアップするために、以下の抽出条件を設定した。

- 2016～2022年の1人当たり付加価値の年平均成長率（CAGR）が10％以上
- 2016～2022年の付加価値（総額）のCAGRが10％以上
- 2022年時点の従業員数が1万人以上
- 分析対象期間中に4期以上の公開財務データを有する

図表2-1　従業員1万人以上の東証上場企業を対象とした付加価値CAGRと1人当たり付加価値CAGRとの関係

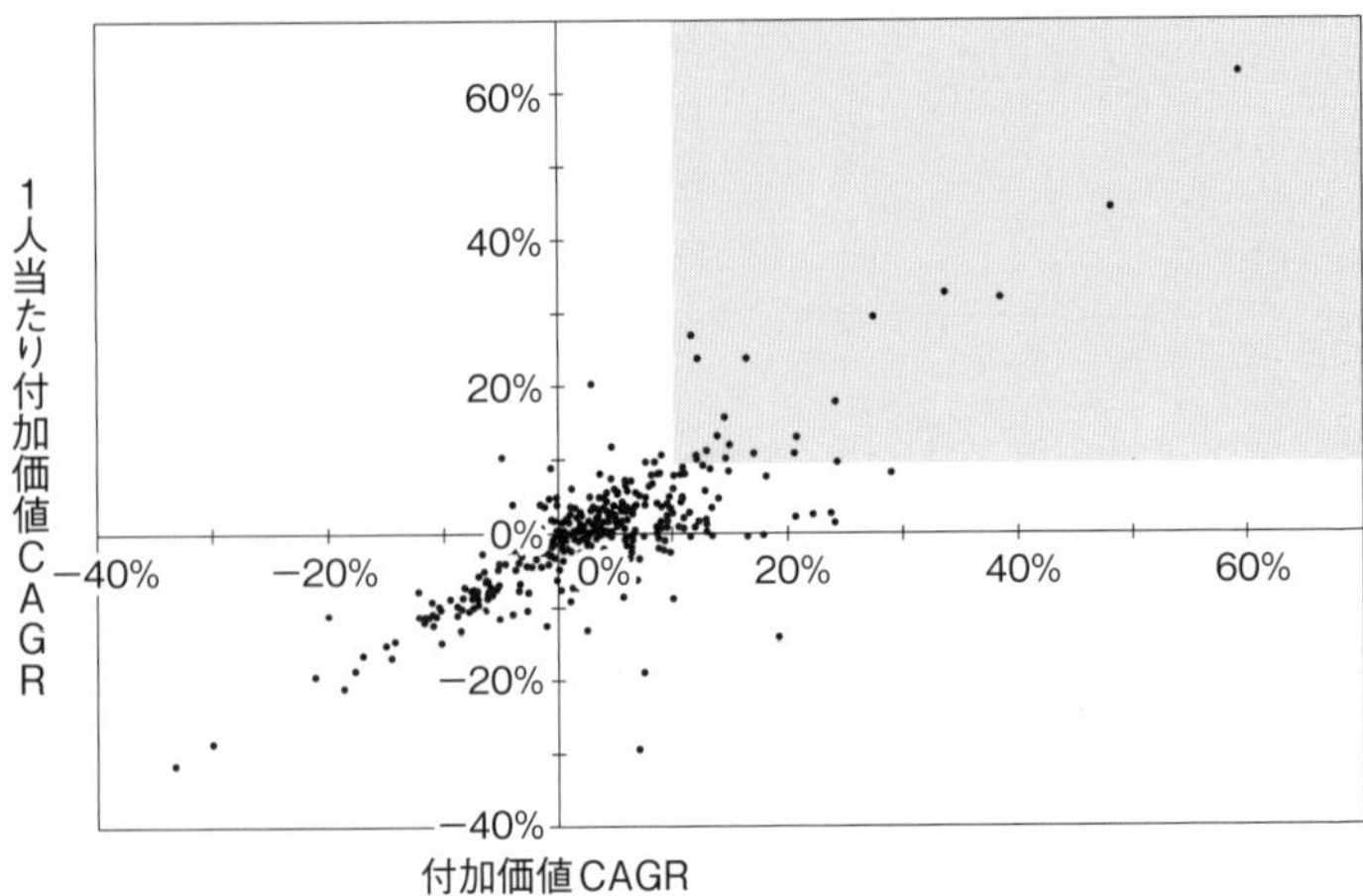

データソース：「EDINET」上の有価証券報告書
注：分析対象は従業員1万人以上の東証上場企業、かつ2016～2022年において4期以上の公開財務データを有する企業。ただし、金融業を除く

抽出条件に基づき、分析対象期間中の「付加価値CAGR」と「1人当たり付加価値CAGR」を、それぞれ横軸と縦軸に取った散布図にプロットしたところ、両CAGRが10％以上（図表2-1のグレーの領域）の高成長企業は図表2-2にリストアップした19社となった。

抽出された高成長企業の顔ぶれを見ると、電気機器や輸送用機器、金属製品、鉄鋼、化学などの分野で特徴ある製品・技術を核に事業成長を加速させる大手メーカーや、物流需要の増大・高度化に伴い業容拡大を図りながら業務効率改善を進めていると見られる海運業、陸運業などの大手企業が多く含まれている。他方

図表2-2　付加価値と1人当たり付加価値の増加率が高い「高成長企業」19社

企業名	業種区分	付加価値 CAGR (2016~2022年)	1人当たり付加価値 CAGR (2016~2022年)
商船三井	海運業	59%	63%
日本郵船	海運業	48%	44%
エフ・シー・シー	輸送用機器	34%	33%
SUMCO	金属製品	38%	32%
イビデン	電気機器	27%	30%
ローム	電気機器	12%	27%
福山通運	陸運業	16%	24%
ルネサスエレクトロニクス	電気機器	12%	24%
信越化学工業	化学	24%	18%
三井倉庫ホールディングス	倉庫・運輸関連業	14%	16%
神戸製鋼所	鉄鋼	14%	13%
東京エレクトロン	電気機器	21%	13%
ニデック	電気機器	15%	12%
シマノ	輸送用機器	13%	11%
豊田自動織機	輸送用機器	17%	11%
SBSホールディングス	陸運業	21%	11%
TIS	情報・通信業	12%	11%
日本マクドナルドホールディングス	小売業	15%	10%
ヤマトホールディングス	陸運業	12%	10%

データソース：「EDINET」上の有価証券報告書
注：前掲の図表2-1から付加価値CAGR、1人当たり付加価値CAGRがいずれも10%以上の企業を抽出

で、小売業や消費者向け製品・サービスを主たる事業とする企業は、日本マクドナルドホールディングスのみとなっている。

◆高成長企業の分析から見えてきた3つの成長パターン

これらの1人当たり付加価値高成長企業の成長パターンについて、2つの戦略軸に基づいて類型化すると、「共通化」を通じて頻度（回転）を増すことに重きを置くパターンの「ライフライン化」、「蓄積」をてこに「差異化」を通じて価格を高めることに重きを置くパターンの「アイコン化」、それらの中間に位置するパターンとなる「コンシェルジュ化」という3つのパターンに分類することができた（図表2-3）。

1つ目の成長パターンは「**ライフライン化**」だ。特定分野で幅広い製品・サービスのラインアップをそろえ、それらを持続的・安定的に供給する体制を整えて顧客接点を拡大し、顧客の仕事や生活に「不可欠な存在」となる。これにより取引頻度を向上させ、付加価値を高めるという成長パターンである。このライフライン化で1人当たり付加価値を高めるには、経営インフラや業務プロセスをできるだけ「共通化」し、継続改善を実現することなどが重要となる。

2つ目は「**アイコン化**」だ。特定分野で圧倒的な技術知見や顧客に関するインサイトを

図表2-3　1人当たり付加価値向上のカギとなる3つの成長パターン

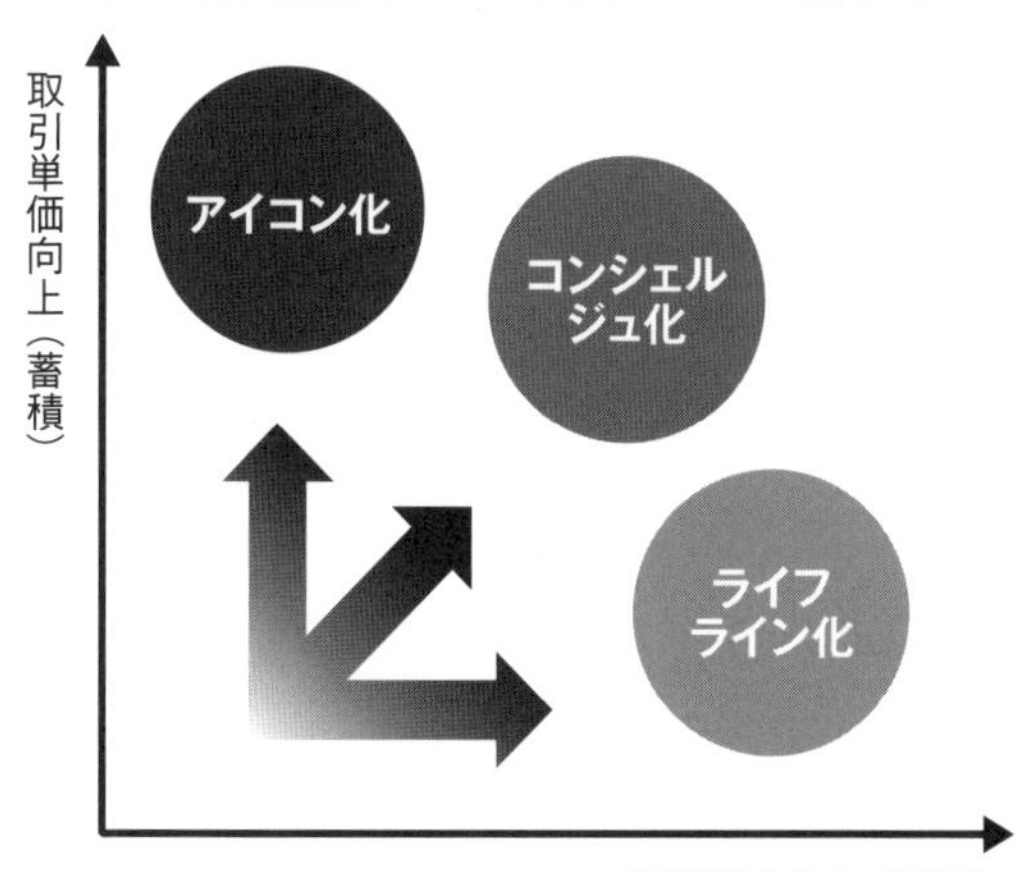

	ライフライン化	コンシェルジュ化	アイコン化
提供価値	●幅広い範囲の製品・サービスを安価で安定的に提供する信頼性と利便性 日々の仕事や暮らしに不可欠な存在	●異なる商品・サービスを複合し、潜在ニーズを掘り起こす提案力・企画力 かゆいところに手が届く頼りになる存在	●圧倒的な独自性に由来する高度な機能、パフォーマンス、感動など 唯一無二の「拠り所」のような存在
主な取り組み	●製品・サービスラインナップ拡充によって顧客接点を拡大 ●経営インフラや業務プロセスの「共通化」を通じて業務効率の改善や需要予測の精緻化を推進	●「ライフライン化」と「アイコン化」の双方を融合しつつ、顧客の購買履歴、嗜好などのデータを蓄積することで、提案力・企画力を継続的に向上し、顧客層の拡大と「囲い込み」を推進	●「差異化」を進めるために顧客インサイトを集め、自社の独自性を高めるとともに、新たな要素との掛け合わせによるイノベーションを推進 ●固有のブランドを構築し、提供価値を広く訴求
代表例	●SBSホールディングス ●三井倉庫ホールディングス	●オイシックス・ラ・大地 ●日本マクドナルドホールディングス	●シマノ ●エフ・シー・シー

蓄積し、それらに基づいて製品・サービスの独自性を高めて、顧客にとっての「唯一無二の拠り所」となることを目指す。これにより取引単価を向上し、付加価値を高める。その実現には常に顧客の声に耳を傾け、長年にわたり蓄積された自社独自の強みに磨きをかけることが重要になる。さらに、そこに新たな要素を掛け合わせて、競合との「差異化」につながるイノベーションを生み出すことを目指す。

3つ目の「**コンシェルジュ化**」は「ライフライン化」と「アイコン化」の両方の取り組みを融合しつつ、取引頻度と取引単価の両方を同時にバランスよく向上させて付加価値を高める成長パターンだ。このパターンを進めるには、顧客との継続的な取引関係を構築し、顧客の購買履歴や嗜好などのデータを蓄積して、提案力・企画力の継続的な向上を図ることで、顧客層の「囲い込み」と拡大を推進することなどが求められる。

以上の3つの成長パターンはあくまでも基本類型であり、実際には、経営戦略の両軸となる「共通化」と「差異化」のどちらにどの程度重きを置くかによって、様々なバリエーションがあり得るだろう。各企業には、自社を取り巻く顧客ニーズや市場環境などに即して、これらの間の最適なバランスを見極めることが求められる。

以下では、3つの成長パターンがどのように実践され、1人当たり付加価値を高めてきたのか、特徴的な企業を題材として具体的に見ていこう。

SBSホールディングス M&Aで守備範囲を広げ顧客の多様なニーズに対応

SBSホールディングスは、従業員数2万2829人（2022年12月末時点）の物流企業で、2016~2022年の7年間で1人当たり付加価値のCAGRが10・9%のペースで成長している高成長企業である。

前身となる関東即配は、1987年に軽貨物運送会社として設立され、その後、様々な業種の顧客企業に対してサードパーティロジスティクス（3PL：荷主企業に対して、物流改革を提案して包括的に物流業務を受託するサービス）の提供を開始した[4]。並行して、M&A（合併・買収）で大手企業の物流子会社や地域の中堅・中小企業を数多く傘下に収めてきた。

SBSホールディングスは「ライフライン化」企業の代表例だ。M&Aを通して配送品目と配送地域のカバー範囲を拡大して顧客のあらゆる物流ニーズに応えられるようになり、取引頻度が高まり成長した。

こうした成長を可能にした秘訣は、経営資源の「共通化」にある。単にM&Aを重ねるだけでは、1人当たり付加価値のCAGRが10・9%という高成長を継続的に実現することは難しい。買収した企業の経営資源を有機的に取り込み、ヒトやモノなどの経営資源を「共通化」するとともに既存のノウハウなどを買収した企業でも生かすことで、顧客ニー

図表2-4　SBSホールディングスの業績の推移と主要M&A

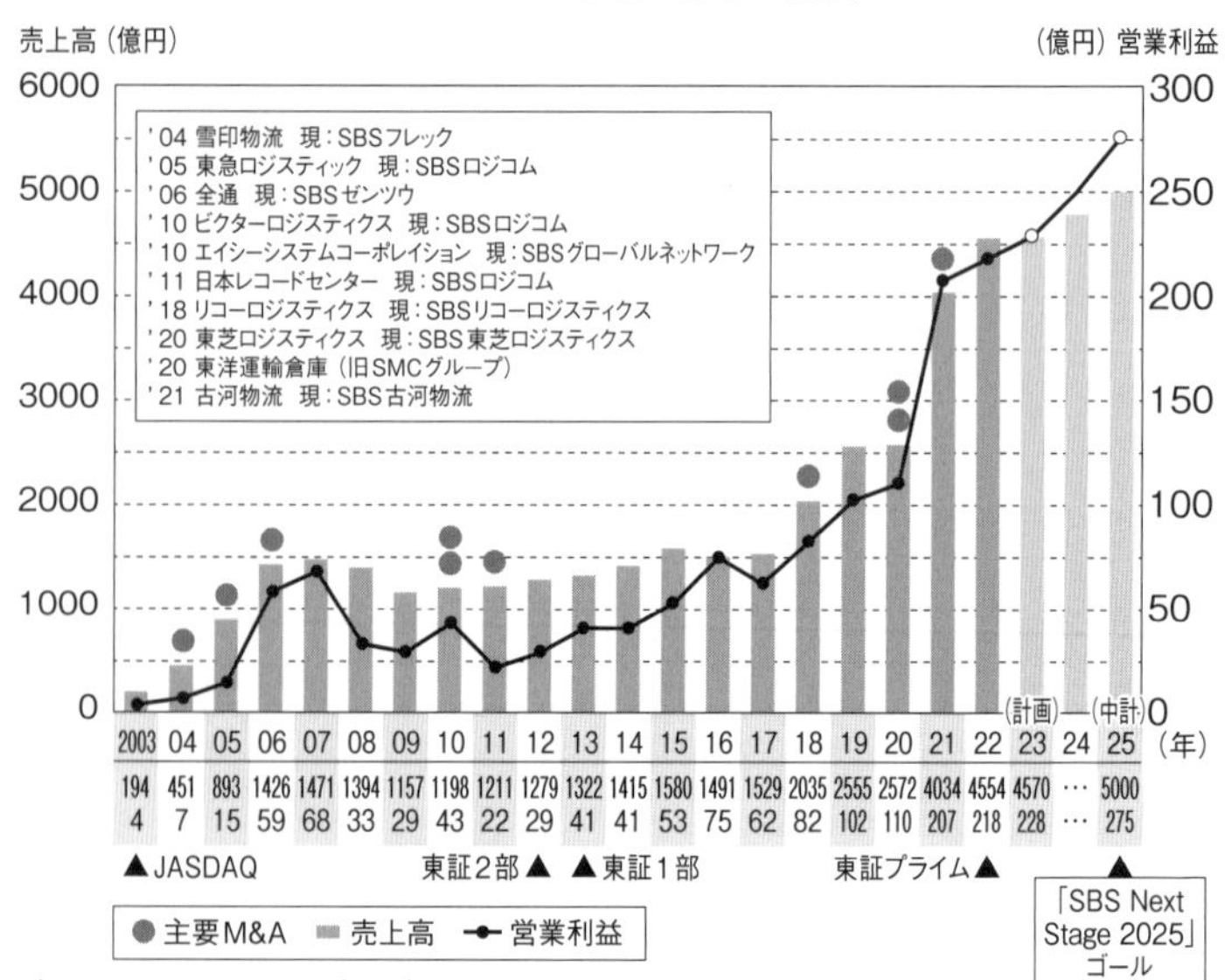

2003	04	05	06	07	08	09	10	11	12	13	14	15	16	17	18	19	20	21	22	23	24	25
194	451	893	1426	1471	1394	1157	1198	1211	1279	1322	1415	1580	1491	1529	2035	2555	2572	4034	4554	4570	…	5000
4	7	15	59	68	33	29	43	22	29	41	41	53	75	62	82	102	110	207	218	228	…	275

データソース：SBSホールディングス

ズの対応力強化につながったのである（図表2-4）。

配送品目と配送地域の両面でライフライン化を促進

まず、配送品目と配送地域の両面から、SBSホールディングスがどのように顧客ニーズへの対応力を強化し、ライフライン化してきたかを見ていこう。

配送品目の拡張については、2004年の雪印物流や2005年の東急ロジスティックの買収により、飲食料品[5]や生活用品[6]の物流に本格進出した。さらに近年では、2020年の東芝ロジスティクスの買収により、日本の物流企業で数社しか対応できないようなプラント向け超重量輸送を手掛けられるようになった[7]。軽貨物運送業から始まった事業があらゆる業種の物流ニーズに応えられる事業へと拡大し、取引頻度を増やしてきた。

配送地域の面では、首都圏に限られていた物流網を全国に拡大して顧客のニーズを満たすことを目指している。例えば、2018年までは首都圏でのみEC（電子商取引）企業の物流業務を受託していたが、買収した会社が持つ全国の配送拠点を活用して、EC企業の物流業務を全国規模で受注できるようになった。

また、国際物流を手掛ける企業を買収して、既存サービスの配送地域を海外にまで拡大。さらに2020年には、事業承継や人手不足問題に直面する中堅・中小物流事業者の物流効率の改善などの支援にも乗り出し、そうした経営支援を経てSBSグループに統合することで、地域の物流網を確保してラストワンマイルの足回りを強化している。こうしてSBSホールディングスは、顧客企業にとって頼れる存在として台頭してきている。

共通化：経営資源のグループ内相互利用

こうした成長の裏側では、経営資源の「共通化」こそが重要な役割を果たしてきた。各種資材（車両、タイヤ、燃料など）の共同購買、物流拠点の共同運営、荷物の積み方のオペレーションや人員の最適な配置といったノウハウの共有なども積極的に推進してきた[4]。また、買収先の先進的なロジスティクス・テクノロジーやＩＴ化の取り組みを取り入れ、グループ内各社に水平展開した。

営業面では、システムを統合し営業情報を「共通化」することで、グループ傘下の各社固有の強みを生かした共同提案が生まれるようになった。また、基礎的な業界知識や営業スキルを「共通化」した。大手企業の物流子会社は親会社との取引が多いため、買収した企業の中には新規営業を担える人材がほとんどいない企業もあったが、グループ共通の教育研修を通して営業人材を新たに育成し、さらなる収益を生む体制を整えた[8]。

こうした取り組みが実を結び、例えばグループ傘下のＳＢＳリコーロジスティクスは、従来はあまり力を入れてこなかった「外販」（元々の親会社関連の企業以外との取引）を強化し、傘下入りした２０１８年から２０２２年にかけての売上高ＣＡＧＲは11・２％となった。

このように経営資源の「共通化」を推進し、データやナレッジをグループ全体で循環させることで顧客ニーズへの対応力が上がり、取引頻度を高めている。まさに「回転」に重きを置いて成長する「ライフライン化」の典型事例と言える。

このほか、前掲の高成長企業リストの中では、伝統的な倉庫業からスタートして総合物流企業へと発展してきた三井倉庫ホールディングスなども「ライフライン化」による成長事例と言えるだろう。ＳＢＳホールディングスと同様に、Ｍ＆Ａを通じて大手企業の物流子会社をグループ傘下に収め、調達・生産物流、航空・海上輸送、陸上輸送、流通・販売物流まで事業を広げ[9]、バリューチェーンの川上から川下まで一貫して提供することで顧客接点や取引頻度を増やし成長してきた。

◆アイコン化 シマノ 「自転車部品といえばシマノ」業界内で圧倒的地位を確立

「差異化」によって業界内で唯一無二の存在になり、高成長を遂げた企業がある。それはシマノだ。

シマノは1921年創業の自転車部品や釣具を手掛けるメーカーである。現在では従業員1万1364人（2022年12月末時点）を誇り、1人当たり付加価値は、2016〜2022年の7年間で年平均11・4％増加している。2022年は過去最高益を記録するなど、創業から100年を超える現在でも高い成長ペースを持続している。

具体的には、スポーツ自転車向け部品で世界トップのシェアを占め、世界最大手の自転車部品メーカーとして圧倒的なポジションを確立している。同社の部品は普及価格帯の自転車から高級価格帯のスポーツ自転車まで、世界中のあらゆる自転車に搭載され、「自転車界のインテル」と呼ばれるほどだ。同じ輸送機器である自動車業界では完成車メーカーが注目されがちだが、シマノは製品を「差異化」することで顧客からの支持を得て、部品メーカーでありながらもその名を轟かせるようになった。

それでは、シマノが「差異化」できたのはなぜだろうか。その要因は、1970年代の「コンポーネント」による業界での地位確立と「顧客インサイトを基にした製品開発」にある。

差異化：「コンポーネント」という新たな発想

自転車ブームが起きた1950年代、1960年代。当時の自転車業界では、個社ごとに縦割りで部品供給を行う商慣習が存在した。各部品メーカーは分野ごとに専業化して製造しており、完成車メーカーは各社から好みの部品を寄せ集めて組み立てるケースが多かった。それゆえに自転車全体としての性能を飛躍的に高めることが難しかった[10]。

そんな中、シマノは1970年代の欧州進出に当たり、競合他社よりも高性能な部品を供給する必要があった[11]。そこで、縦割りの部品供給という商慣習を取り払い、部品一式を掛け合わせる「コンポーネント」という新たな発想が生まれた。

コンポーネントとは、個別に製造・販売されていた部品（変速機、ブレーキ、チェーンホイールなど）を組み合わせて提供することを指す[12]（図表2-5）。部品同士が相互に機能するように設計を最適化することで、単品部品では到底なし得ないような新しい機能や性能を実現し、競合他社との「差異化」に成功した。このコンポーネントは、それまでの自転車業

図表2-5　1973年に登場したシマノの初代コンポーネント「DURA-ACE」

（写真：シマノ）

界の常識を覆す発想であり、これがシマノの成長の大きな要因となった[10]。

完成車メーカーからすると、細かい部品同士の複雑な調整をすることなく高い性能を発揮できるため、シマノの部品が欠かせない存在となった。完成車メーカーはシマノの部品を採用することを前提に開発するとまでいわれている。

差異化：顧客インサイトを基にした製品開発

競合他社もコンポーネントを提供する中で、シマノが圧倒的な市場シェアを取り続けているのはなぜだろうか。それは、「顧客からのインサイトを基にした高い製品開発力」がシマノの強みであるからだ。

高性能な製品を市場に供給し続けるには、エンドユーザーから得られる質の高いインサイトが欠かせない。このため、シマノは部品メーカーでありながらエンドユーザーの声を熱心に集めた。例えば、ロードレーサーからは過酷な使用状況でのフィードバックを得たり、自転車ショップを個別訪問する「ディーラーキャラバン」を通してショップスタッフからの生の声に耳を傾けたりしている[12]。こうしてインサイトを蓄積しながらニーズを先読みして製品の付加価値向上に挑み続けている。

さらに近年では、ハンドルのスイッチの設定をエンドユーザーが調整できるアプリ「E-TUBE」を提供し、シマノとエンドユーザーの間に完成車メーカーが介在しない直接のつながりが生まれた。このアプリによってインサイト情報の蓄積が可能になり、新製品開発への活用などイノベーションの創出にも生かしている。

このようにコンポーネントによる市場での地位確保や、徹底した「顧客インサイトの蓄積」を基にした製品開発によって「差異化」することで、シマノは自転車部品業界でアイコンとなった。「アイコン化」によって、顧客である完成車メーカーに対して価格交渉力を持ち、取引価格を高めていると言える。これらは付加価値向上を目指す企業にとっても、大きなヒントとなるはずだ。

このほか、前掲の高成長企業リストの中では、二輪用クラッチメーカーとして世界首位のシェアを誇るエフ・シー・シーも、「アイコン化」を象徴する事例と言えるだろう。同社は、オートバイ用のクラッチ板の製造で培った強みを軸に要素技術を磨き、クラッチを構成するユニットすべての一貫生産体制を整えた。さらに4輪車用クラッチの製造にも進出し、グローバル規模のリーディングカンパニーとして高い付加価値成長を実現している。

BtoC企業に求められるコンシェルジュ化

ここまで「ライフライン化」「アイコン化」の2つの成長パターンを、企業事例をベースにそれぞれ見てきた。3つ目の「コンシェルジュ化」は「ライフライン化」と「アイコン化」を融合したものだ。多くの企業がこの「融合型」に当てはまるものと考えられる。

特にBtoC事業は顧客層も広くニーズが多岐にわたるため、「共通化」したデータを活用した継続的な顧客関係構築と「差異化」された価値提案が求められる。前述の19社の中でコンシェルジュ化しているBtoC企業の代表例は、日本マクドナルドホールディングス（以下、日本マクドナルド）である。

日本マクドナルドは従来、商品が安く若者向けといったイメージがあったが、そのイメージからの脱却を図る中で「単価」と「頻度」を高めて成長を実現してきた。単価の面では、レギュラー商品にボリュームのある高単価商品を定期的に導入し、メリハリをつけた価格戦略を展開した。また、来店前の注文によりレジに並ぶ時間を削減できる「モバイルオーダー」の導入やクーポンの配布により来店頻度向上を促している。

このような取り組みを通して「単価」と「頻度」を高める日本マクドナルドの取り組みは「コンシェルジュ化」の分かりやすい事例と言えるだろう。

◆コンシェルジュ化 オイシックス・ラ・大地
独自のサブスクリプションモデルで新たな食との出会いを提案

さらに「コンシェルジュ化」に戦略的に取り組んでいる顕著な例は、オイシックス・ラ・大地（以下、オイシックス）だ（企業規模により今回はリスト外）。

オイシックスは2000年に創業し、食品宅配EC事業を手掛けている。「つくった人が自分の子どもに食べさせられる食材のみを食卓へ」というコンセプトの下、有機野菜や合成保存料・合成着色料を使わない加工食品、ミールキット（レシピと食材のセット商品）などを取り扱う。簡単・健康・安全を意識した食品宅配EC事業は継続的に拡大し、2017〜2022年の6年間で1人当たり付加価値は年平均3・6％成長と、上場する全小売企業の中でも高レベルで付加価値を高めている企業の1つである。

オイシックスの成長の秘訣は、独自のサブスクリプションモデルをベースにした、メニュー開発と提案による「差異化」と、データの「共通化」にある。

差異化：「楽しさ」と「利便性」を提供するメニュー開発と提案

まず、オイシックスの「差異化」のポイントは、「楽しさ」と「利便性」という提供価値だ。

食を扱うオイシックスには、直接の競合である宅配ECに加えて、スーパーや飲食店など潜在的な競合が多い。また、同じようなメニューが続くと顧客の〝飽き〟が早く、さらにライフイベントに応じて顧客の食の習慣や嗜好性が変化することもある。このため一度契約を獲得しても、顧客にとっての価値が長続きせず、解約や競合への流出が容易に発生してしまう。そこでオイシックスではメニュー開発と提案を工夫して、忙しいユーザーの食習慣に「楽しさ」と「利便性」という価値を提供して「差異化」を図っている。

具体的には、商品の販売数や顧客属性などのデータを分析した上で、毎週3～4種の新商品を含めた約20種類のミールキットのメニューを提案している。例えば、「こどもの日の食卓が楽しくなるメニュー」や「共働きの家庭で仕事の後でも手軽に作れて家族からも歓声が上がるメニュー」といった具合だ。また、一部のレシピの手順には「お子さまお手伝い」ポイントが記載されていて、子どもが調理や盛り付けに積極的に関わりたくなる仕

図表2-6　ミールキットの一例

（写真：オイシックス・ラ・大地）

図表2-7　レシピに記載された「お子さまお手伝い」ポイント

（写真：オイシックス・ラ・大地）

掛けがある（図表2-6、2-7）。

このような商品を顧客に提案するプロセスにも工夫がある。それは「定期ボックス」と呼ばれる買い物かご機能だ。「定期ボックス」には、選択したコース、旬、人気商品などの情報を基に商品が自動で入っていて、顧客はそこから購入時に気になる商品を追加・削除して注文する仕組みだ。「定期ボックス」を通して、顧客に新たな商品との出会いという楽しさや利便性を提供しているのだ。

このように、オイシックスは「安さ」で他社と勝負するのではなく、新たな食との出会いの創出や親子での調理体験などによる「楽しさ」というエッセンスや、商品が自動で提案される「利便性」を加えることで「差異化」を図り、顧客に選ばれるサービスとなっている。

共通化：データを基にした需給マッチングとメニュー開発

データの「共通化」も付加価値を高めるために欠かせない要素だ。オイシックスでは約4000軒の直接契約の生産者から仕入れた生鮮食品を取り扱っている。それらの商品を多様なニーズを抱える50万人以上の会員に提供するには、川上から川下まで一貫したデータ基盤が不可欠である。そこで、生産者の作物状況データと顧客の購買データを独自のアルゴリズムにより分析して最適な需給マッチングを実施している。

それにより、安定供給を可能にするとともに、流通プロセスにおけるフードロス率を約0・2%と、小売業の中でも低い水準に抑えている。データの「共通化」により効率化を図り、高付加価値成長を実現する経営に寄与していると言える。

こうしたデータ活用はオイシックスの経営の中で随所に見られる。前述の商品販売数や顧客属性データを活用したメニュー開発や「定期ボックス」での商品提案もその一例だ。

さらに2023年にはデータマネジメントオフィスを設置し、社内横断で一元的にデータを活用できる体制を整えている。データ分析を専門組織のみが行うのではなく、データ教育によって社員自身が誰でもデータを基に迅速な意思決定やサービス改善を実現することを目指している。

「頻度」と「価格」を継続的に高める成長パターン

このようにオイシックスは「差異化」により顧客から選ばれるサービス提供者となり、データの「共通化」により顧客ニーズに合わせた商品提案と安定供給の双方を実現している。特に注文内容をすべて顧客に委ねるのではなく蓄積されたデータを基に商品提案することで、継続的に顧客に新たな価値を提供し、取引頻度と単価の向上につなげている。

さらに、オイシックスが「頻度」と「単価」をKPI（重要業績評価指標）として経営に取り入れている点も注目に値する。関連する複数のサブKPIをそれぞれ設定し、サブK

図表2-8　頻度と価格を取り入れたKPIによる業績管理

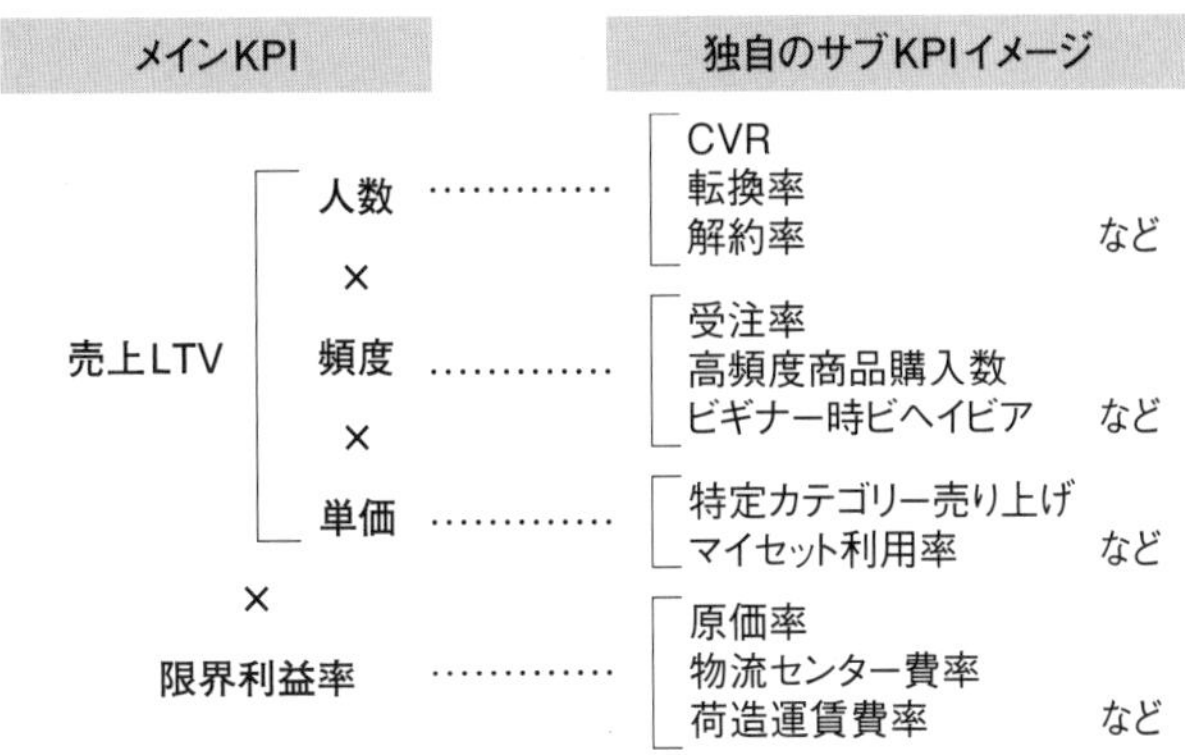

データソース：オイシックス・ラ・大地「FY2019/3 2Q決算説明資料」（2018年11月20日）

ＰＩで各種施策の成果を検証し、ユーザーのＬＴＶ（ライフタイムバリュー＝顧客生涯価値）向上につなげている（図表2-8）。

まさに、「頻度」と「単価」を高める「コンシェルジュ化」の成長パターンを体現しているビジネスモデルなのだ。

財務指標分析から見る企業の1人当たり付加価値向上の要因

東京証券取引所に上場している企業を対象に、2014年から2021年までの財務データを用いて、企業の1人当たり付加価値の上昇を左右する要因を分析してみた。1人当たり付加価値の絶対水準は業種によって異なるため、ここでは1人当たり付加価値の「上昇率」を決定する要因を考える。

東京証券取引所の33業種分類ごとに分析を実施した結果、いくつかの業種で、特定の勘定科目や財務指標と、1人当たり付加価値の上昇率との間に相関関係があることが判明した（p.74-75の図表2-9）。

有意な相関が認められる業種は33業種のうちの一部で、決してすべての業種で相関関係が判明したわけではない。しかし、少なくとも特定業種で1人当たり付加価値上昇の要因が分かったことは、日本全体の就業者1人当たりの付加価値を向上させる今後の手立てを考える上で、大いに参考となるだろう。

以下に、一部業種で1人当たり付加価値上昇との相関が見られた項目を紹介する。

※分析方法：1人当たり付加価値は、経常利益に販売費・一般管理費（減価償却費を含む）と

金融費用を加えた粗付加価値を従業員数で除したものとして算出した。回帰分析により、調査期間中の1人当たり付加価値の年平均成長率（CAGR）と、各種の勘定科目や財務指標などとの間にどのような相関関係が見られるかを調べた。

「企業年齢」：企業年齢と1人当たり付加価値上昇率との間には、8業種で有意な負の相関が見られた。これは、創業の古い老舗企業よりも若い企業の方が1人当たり付加価値の上昇率が高いことを表す。

「平均年収変化率」：6業種で1人当たり付加価値上昇率との間に有意な正の相関が見られた。1人当たり付加価値の上昇率が高い企業ほど賃金の上昇率が高いことが示されている。これは、第1章で提示した「持続的な賃金上昇を実現するには1人当たり付加価値を高めることが必要」という考え方と整合している。

「1人当たり広告宣伝費および販売促進費」：3業種で有意な正の相関が見られた。広告宣伝や販売促進にコストをかけることが付加価値向上につながる業種があるものの、その数は多くはない。ただ、例えば「食料品」で広告宣伝や販売促進が売り上げ増に寄与することへの異論は少ないだろう。

「1人当たり有形固定資産」：6業種で有意な正の相関が見られた。これは、1人当たりの有形固定資産（資本装備率）の水準が高い企業ほど付加価値の上昇率が高いことを表す。このうち、製造業に属する「その他製品」「機械」「金属製品」「電気機器」では、工場・機械などの生産設備の総体の企業規模に比した水準が生産性の伸びを高めることを示唆している。「倉庫・運輸」「陸運業」はまさに設備産業であり、倉庫や輸送機器などの設備が企業規模比で大きいほど付加価値の上昇率が高いことは一般的

1人当たり付加価値の上昇率と正の相関

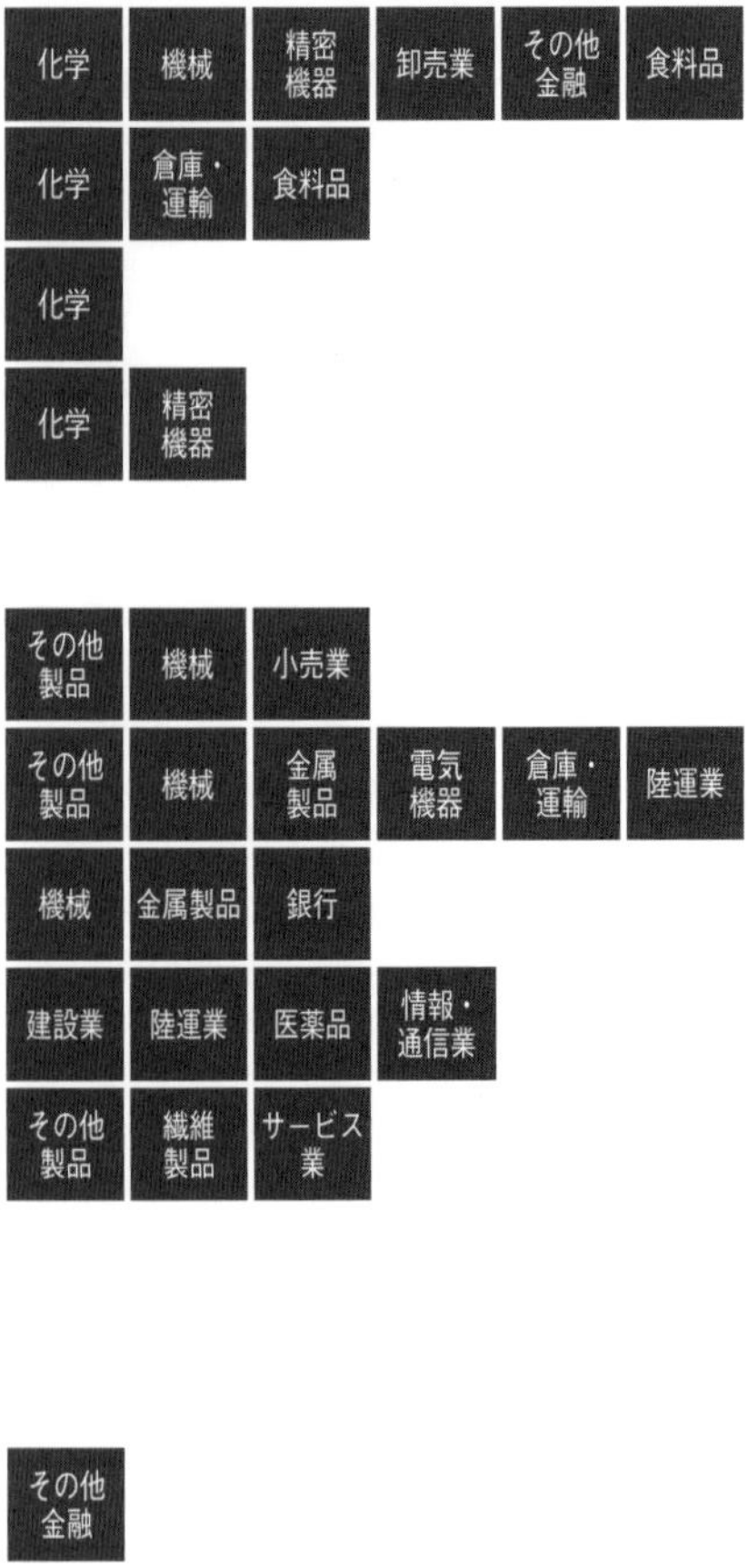

化学	機械	精密機器	卸売業	その他金融	食料品
化学	倉庫・運輸	食料品			
化学					
化学	精密機器				
その他製品	機械	小売業			
その他製品	機械	金属製品	電気機器	倉庫・運輸	陸運業
機械	金属製品	銀行			
建設業	陸運業	医薬品	情報・通信業		
その他製品	繊維製品	サービス業			
その他金融					

図表2-9 財務指標と1人当たり付加価値の伸びとの相関分析結果

財務指標		1人当たり付加価値の上昇率と負の相関							
企業年齢	実数	情報・通信業	その他製品	化学	機械	電気機器	卸売業	サービス業	不動産業
平均年収	変化率								
広告宣伝費販売促進費	1人当たり								
広告宣伝費販売促進費	変化率								その他製品
研究開発費	1人当たり								卸売業
研究開発費	変化率								
販管費率	変化率				卸売業	建設業	電気機器	化学	ガラス・土石製品
有形固定資産	1人当たり								
有形固定資産	変化率						その他金融	建設業	化学
無形固定資産	1人当たり								
無形固定資産	変化率								
ソフトウエア資産	1人当たり								情報・通信業
ソフトウエア資産	変化率								
有利子負債比率	変化率							食料品	金属製品

データソース：「EDINET」上の有価証券報告書

な理解と一致している。

「1人当たり無形資産」：ソフトウエア、のれん、特許権などを含む1人当たり無形資産と1人当たり付加価値上昇率との間には、「建設業」「陸運業」「医薬品」「情報・通信業」の4業種で有意な正の相関が見られた。例えば「医薬品」で企業規模に比した特許権資産の大きさが生産性の伸びにつながること、「情報・通信」でアプリなどのソフトウエアの資産規模が生産性上昇につながることは分かりやすい例だろう。

「販管費率」：販売費（広告宣伝費、販売手数料、販売促進費など）および一般管理費（役員報酬、給与賃金、福利厚生費や諸経費）の売上高に対する比率の伸びと、1人当たり付加価値上昇率との間には、3業種で有意な正の相関が、4業種で有意な負の相関が見られた。販管費率の上昇が売り上げ増につながっているとみられる業種は多くはなく、むしろ販管費にコストを掛けても売り上げ増を実現できていない業種が相対的に多いことを示唆している。

企業が1人当たり付加価値を伸ばすための4つの打ち手

以上から、企業の1人当たり付加価値を高めるためにできる4つの打ち手を導き出した。

1つ目の打ち手は「**若い企業の育成による新陳代謝の促進**」だ。分析の結果、比較的多くの業種で、「若い」企業ほど1人当たり付加価値上昇率が高い傾向があった。その背景には、若い企業は創業当初の事業拡大ペースが速い上、最新技術の導入スピードなど柔軟に動ける機動性があると考えられる。

今後日本の1人当たり付加価値を高めるには、スタートアップ企業の育成はますます重要になる。歴史ある企業においても、成長分野の事業を別会社として切り出し、「疑似スタートアップ」のような環境を生み出すことは有効だろう。

2つ目の打ち手は「**賃金上昇と1人当たり付加価値向上の『スパイラル効果』を実現すること**」だ。比較的多くの業種で、1人当たり付加価値上昇率が高い企業ほど平均年収が高い傾向があり、この傾向は業種横断的に見られる。1人当たり付加価値が高まれば企業は賃金引き上げが可能になり、賃金が上がれば従業員が生み出す付加価値もさらに高まるという「スパイラル効果」が働いていることが推測できる。

両者は「ニワトリとタマゴ」の関係にあるが、賃上げを単なるインフレ対応に終わらせるのではなく、持続的な賃上げを通じて従業員一人ひとりが生み出す付加価値の向上に確実につなげることが重要だ。

3つ目の打ち手は「**有形無形の資本への投資・蓄積**」だ。製造業や運輸業に属する比較的多くの業種で、1人当たりの資本装備が高い企業ほど1人当たり付加価値の上昇率が高い傾向が見られた。つまり、生産設備などへの投資額の1人当たりの蓄積が多い企業ほど1人当たり付加価値が上昇していることになる。

重厚長大産業で、生産設備の水準が高いほど1人当たり付加価値も上昇することは一般的な認識と同じである。他方、「情報・通信」「医薬品」など特定の業種では、ソフトウエア、特許権などを含む1人当たり無形資産の水準が高い企業ほど1人当たり付加価値上昇率が高い。

4つ目の打ち手は「**ビジネスの特性に合わせた販売・管理コストの有効活用**」だ。「食料品」では、1人当たり広告宣伝費および販売促進費と1人当たり付加価値の上昇率との間に正の相関が見られた。「小売業」では販管費率（販管費の売上高に対する比率）の伸びが1人当たり付加価値上昇に寄与していることが示された。これらの業種は主としてBtoC企業で構成されていると考えられる。

一方、「卸売業」「化学」などのBtoB、素材関連の業種では逆に販管費率の伸びと1人当たり付加価値上昇率に負の相関が見られた。

これらは、販売や管理にかけるコストはビジネスの特性に応じて有効に活用すべきということを示唆している。

今後、取引のデジタル化や消費情報の共有などが進んでBtoBとBtoCの垣根が低くなるにつれ、BtoB企業においても、広告宣伝や販売促進の巧拙が1人当たり付加価値向上をより大きく左右することになる。

第3章

人口減少下でも成長する地域経済の戦略発想

本章では、「高成長企業」から学びを得た前章に続き、人口減少下の地域経済（以下「地域」）において1人当たり付加価値を向上させた「高成長地域」について見ていきたい。ここ数年の地域単位の付加価値や就業者1人当たりの付加価値を、人口減少の影響との関係を見ながら分析する。

日本は人口減少に直面しており、地域ではその影響がより深刻だ。しかし、そんな中でも1人当たり付加価値を高めて成長している地域は存在する。

人口減少下における地域の成長事例は、今後の国・企業の進むべき道を探るためのいわば〝羅針盤〟とも位置づけられる。地域における経済は、企業経営といったミクロと、国レベルの経済社会（マクロ）のちょうど中間のセミマクロとして捉えられる。こうしたことから、単なる「地域行政の分析」としてではなく、人口減少の中の日本全体が成長する「勝ち筋」を見いだす糸口としても、地域を考察する意味は大きい。

◆人口減少と経済成長は必ずしも関係しない

では、地域における1人当たり付加価値の成長を、どのように分析するか。

総務省と経済産業省の「経済センサス活動調査」では、企業活動によって得られた「付加価値」や「事業従事者1人当たり付加価値」などの金額が自治体単位で5年ごとに公開されているので、これを基準に成長を見ていく。ここにおける「付加価値」とは、いわば「地域版GDP」といえるものであり、「事業従事者1人当たり付加価値」は「地域版1人当たりGDP」と言い換えることができるだろう。そこで、以降はこれらの値に着目していく。

具体的には、5年ごとに出される経済センサスのデータを使用し、2011年と2016年の間、2016年と2021年の間という2期間で全国の自治体（市区町村）の付加価値の変化を追った。

※なお、2011年については、全産業合計の付加価値額が集計されていないため、産業別の付加価値額を合算して代替した。ただし、部分的に産業別の付加価値額が秘匿されている自治体も存在するため、2011年の全産業合計の付加価値額の取り扱いには留意が必要である。本分析では大まかな変化を把握する目的で使用した。また、欠損値である福島県の5町村（富岡町、大熊町、双葉町、浪江町、葛尾村）は分析対象外とした。

その分析の結果、見えてきたのは「経済成長は単に人口で決まるものではない」ということだ。

2016年と2021年で比較すると、人口が減る中でも1人当たり付加価値を高める

図表3-1　人口減少の中で1人当たり付加価値を向上させた「高成長地域」

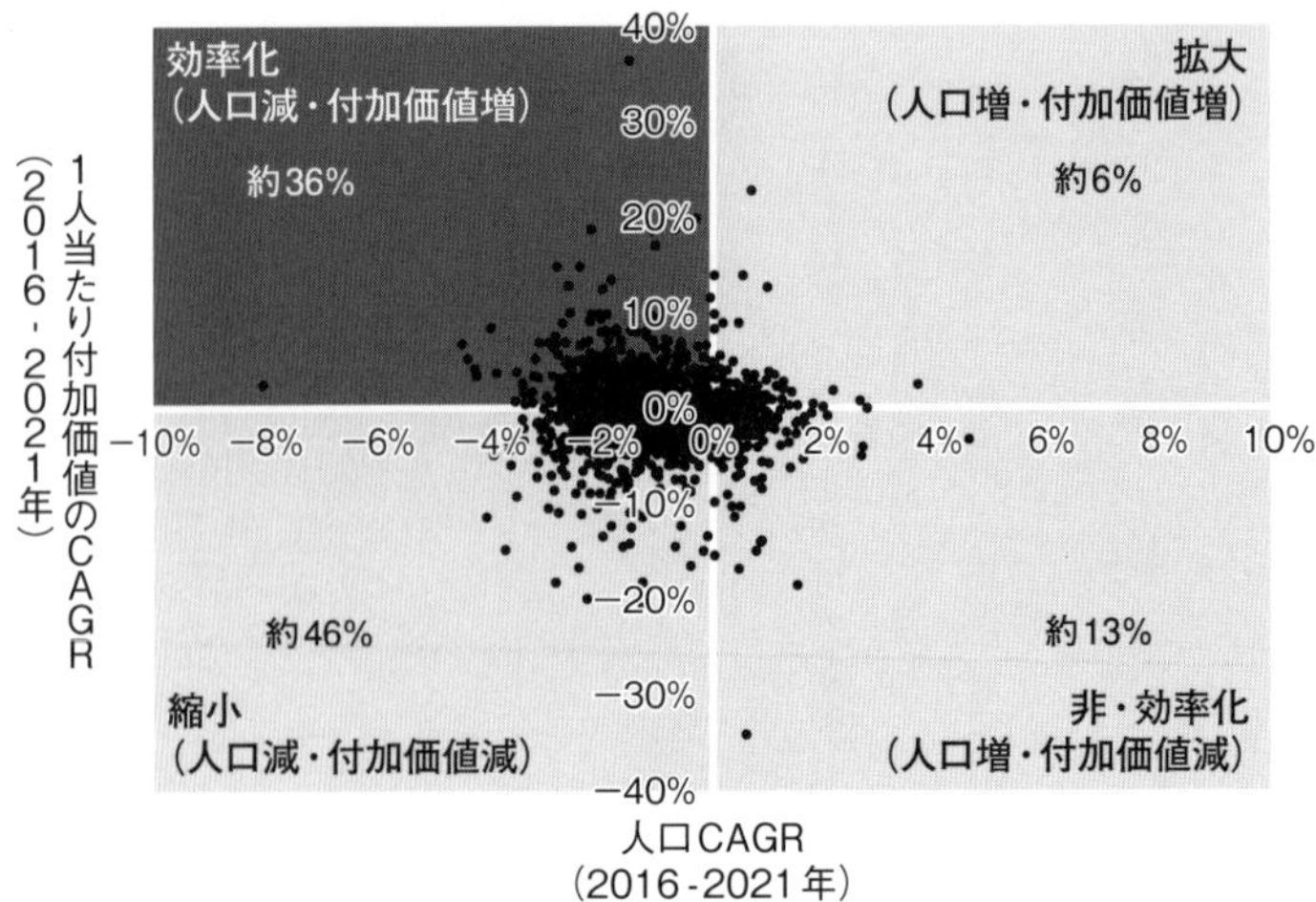

データソース：総務省・経済産業省の「経済センサス活動調査」や「国勢調査」などを基に作成
注：四捨五入の関係で、構成比の合計は必ずしも100%とならない

ことで地域全体の付加価値を拡大した地域は、全体の約36%に当たる600余りも存在する（図表3-1）。たとえ人口が減少しても、やり方次第で経済成長できた地域があるというのは、日本全体の成長に対しても期待が持てる事実だ。

◆人口減少下で1人当たり付加価値向上を達成する「高成長地域」

それでは、人口減少を経験しつつも付加価値を高めたのは、どのような地域なのだろうか。中でも、他の地域や日本全体がまねできるような「高成長地域」はどこなのだろうか。

人口減少が進む中で、1人当たり付加価値の向上において顕著なパフォーマンスを示した高成長地域をリストアップするために、以下の抽出条件を設定した。

- ２０１１年から２０１６年、２０１６年から２０２１年の２期間連続で地域全体の付加価値が増加している
- ２０１６年から２０２１年にかけて人口が減少している
- ２０１６年から２０２１年にかけての１人当たり付加価値の年平均成長率（ＣＡＧＲ）が市町村の種別内で上位5位

これらの条件を満たす高成長地域として、上位自治体をまとめたのが次頁の図表3-2の高成長地域の一覧だ（東京23区は今回の分析対象から除外）。市町村の種別で経済規模や特性が異なることを考慮して、市町村の種別ごとに高成長地域を捉えている。市町村の違いが人口規模（例：町から市への繰り上げの基準の1つが人口5万人）であることを踏まえると、市町村の違いは、いわば民間企業における大企業・中小企業の違いとみなせるだろう。

北は北海道から南は沖縄県まで、多種多様な地域が今回の高成長地域リストに入っている。そして、1人当たり付加価値のＣＡＧＲは、高い地域では10％台後半の成長を実現していることが分かる。人口減少下で日本の経済規模を維持するのに必要な労働生産性（1人当たり付加価値）の伸び率が1％である（第5章で詳説）ことを踏まえると、高成長地域に見られる10％という成長は驚異的だ。

	人口 (2021年) [人]	成長要因と考えられる産業や取り組み
	8040	地域密着型介護サービスなどの医療・福祉
	4万7682	精密機械器具などの製造業
	1万9270	半導体関連産業などの製造業
	5万7032	半導体関連産業などの製造業
	11万2937	自動車・半導体関連産業などの製造業
	1万9922	精密機器などの製造業
	7367	ドローンフィールドによるまちおこしの取り組み
	5507	ブランド牛乳などの食品製造業の成長
	4780	環境リサイクル産業などの製造業の広域連携
	4968	地産にんにくなど農林漁業振興の取り組み
	3080	先端技術導入による農業無人化などの取り組み
	1285	サトウキビ栽培振興などの農林漁業
	623	世界文化遺産を軸とした宿泊、飲食サービス業などの観光業
	1246	地域の特産品を軸とした宿泊・飲食サービス業、小売業
	3902	キノコ栽培の6次産業化などの製造業

図表3-2 高成長地域リスト（全国の市町村対象、東京23区を除く）

種別	順位	地域	1人当たり付加価値の年平均成長率（CAGR、2016-2021年）	1人当たり付加価値（2021年）[万円]
市	1	北海道 三笠市	15%	626
	2	山形県 東根市	12%	992
	3	鹿児島県 阿久根市	5%	368
	4	熊本県 宇城市	4%	439
	5	岩手県 奥州市	4%	455
町	1	宮崎県 高鍋町	19%	913
	2	徳島県 那賀町	13%	724
	3	北海道 浜中町	10%	650
	4	秋田県 小坂町	10%	958
	5	青森県 田子町	9%	551
村	1	北海道 更別村	19%	650
	2	沖縄県 南大東村	11%	559
	3	奈良県 黒滝村	9%	467
	4	福島県 昭和村	8%	318
	5	山形県 鮭川村	8%	635

データソース：総務省・経済産業省の「経済センサス活動調査」や「国勢調査」などを基に作成

図表3-3　「価値循環マトリクス」を用いた成長シナリオの提示例

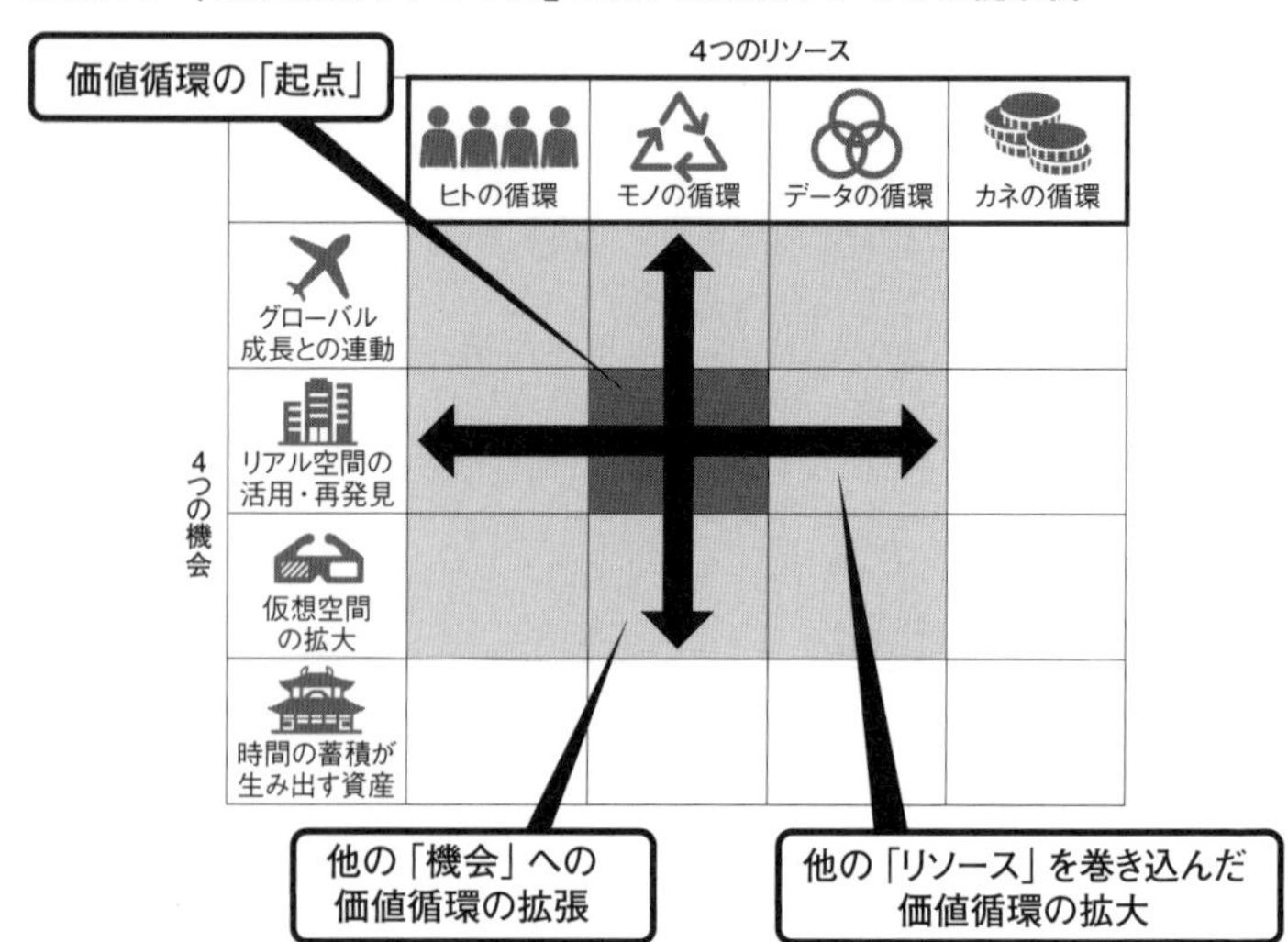

さらに地域の成長をけん引する産業を識別するため、1人当たり付加価値を産業分類別の変化で捉えた「高成長産業」を図表3-2の右端列に記載している。全体としては、製造業や農林漁業といった産業の成長がけん引となって成長した地域が多く見受けられる。

地域の成長でも「差異化」と「共通化」が重要に

では、人口減少下で地域はどのように成長していくことができるのか。高成長地域の成長においては、前章で見た高成長企業と同じように「差異化」と「共通化」という2つの戦略軸が重要な役割を果たしている。他地域とは一線を画すまちづくりといった「差異化」や、地域内外でのインフラや仕組みなどの「共通化」といった戦略を採ることとの有効性は同様に当てはまる。

さらに、高成長を遂げた地域は、価値循環で提唱しているヒト・モノ・データ・カネの「4つのリソース」の循環と、人口減少下でも市場拡大が見込まれる「4つの機会」を徹底して活用していることが特徴的だ。人口減少や過疎化、需要不足といった深刻な地域課題に直面している地域だからこそ、人の数を追い求めるのではなく、増える要素である「4つの機会」に着目して循環を生み出すことがより重要になるからだ。

前著で、「4つのリソース」と「4つの機会」を活用するためのフレームワーク「価値循環マトリクス」を提言し、企業や地域などの成長シナリオを分析してきたが、本章では、それに加えて、「差異化」と「共通化」をどのように実践して付加価値を高めているのか、この「価値循環マトリクス」を使って高成長地域の取り組みをひも解いていく（図表3-3）。

◆ケース1 徳島県那賀町 日本一、ドローンの飛ぶまち

「日本一、ドローンの飛ぶ町を目指して」。

そんな掛け声で、美しい大自然とドローンを掛け合わせて独自なまちづくりに挑むのが

図表3-4　徳島県那賀町の「価値循環マトリクス」

「リアル空間の活用・再発見」×「ヒトの循環」

外部人材の活躍で「日本一、ドローンの飛ぶ町」という「差異化」を目指す

「差異化」

徳島県那賀町では、手付かずで残る豊かな大自然というリアル空間を「ドローンフィールド」として活用。温泉やジビエなど既存の観光資源と掛け合わせて観光の「差異化」を推進することで、ドローンユーザーの観光客増や地域おこし協力隊の活躍など、ヒトを起点に循環を生み出している

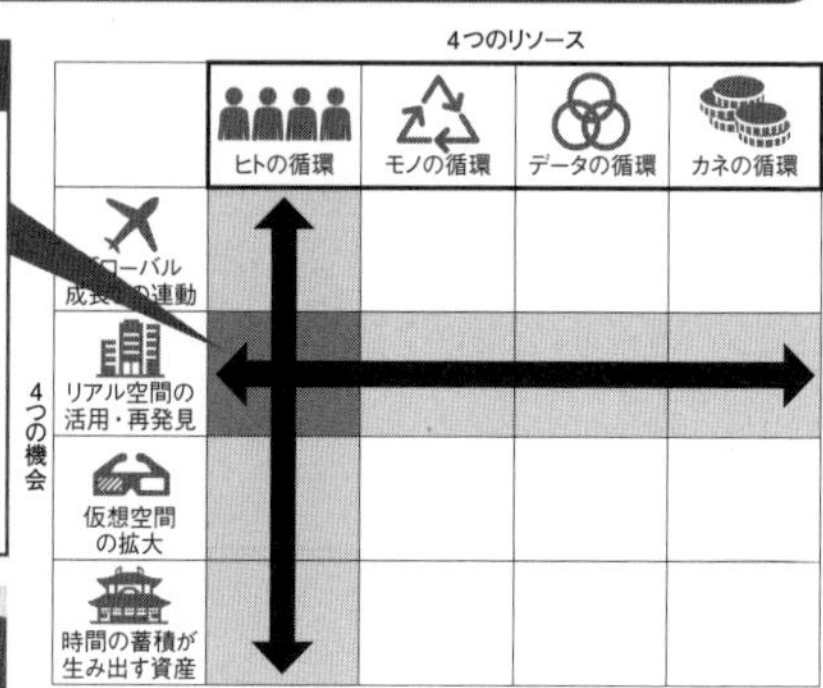

（写真：那賀町）

徳島県那賀町（なかちょう）だ。ジビエと温泉という山間部ならではの資産を持つこの町では、「何もない」ことを生かした「ドローンフィールド」という逆転の発想で、「差異化」による成長を実現している。

那賀町は、約700㎢ある町の面積の95%が森林という中山間地域である。東京23区より広い土地に7500人程度が暮らしている。データで見ると、人口は2016年から2021年にかけて年平均で約3%減少しているものの、同期間中の町全体の付加価値と1人当たり付加価値は、CAGRで見てそれぞれ11%、13%と非常に高い伸びを示している。

この那賀町の成長を価値循環の枠組みで読み解くと、「リアル空間の活用・再発見」と「ヒトの循環」による「差異化」の実践がポイントになる（図表3-4）。順に見ていこう。

差異化：「何もない」大自然の価値を生かした逆転の発想

那賀町における「差異化」とは、「温泉×ジビエ×ドローン」といった複数の観光資源を「掛け合わせる」ことで地域の独自性を高める取り組みだ。これは、手付かずで残る豊かな大自然を、「安心安全なドローンの飛行場所」や「美しい空撮ポイント」として提供するもので、これまでに蓄積されてきた四季美谷温泉やジビエといった観光資源と組み合わせて、他の地域にはない独自のまちおこしにつなげる考え方である[1、2]。

この背景には、「人がいない（＝自然のままの広大な土地が残る）」ことを逆手に取った逆転の発想があった。ドローンは、農林業や災害対応などで今後の成長が大いに期待される一方で、法律による飛行制限のため都市部の人口密集地では飛行させることが徐々に難しくなっていた[1]。幕張メッセで開かれた「国際ドローン展」に那賀町のブースを出展した際に、都市部のドローンユーザーから「東京には飛ばすところがない。広大な土地がある那賀町が羨ましい」というリアルな声を聞き、潜在需要を確信。広大な土地を生かした安全・安心な「ドローンの飛行場所」という新たな需要創出に着目したのである。

これは、価値循環の4つの機会のうち、「リアル空間の活用・再発見」を活用したものと言える。これは未開拓・未活用の領域を生かし、日本の国土の中で利用可能な森林や海などを有益な資源として捉える考え方だ。人口減少は利用できる国土が増えていくことを意味し、成長の機会となり得る。

その後、那賀町はドローンの飛行場所として町をアピールした。四季美谷温泉や周辺の滝など、町内の「映える」大自然35カ所を選定して、ドローン飛行用の「那賀町ドローンマップ」を作成した[3]。加えて、「全国ドローンレース選手権」の予選会場や、那賀町内のドローン空撮のコンテストなどを実施。これらにより、町役場への任意の届け出ベースでも、毎年300～400人を超える人がドローンを飛ばしに那賀町を訪れるようになっている。

そして、元々の四季美谷温泉の観光需要や、ドローンユーザー向けの地域ガイドなど新たなサービス需要につながっているという。このように、リアル空間の価値を最大限に生かして、ドローンによる交流人口を増やすことができた。

外部人材を受け入れる「ヒトの循環」で「差異化」を推進

ドローンによるまちおこしという「差異化」は、「地域おこし協力隊」の熱意とアイデアがきっかけとなっている。地域おこし協力隊とは、総務省の地域支援の制度の1つで、地域外人材を受け入れて、地域協力活動を行いながら定住・定着化を図る取り組みだ。

那賀町では、2015年ごろからこの制度を活用して外部から人材を招き入れていた[1]。そして隊員となった1人が、前職のメディアでの経験を生かして那賀町の四季美谷温泉や鹿肉ジビエの広報支援をする中で、当時注目していたドローンをヒントに「温泉×ジビエ×ドローン」の「掛け合わせ」によって地域を「差異化」するアイデアを思い付いたのだという[2]。

那賀町では、このような隊員の斬新なアイデアを臆することなく受け入れて、町全体で力強く推進した。町では、2016年に全国的にも珍しい専門部署「まち・ひと・しごと戦略課ドローン推進室」（現在：みらいデジタル課ドローン推進室）を設置[4]。また、徳島県から「徳島版ドローン特区」にも指定され[5]、徐々に那賀町全体が「ドローンの飛ぶまち」としてブランドを確立した。

加えて、ドローンによるまちおこしを進めるべく、さらに地域おこし協力隊を受け入れ、取り組みに触発された外部人材が村に集まり始めた。そして、測量分野での経験を持つ隊員が農林業でのドローンの活用を推進するなど、外部人材の活躍でまちおこしが加速する流れとなった。

このような外部人材の受け入れや活躍は、価値循環の枠組みに当てはめると、まさに「ヒトの循環」に当たる。これは、就労の機会を増やし1人当たりのスキルや経験を高めるとともに、相互に交わり知見を深めて社会全体の付加価値向上につなげるという考え方だ。

多様で豊富な経験や知見を持つ人材を受け入れて交流し、地域の新たな成長が可能になるのだ。

那賀町では、こうして外部人材の受け入れという「ヒトの循環」によって、従来の「何もない」という思い込みを打破し、地域に蓄積する自然資産といったリアル空間の価値を掘り起こし、「日本一、ドローンの飛ぶ町」という「差異化」によって独自の成長につなげた。こうした手法は、国や企業にとっても成長に向けたヒントになるはずだ。

同様に、アイデアで「差異化」を進めている地域は他にもある。前掲の高成長地域リストに名を連ねる北海道三笠市は、市全体がジオパークに認定されており、歴史・文化遺産などの地域資源をつなげて「三笠ジオパーク」として観光資源化する取り組みを進めている。

例えば、北海道最古の鉄道路線である幌内鉄道の終着駅だった、幌内駅の跡地がある。この使われなくなった跡地が鉄道ファンにとっては価値が高いということに目を付け、博物館や鉄道公園などと掛け合わせた「三笠鉄道村」としてオープンさせて観光産業として再生した。国土交通省によると、実際のＳＬへの乗車体験なども魅力となり、新型コロナウイルス禍前の段階で年間6万～7万人が訪れていたという。日本の地域には、このようにさらなる成長の可能性を秘めた資産が、まだ多く眠っているはずだ。

コラム

〝個が輝く〟未来に向けて①

このコラムでは、自ら壁を乗り越えて新たな機会を開拓し、〝個が輝く〟未来を先取りして活躍する人のストーリーを紹介していく。

ドローンによるまちおこしという「差異化」の背景には、地域おこし協力隊のAさんの熱意と行動力が背景にあった。

元々徳島県の地域情報誌の編集者だったAさんは、大病を機に脱サラし、新しいことへの挑戦として、以前から関わりのあった那賀町の地域おこし協力隊に応募した。2015年に、同町の温泉地区で鹿肉ジビエの広報を担うようになるも、温泉は山あいの立地で集客も難しく、町のPRが急務だった。

そんな中、Aさんは当時登場したドローンの可能性に着目していた。試しに「地域おこし　ドローン」と検索すると結果は0件。「誰もやってないことは面白い」と町の差異化を思い付いた。

そこで、町民の理解を得るために、温泉施設でのドローン講演会や町内各地での体験会などを自ら実施した。すると、住民が悩む鳥獣被害対策での活用や、輸送実証実験などの成果が出始め、今のドローンによる町おこしにつながった。
その後、Aさんは地域おこし協力隊の任期終了後も同町にとどまり、地域おこしドローン社を設立。町を訪れるドローンユーザーへ飛行ガイドを提供するなど、現在もドローンを通じた地域おこしに貢献している。

ケース2 秋田県小坂町
国内有数の非鉄金属の資源循環のまち

明治時代から100年以上培ってきた製錬技術を生かし、さらに自治体の垣根を越えて資源循環の仕組みを共通化することで広域でリサイクル産業に取り組む地域がある。秋田県小坂町(こさかまち)だ。

小坂町は秋田県北東部に位置し、明治時代以来、有力な鉱山町として発展してきた。しかし鉱山が閉山・採掘休止となり、現在の人口は約5000人で、ピーク時の約4分の1に縮小した。2016年から2021年には、年平均で人口は2%ほど減少したものの、同期間中の町全体の付加価値と1人当たり付加価値は、CAGRでいずれも10%と高い伸びを示している。中でも製造業は、1人当たり付加価値の絶対額が、2016年と2021

図表3-5 秋田県小坂町の「価値循環マトリクス」

「時間の蓄積が生み出す資産の活用」×「モノの循環」

地域・事業者の垣根を越えた「共通化」で国内有数の資源循環のまちに

小坂町に立地するリサイクル処理施設
(写真:小坂製錬)

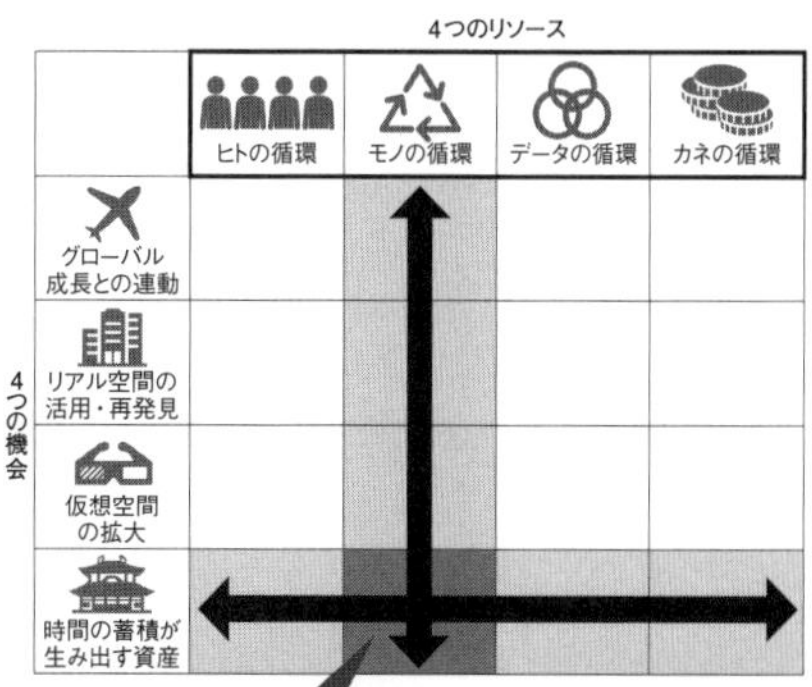

「共通化」

秋田県小坂町では、過去から蓄積されてきた製錬技術を基に環境リサイクル産業が成長。さらに秋田県内の複数の自治体と連携し、資源の効率的な共同回収など資源循環の仕組みを「共通化」することで、モノを起点に循環を生み出す。国内有数の資源循環拠点を形成することで、広域的にヒト・データ・カネの循環も生み出していく

年で749万円から1826万円に上昇するなど、大きな成長を見せている。

この小坂町の成長を価値循環の枠組みで読み解くと、「時間の蓄積が生み出す資産」の活用によるリサイクル産業の振興と、リサイクルの仕組みを「共通化」することで「モノの循環」を後押ししていることがポイントだと考えられる(図表3-5)。順に見ていこう。

100年超も蓄積されてきた製錬技術を活用したリサイクル産業

小坂町では、製錬技術を活用したリサイクル産業などの製造業が成長の原動力となっている。その

背景には、明治時代以来より小坂鉱山でしか取れない特異な鉱石から様々な有価金属を回収してきた実績がある[5]。

このように長年にわたり蓄積された非鉄金属の製錬技術を、使用済みの家電や自動車といった現代の「都市鉱山」から有価金属を回収するリサイクル事業に転用することで、国内有数のリサイクル産業が生まれている[5]。

小坂町のリサイクル産業の成長は、価値循環の４つの機会のうち、「時間の蓄積が生み出す資産」という機会が活用されたものだ。これは、文化や技術など地域や社会に長年蓄積されてきた〝強み〟とも言える資産を活用する考えである。このような蓄積は、人口が減少していく中でも時間の経過とともに確実に増えていく成長の機会だ。

結果として小坂町には、使用済みの家電や自動車などから金・銀・銅などを回収して出荷する、非鉄金属リサイクル事業者が多く立地するようになった。近年のリサイクル規制の強化やサーキュラーエコノミー（循環経済）の進展、レアメタルなどの資源獲得競争の激化もあり、経済産業省のデータによるとリサイクル事業者を含む小坂町の製造業の出荷額は２０１６年の２２６億円から２０２２年には４４１億円へと成長してきた。

共通化：リサイクルの仕組みを広域に共通化

実はこのような小坂町のリサイクル産業は、秋田県内の複数の自治体をまたいだ「資源循環」の仕組みの「共通化」によって発展した。この「共通化」の取り組みは、リサイクルの原料となる廃棄物などの収集について、無駄が発生しないように広域的に回収や再資源化の仕組みを構築するものだ。リサイクル産業では、再資源化率や設備稼働率を高めるために、このような広域化が重要となる（詳細は第4章サーキュラーエコノミー参照）。

これまで秋田県では、「秋田県北部エコタウン計画」（１９９９年〜）や「秋田エコタウンプラン」（２０１１〜２０２５年）などを策定し、小坂町を含む秋田県北部の10程度の市町村を対象に広域的な資源循環を推進してきた。その一環として、資源の効率的な回収システムに向けた複数企業による資源の共同回収などの調査を実施。これらを通じて、官民連携で広域的・効率的な資源循環のスキームを模索して民間のリサイクル産業を後押ししてきた。その結果、回収から運搬、再資源化までの仕組みが、複数地域をまたいで広域的に網目状に構築されている。

これら共通化の取り組みによって、資源の埋め立て処分や域外流出などを防ぎ、リサイクル規模が確保されることで、地域のリサイクル産業が発展。秋田県北部は国内における非鉄金属素材供給の重要な一翼を担うようになり、小坂町のリサイクル産業は国内有数の再資源化拠点の地位を獲得していった。

このように小坂町は、小坂鉱山で培った製錬技術という「時間の蓄積が生み出す資産」を活用しつつ、地域の限界を、地域や産業の垣根を超えた仕組みの「共通化」で乗り越えている。

小坂町のように共通化の取り組みを進めている地域は、他にもある。長野県の「信州ワインバレー構想」では、20以上の自治体が一体となってワインを軸とした産業振興を進めている。これも注目される「共通化」、広域連携の取り組みだ。

ワインバレーの中でも、長野県の坂城町（さかきまち）と立科町（たてしなまち）は、前掲の高成長地域リストには入っていないものの、町種別の中で上位9位、10位の有力地域だ。この構想では、信州一体となってワイナリー人材の育成や醸造技術改善、プロモーションなどの機能を「共通化」する取り組みを進め、信州という広域で一体となってワイン産業を盛り立てている。

◆ケース3 北海道更別村
先端技術とデータで高齢者が幸せに暮らせるまち

様々な社会課題を抱える「課題先進村」であることを生かして成長を実現する村がある。北海道更別村（さらべつむら）である。社会課題の解決に関する多くの先端技術が集う「イノベーション・ハブ」として「差異化」しつつ、データ循環の仕組みの「共通化」で地域全体に先端技術を取り込んでいる（図表3-6）。

そこでは、自動運転トラクターが耕運や種まきを手伝い、宅配ロボが商品を運び、ウエ

図表3-6　北海道更別村の「価値循環マトリクス」

「リアル空間の活用・再発見」×「データの循環」

魅力的な研究の場という「差異化」と、データ基盤の「共通化」で「イノベーション・ハブ」に

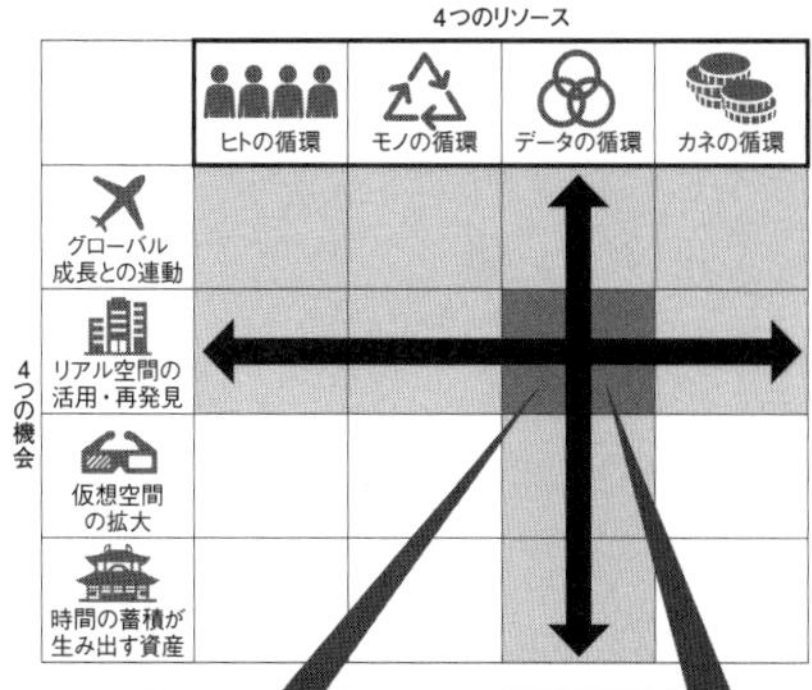

「差異化」

人口減少や高齢化、災害などの様々な社会課題を抱える「課題先進村」であることを生かして、社会課題の解決に関する多くの先端技術が集う「イノベーション・ハブ」として「差異化」。外部から研究活動を呼び込むことで、研究者や研究投資など、ヒト・カネを起点に循環を生み出していく

「共通化」

高齢者向けソリューションの社会実装で得られたデータを行政に閉じ込めずに、データ連携基盤など仕組みを「共通化」することでデータの循環を生み出す。地域内のさらなるイノベーション創出を支援することで、人材交流や就業の創出などの経済効果につながりヒト・カネの循環も促していく

ロボットトラクター（写真：更別村）

取り組み全体像
（写真：Social Knowledge Bank合同会社）

アラブルウォッチが健康チェックを担う。高齢者が生きがいを持って生活しながら地域ではイノベーションが続くという、先端技術による社会課題解決の成長が実現し始めている。

更別村は、とかち帯広空港から車で10分程度、北海道十勝南部に位置する。面積が約180㎢と広大な平原に、約3100人が暮らしている。小麦やジャガイモなどの農業が基幹産業であり、農家1戸当たりの農地面積は約50ha（東京ドーム10個分の広さ）と、日本を代表する大型農業地域だ。人口は2016年から2021年にかけて年平均で0・7%ほど減少したものの、同期間中の町全体の付加価値と1人当たり付加価値は、CAGRでいずれも19%と高い伸びを示している。

この更別村の成長を価値循環の枠組みで読み解くと、「リアル空間の活用・再発見」による「差異化」と、「データの循環」をもたらすデータ管理の「共通化」がポイントだと考えられる。順に見ていこう。

差異化：「リアル空間」を生かした「イノベーション・ハブ」

更別村では、様々な社会課題を抱える広大な土地が先端技術の研究にとって魅力的な「テストベッド」としての価値があると捉え、研究にとって魅力的な環境づくりをすることで「イノベーション・ハブ」として「差異化」を図っている。これは、ケース1の那賀町の「逆転の発想」の例と同様に、「リアル空間の活用・再発見」という機会を活用したものだ。

その背景には、更別村が人口減少や高齢化、災害など多くの地域課題を抱えていることがある。平均年齢は49歳、約3人に1人が高齢者であり、2030年までに人口が1割減少し、就業人口は3割も減少すると予測されている。このままでは地域自体が長続きしないかもしれないという危機感があった。しかし、日本社会の縮図のような社会課題を抱える地域自体を、様々な先端技術の研究の「テストベッド」として捉え直すことで、山積する社会課題も、価値ある研究材料になる。

きっかけは、2016年の台風被害に直面した際の先端技術を求める高齢農家の声だった。当時、台風が過ぎた後でも農地から水が引かず、滞水・冠水となった。そのため、農家では収穫はおろか畑の中に入っていくことさえできず、約20億円の損害を被った[6]。そんな中、高齢農家から自動運転トラクターやドローンなどを求める切実な声が相次いだ。住民がこのまま農業や生活を続けるためのソリューションの必要性を痛感したのである。

そこで更別村では、先端技術を活用した地域課題解決に舵を切った。それは地域自体を、民間企業や研究機関を呼び込んで人工知能（AI）やあらゆるモノがネットにつながるIoTなどの領域の一大研究拠点としていくというものだ。そして、これら先端技術を活用しながら住民が幸せに暮らせる持続可能なまちを実現するという方針を打ち出した。いわば「イノベーション・ハブ」としての地域づくりだ。

手始めに、2018年に北海道、北海道岩見沢市とともに内閣府の「未来技術社会実装事業」の候補地に名乗りを上げた。選定後には、東京大学やメーカーと連携して、ロボットトラクターの自動運転や、ドローンによる農薬散布などの実証実験を進めていった。畑作農業の作業時間が10〜15%短縮されるなど、スマート農業の実用化が期待されている。

同時に、先端技術を持つ研究機関や民間企業の呼び込みにも力を入れている。村長によれば、100社以上の企業、大学・研究機関などに声掛けして協力関係を構築してきたという。2021年には、東京大学がスマート農業の研究拠点を村内に設置し、常駐教員が研究を開始するなど、具体的な動きにつながっている[7]。

これらの取り組みもあり、村全体で先端技術の活用の機運が醸成されていった。2022年には「デジタル田園都市国家構想」の採択につながり、現在はスマート農業以外にも、高齢者の移動や健康見守り、行政手続きのデジタル化など、幅広い分野で先端技術の活用が進んでいる。

結果として、「学術研究、専門・技術サービス業」の1人当たり付加価値が2016年から2021年で117%成長するなど、先端技術の研究が地域の成長に大きく貢献している。

共通化：地域全体で産官学の「データ循環」

更別村では、データ管理の仕組みを「共通化」する取り組みも進めている。これは、先端技術などを活用した高齢者向けサービスを行政で一元的に提供するとともに、サービスを通じて蓄積されたデータを有効活用するものだ。連携基盤などによってパートナー企業や研究機関とデータを「共通化」し、産官学の連携を深めてサービスの高度化を目指している。

この取り組みは、価値循環の枠組みに当てはめると、「データの循環」を促すものだ。4つのリソースの1つであるデータを、1回の利用だけにとどめずに他のデータと結び付けて繰り返し活用して、データの持つ価値を増幅させるという考え方である。

では、更別村での「データの循環」はどのようなものか、データの蓄積から活用までの流れを見ていこう。

まずデータは、先端技術などを用いた各種の高齢者向けサービスを通じて蓄積される。例えば、自動運転バスによる移動サービスや宅配ロボによる買い物支援、コミュニティナースなどの健康支援サービスが、無償／低額で提供されている。さらに多数のスマホやウエアラブルウオッチ、電力センサーなどが高齢者に貸与される[8]。これらにより、高齢者の生活データなどを収集・蓄積している。

次に、そうして蓄積されたデータを、サービスを提供するパートナー企業やアカデミアと連携して活用することで、さらなるイノベーションにつなげようとしている。

例えばヘルステックの分野では、PHR（パーソナル・ヘルス・レコード）が大手損害保険会社などのパートナー企業に連携され、高齢者向け健康支援サービスの高度化に活用されている。このサービスは、健診結果やワクチン接種記録などのPHRに基づいて、生活習慣病の発症リスクなどを予測するものだ[9]。民間企業の先端技術が集まる「イノベーション・ハブ」でデータの「共通化」が進むことで、高齢者が幸せに暮らせる持続可能なまちづくりにつながっている一例である。

経済効果の面でも、更別村では相当なインパクトが見込まれている。これまで紹介した取り組みを含む同村の「スーパービレッジ構想」では、2023年度以降の5年間で、177億円の経済効果、250人の村内雇用創出、1200人余りの就業誘発が見込まれている。「イノベーション・ハブ」と「データの循環」をバネに、高齢者が幸せに暮らしながら成長できる新たなモデルが具現化されつつある。

このように更別村では、リアル空間を「イノベーション・ハブ」として活用しつつ、そこで得られたデータをオープン化していくことで、さらなるイノベーションを誘発し、ヒトやカネの循環も巻き起こしながら地域全体を成長させている。こうした産官学でのデータ連携に向けた「共通化」の工夫は、国や企業にとっても成長に向けたヒントになるはずだ。

さらに更別村では、無人農業の仕組みや高齢者支援のサービスを、パッケージ化して国内外に商業展開することも考えているという。現時点では構想段階であるものの、グローバルの成長も取り込み、投資を受け入れるなどの効果が生まれると、更別村の価値循環がさらに大きくなるだろう。

「末端」から「先端」へ　日本を照らす地域の取り組み

ここまで見てきたように、逆転の発想でこれまで未開拓・未活用だったリソースや機会を掘り起こしたり、広域化で地域の強みを伸ばしたり、イノベーション・ハブとなったりすることで、人口減少下でも地域が成長する可能性は残されている。紹介した事例からはそんな希望を垣間見ることができる。

長らく「自治体は末端である」といわれてきた。重要なことは「お上」が決めるのであって、「末端」である自治体は手足のように動けばよいという考え方だ。しかし、これまで見たように、日本全体が人口減少の中で次なる成長の糸口をなかなか見いだせずにいる中で、「お上」に依存せず自らの発想で「共通化」や「差異化」を行いながら着実に成長を実現している地域も多数存在する。

まさに、こうした高成長地域こそが時代の「先端」を切り開く存在であると言うこともできるだろう。その姿は日本の〝羅針盤〟として、国や企業にとっても様々な壁を乗り越える「勝ち筋」のヒントとなり得るものだ。

◆価値循環の視点
「共通化」と「差異化」で「壁」を乗り越える

前章と本章では、人口減少下においても成長を果たし、さらに1人当たりの付加価値を高めてきた企業と地域の取り組みを具体的に見てきた。事例として取り上げた企業や地域は、それぞれの強みや特徴に磨きをかけ、それらを顧客や地域住民などの抱える潜在ニーズや課題に対応させる形で、独自の提供価値として打ち出すことに工夫を重ねている。

その過程では、自前主義や独りよがりに陥ることなく、異なるプレーヤーと多様な連携・協力関係を構築し、「共通化」できるものは一緒にして効率を高めている。また、一見意外と思われる要素を結合して、自らの「差異化」につながるイノベーションを推進している。

事例に共通するのは、価値循環を阻害する様々な「壁（＝障壁）」を乗り越える知恵と行動があったことだ。大事なのは、そうした「壁」を乗り越えて、ヒト・モノ・データ・カネの「4つのリソース」を循環させて新たな価値を生み出すという価値循環の流れを戦略的につくり出すことである。

「壁」には、業種・業界や組織などの人工的な区分や、地域などの物理的な隔たりのような見えやすい壁、さらにそれらの背後にある文化・価値観・習慣・しきたりといった意識的な壁など、様々なものがある。こうした壁を乗り越えない限りは、価値循環をつくり出すことが阻害されてしまい、付加価値向上を望めない。

では、1人当たり付加価値の向上に成功している企業や地域は、こうした壁をどのように乗り越えて、「その他大勢」とは一線を画するパフォーマンスを実現しているのか。価値循環が生み出されるメカニズムに立ち返って整理してみたい。

「共通化」を通じて新たなつながりを生み出し「回転」を起こす

価値循環を妨げる様々な「壁」の原因が、色々な領域に存在する「違い」「区分」「隔たり」などであれば、その中の象徴的な部分を可能な範囲で取り去り「共通化」することで、最も根底にある「人の意識の壁」を打破するきっかけをつくり出すことができる。

具体的には、地域や組織の垣根を越えて施設や設備の共同利用を進めたり、情報プラットフォームを共通化したり、教育や相互交流のための「場」を設けたりといった行動を取ることだ。こうした「共通化」の取り組みによって新たなつながりを生み出し、より一層の「回転」を起こして付加価値を高めることが可能になるわけだ。

本章で取り上げた事例で言えば、以下がこれに該当する。

- **SBS ホールディングス**は、グループ内でバラバラだった顧客管理システムを統合して営業情報を共通化することで、グループ企業間の営業連携を強化した。
- **秋田県小坂町**は、周辺市町村と連携してリサイクルネットワークの仕組みを共通化して、同町内に多く立地するリサイクル産業の拡大を推進した。

このように「共通化」をきっかけとして、顧客、取引先や同業他社、社内関係者、様々な潜在的な協力者などとの間に新たなつながりが生まれたり、既存の関係性が深化したりする。それが、ヒト・モノ・カネ・データなどのリソースの「回転」頻度向上につながり、また新たな経路を通じて「回転」の幅を広げる契機にもなってくる。

さらに、ユーザーの利便性やモチベーションを高め積極的な利用・参加を促すことで、共通化した設備やプラットフォームにより多くのリソースを呼び込み、「回転」の量的拡大を目指すということも重要だ。これにより、設備の稼働率向上による収益性改善に寄与したり、「ネットワーク効果」を通じてより多くのリソースの循環を呼び込んだりすることが可能になる。そして、それが次の「蓄積」の基礎になる。

「蓄積」を生かし様々な要素の掛け合わせにより「差異化」を追求

「回転」を通じて取引量が増えるにつれて、顧客のニーズや製品・サービスに関わる情報や知見が豊富なデータとなって「蓄積」されてくる。こうしたデータを掛け合わせて分析し、新たな需要につながる機会を見いだし、それに合わせて「差異化」を進めることで、付加価値の高い製品や関連サービスの開発・提供が可能になる。

また、自らが「蓄積」する有形無形のリソースと、関係者の持つリソースとを掛け合わせて、新たな価値提供を目指す取り組みを進めるケースも考えられる。

本章で取り上げた事例で言えば、以下のような事例がこれに該当する。

●**シマノ**は、BtoBメーカーでありながらも、エンドユーザーから得られる質の高いインサイト情報（蓄積）に基づき、ユーザーニーズを先読みし、異なる要素技術を掛け合わせてイノベーションに挑戦し続けた。これにより事実上の業界スタンダードを握り、競合に対する圧倒的な競争優位を確立してきた。

●**北海道更別村**は、様々な課題を抱える「課題先進村」であること（蓄積）を生かし、課題解決に関わる最先端技術の「イノベーション・ハブ」として「差異化」することで、多くの研究者や企業を呼び込んでいる。

●**徳島県那賀町**は、「人がいない」「自然のままの広大な土地が残る」ことを「差異化」の機会と捉え、ドローン愛好家などが全国から集う「ドローンを中心としたまちづくり」を推進している。過去からの観光資源（蓄積）である温泉やジビエと、ドローンを掛け合わせて固有の魅力を効果的に打ち出すことで、地域全体の活性化を進めてきた。

さらに一層の「差異化」を進めるためには、こうして生まれた新たな製品・サービス・活動などを磨き込んで完成度を高めると同時に、それらに固有の優位性や稀少性を際立たせ、その価値を広く知らしめる必要がある。新たな製品・サービス・活動などに明確なコンセプトや名称を付けて広く訴求をしたり、それらを体現する取り組みや発信の機会（リアル／バーチャル）を設けたりすることで、提供する価値を「見える化」して分かりやすく伝えることが重要だ。

●**シマノ**は、コンポーネント（自転車の主要部品を統合したセット）の開発成功後、自社コンポーネントに「DURA-ACE」などのブランドを冠し、さらに1970年代以降、国際的な自転車レースなどへの参加・協賛を通じて同社製コンポーネントの認知度を一気に高め、グローバル市場での存在感を大幅に向上させた。

●**徳島県那賀町**は、「日本一ドローンが飛ぶ町」という目標を打ち出して地域外の多種多様な企業や団体と連携を進め、同町のユニークな取り組みへの幅広い注目を集めて、地域を次の段階にレベルアップさせる「差異化」で地域ブランドの強化を図っている。

このように「差異化」を進め価値を際立たせて、既存の関係者を超えてより広範な潜在的関与者にも広く知らしめることで、新たな「つながり」が生まれる契機がつくられる。これが、より幅広い関係者を巻き込んだ、次なる「回転」のプロセスの起点となる。

「壁」を打ち破るには、「回転」と「蓄積」を連鎖する一連のものとして捉え、それらがらせん(=スパイラル)を描くようにして付加価値を連続的に高めていくという「循環」の流れをデザインし、それを具体化することが重要なのだ。目に見える成果を生み出し、それが次第に大きくなることを示すことで、「壁」に縛られた人の意識も転換できる。本章で取り上げた企業や地域は、様々な「壁」を乗り越え、このような価値循環のサイクルを意識的・戦略的に創出し、1人当たり付加価値の向上を実現している。

では、こうした個々の企業や地域のレベルでの価値循環とそれを通じた1人当たりの付加価値の向上の仕組みを、社会全体に実装させ、根付かせるにはどうしたらよいのだろうか。こうした視点に立って、次の第4章では、社会課題解決を出発点としつつ既存の産業の枠を超えて新たな需要と市場を創出する「大循環」をいかに生み出していくべきかについて、7つの「成長アジェンダ」に焦点を当てて見ていくことにしたい。

第4章

新市場を創る7つの「成長アジェンダ」と日本の勝ち筋

第2章と第3章では、「1人当たり付加価値」の成長を高いレベルで達成してきた企業や地域を抽出し、好事例として分析してきた。業種・業態や地理的な条件などはそれぞれ異なるものの、これらの好事例には、「共通化」と「差異化」を通じて様々な「壁」を乗り越えて価値循環をつくり出してきている点において、共通する成功要因を見てとることができた。

人口減少下で日本全体の成長を実現するには、こうした成功要因を他の企業・地域に「ヨコ展開」することに加え、個々の価値循環を有機的につなぎ合わせて連鎖させ、価値循環を通じた成長モデルをより大きなスケールで展開していく必要がある。そこで、本章以降では、前章までの分析を踏まえながら、このような「循環型成長モデル」を日本社会全体にいかに実装し、定着させていくべきかを見ていきたい。

◆様々な「壁」を乗り越え、業界横断的に新たな市場を創出

長期停滞からの本格的な脱却を図るには、既存の仕組みやそこに携わる人の意識の中にある「壁」を破り、これまでの日本の産業のあり方や雇用のあり方を構造的に変えていくことが求められる。

産業のあり方においては、従来の業種・業界を前提とした「縦割り」の産業構造や、そ

れに由来する様々な「壁」を乗り越えて、社会課題解決を起点として新たな市場を創出し、経済的にも社会的にもより一層大きな付加価値を生み出す仕組みをビルトインしていくことが重要だ。その上で、雇用についても、人口減少下で新たに生み出される市場を含むすべての産業領域に必要とされる人材が行きわたり、活躍できるような構造変化を進めなければならない。これまでの組織や制度の壁にとらわれることなく、円滑な労働移動や人材育成を進め、さらに、一人ひとりの所得向上につながる分配の仕組みを整えていくことが肝要である。

そこで本章では、人口減少・高齢化、気候変動対応などに代表される社会課題を出発点とし、それに対する解決策（ソリューション）の開発・実装を通じて、いかにして新たな市場を創出していくべきかについて、次に示す7つの「成長アジェンダ」を提言する。

このような社会課題解決型のイノベーションによる新たな市場の創出は、既存の業種・業界という縦割りの壁を越えて、業界横断的に「横割り」で取り組むことが必要だ。そのため7つの「成長アジェンダ」も、あえて既存の産業別の区切りにせず、産業横断的なアジェンダとして整理している。

7つの「成長アジェンダ」

●モビリティー：「自動車大国」から「モビリティー大国」へ

● **ヘルスケア**：健康長寿ソリューションの全世界展開
● **エネルギー**：「多層的エネルギーミックス」の構築で世界をリード
● **サーキュラーエコノミー**：「少資源国」から「再生資源大国」へ
● **観光**：日本全国テーマパーク化
● **メディア・エンターテインメント**：コスモポリタン・エンターテインメントの追求
● **半導体**：オープンなシリコン城下町の創造

これらの7つの「成長アジェンダ」は、いずれも日本が直面する社会課題に深い関わりがある。また、いずれのアジェンダも、日本固有の強みや特色を生かせる余地が大きく、それらを最先端のテクノロジーなどと掛け合わせることで、課題解決を可能にする効果的なソリューションが生み出され、それが起爆剤となって新たな市場が創出されることが期待される。まさに、「循環型成長モデル」を構成する「大循環」の原動力となるべきアジェンダと言える（図表4-1）。

これまでにも、社会課題解決型のイノベーションを経済成長の呼び水にしようとする試みは数多く存在してきた。しかし、多くの場合、専門分野ごとの研究開発投資（図表4-1の大循環B）や、最先端ソリューションの実証・実装支援（大循環C）などの取り組みの間に「壁」が存在し、個々バラバラに検討・実施される傾向が強く、大規模な新市場創出（大

図表4-1 「循環型成長モデル」の見取り図

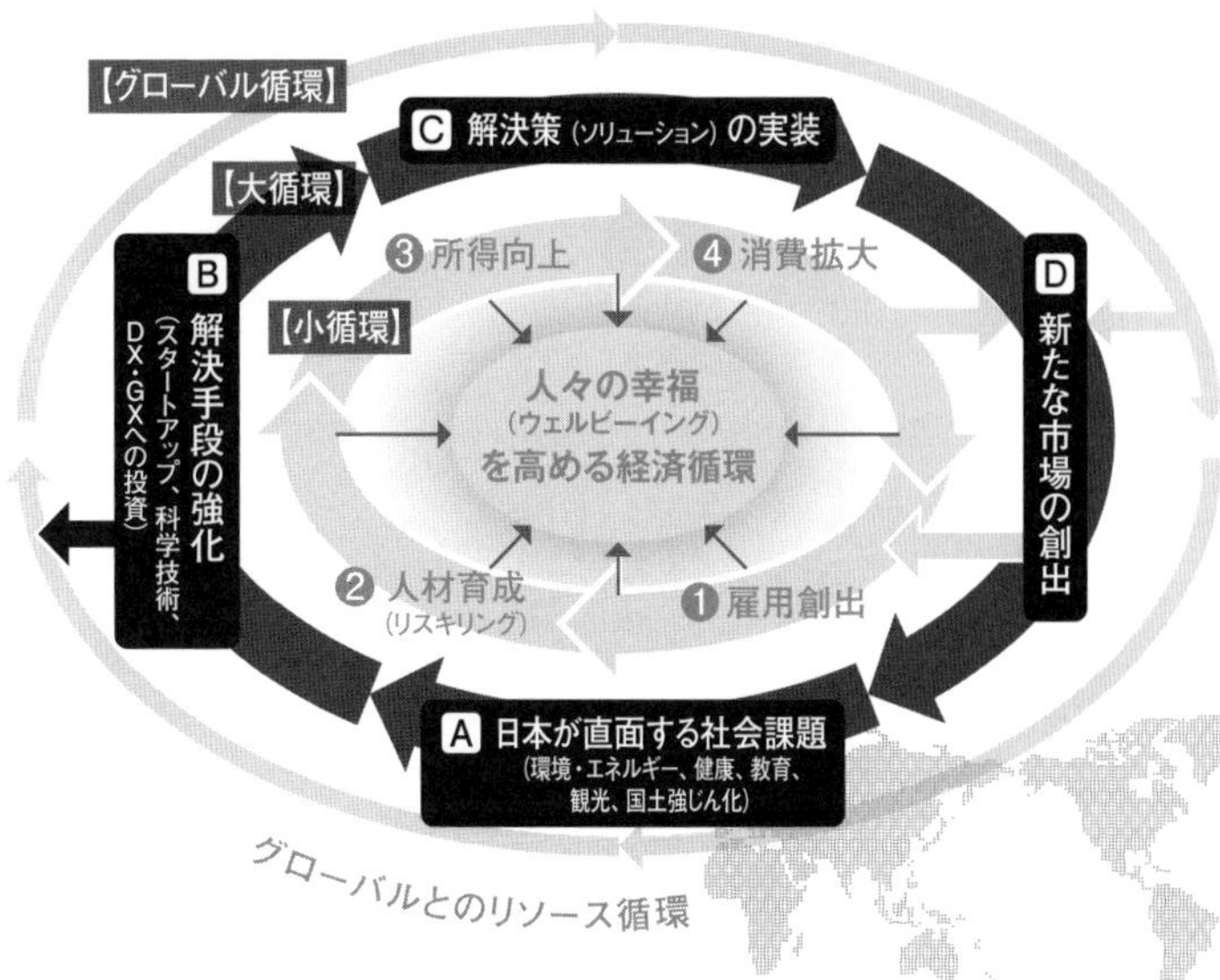

循環D）に至らずに終わる場合が多かった。

こうした反省を踏まえ、「大循環」を通じて新たな市場を創出していくには、過去からの構造的な特質（個別最適志向など）を持つ、次のような「壁」を乗り越えていく必要がある。

- **業種・業界間の壁**：供給者視点の産業・業種区分やそれらに基づき定められた「業法」などにより、異なる業種・業界にまたがる協業・連携を阻む壁が形成されている場合が多い。社会課題の解決には、こうした壁を越えて業界横断的に「横割り」で取り組むことが必要だ。そのため、本章で扱う7つの「成長アジェンダ」についても、産業横断的な「アジェンダ」として設定している。

● **グローバル化の壁**：多くの日本企業は、大規模で成熟した国内市場に恵まれ、固有の商習慣を培ってきたことなどから、日本の中だけでビジネスを自己完結させたり、グローバル展開の際も輸出などで一方的に海外に出て行こうと考えたりする傾向が強く、それが本格的なグローバル化を阻む壁となってきた。この壁を越えるには、海外からヒト・モノ・データ・カネを日本に呼び込み、人材やノウハウを積極的に受け入れることで双方向に発展させる「グローバル循環」を促す必要がある。

● **地域間の壁**：日本国内でも、地域・行政区分の違いや、その背後にある習慣・制度の違い、地理的な隔たりなどが壁となって、様々なリソースの効果的・効率的な循環を阻んでいる事例は多い。地域固有の資源や特徴を生かしつつ、個別地域に閉じるのではなく広域化を図り、「グローバル循環」とも連動させながら、ヒト・モノ・データ・カネが自律的に循環する「地域循環」を創出することが肝要だ。

● **組織間の壁**：異なる企業間や、同一企業内の異なる組織間で、仕事のやり方や考え方、業務プロセスの違いなどが壁となって、思うように協力関係が構築できない状況に直面することは珍しくない。より高次の課題の解決に向けたゴールを共有し、その実現を目指して、ビジネスに関わる様々な仕組みやコミュニケーションのあり方を「共通化」することを通じて、こうした壁を打破していくことが求められる。

●**人材不足の壁**：社会課題の解決には、複数の専門分野の間の連携や調整が不可欠である。個々の分野の専門人材の不足に加え、複数の分野を俯瞰（ふかん）しながら生活者の視点や未来志向の発想であるべき姿を描き、多様な関係者をリードしていけるような「リーダー人材」の不足は深刻な壁であり課題である。分野横断型の教育や研修の拡充、異なる業種・業界間で「ヒトの循環」を促す仕組みの導入など、これまでの延長線上にはない斬新な打ち手を取り入れることが不可欠だ。

●**短期思考の壁**：気候変動対策に象徴されるように、社会課題解決に向けた取り組みには、長い時間軸に基づく課題の把握とその解決に向けた段階的・計画的なアクションが求められる。多くの場合、そうしたアクションは多額の投資や負担（痛み）を伴うものであり、短期的な合理性ばかりが優先されると、それが壁となって課題解決が進まない。長期的な視点に立った全体最適につながる発想や行動が適切に報われるように、様々な制度や仕組みのあり方を併せて変革していくことが肝要である。

●**意識や思い込みの壁**：一番重要かつ厄介なのが、人の意識や思い込みの壁だ。これまで見てきた壁の大部分は、「これまでこうだったから、これからもこうでなければならない」といった、特に根拠のない思い込みであったりする。こうした一種の「思考停止状態」をいかに打破するかが、社会課題の解決につながる循環をつくり出していく上で極めて重要である。

7つの「成長アジェンダ」を軸に産業横断的な視点から日本の「勝ち筋」を描く

このような視点を踏まえながら、本章では前述の7つの「成長アジェンダ」に関して、これまでの個別最適志向などに起因して循環を妨げる様々な「壁」をどのように乗り越えて、日本全体の成長力につながるような「勝ち筋」を描き得るかを具体的に見ていく。

最初に取り上げる成長アジェンダは、「**モビリティー**」だ。日本では高齢化の進展に伴い、交通弱者・移動困難者が大量に発生することが見込まれる。こうした社会課題にまつわる切迫した状況をむしろ好機と捉え、ものづくりの領域で培われた強みを生かしつつ、ユーザーの体験価値に重きを置く「デザイン思考」に大胆に転換することが求められる。

モビリティーは、自動車関連産業やＩＴ関連産業だけでなく、建設業、住宅関連産業から消費財、流通・小売り、医療・介護、公共交通、各種生活関連サービスなど、多種多様な産業の〝交差点〟だ。幅広い業種・業界にまたがる異業種連携を軸に置き、快適な移動手段の提供を新たなライフスタイルの創造や地域の活性化、にぎわいづくりなどにつなげることまで視野に入れて、これからの勝ち筋を描いていく。

2つ目の成長アジェンダは「**ヘルスケア**」だ。日本は世界最高水準の平均寿命で知られる長寿国である。しかしながら、こうした長寿を支える医療・介護サービスなどの優位性を生かして、ヘルスケアの分野において日本発で世界をリードする事業展開に至っている成功例は少ない。そこで単なる「製品輸出」的な発想から脱却し、長年にわたる「健康データ」の蓄積を強みにしながら、海外からヒトやデータを呼び込み、日本がハブとなって双方向のイノベーションを創出していくことが求められる。

また、「健康長寿」という理想を大きく掲げ、国民のヘルスリテラシー向上を通じて、健康寿命（健康上の問題によって日常生活が制限されることなく生活できる期間）の向上といった社会課題を解決していくことも、人口減少下での新たな市場の創出につながる大きなテーマとなるものだ。医療・介護に関わるサービス関連産業はもとより、健康関連の食品・消費財、高度な医療技術・ヘルスケア関連機器などに関わる製造業、IT・デジタル関連産業など、幅広い産業の強みを結集した「健康長寿社会・日本」の実現を提言する。

3つ目に取り上げるのは「**エネルギー**」だ。これから人口減少や設備老朽化が急速に進む中で、高度成長期に構築されたエネルギー供給体制をそのまま維持更新していくことは困難になる。日本でカーボンニュートラル化とエネルギー安全保障を同時に追求していくには、再生可能エネルギーを組み込んだ「多層的エネルギーミックス」への段階的移行を、世界に先駆けて推進する必要がある。

こうした人口減少や設備の老朽化といった「逆境」を追い風にして、「多層的エネルギーミックス」の構築・運用で世界をリードする存在を目指すことにこそ、日本の勝ち筋があると考えられる。電力・ガス・石油などに代表されるエネルギー産業が培ってきた国際的に見ても高品質なエネルギーシステムを構築・維持する能力を生かしながら、デジタル関連産業や、蓄電池、水素製造・利用などに関わるものづくり、資源再生・リサイクル、地域密着型の生活関連サービスなど、様々な分野の専門的な知見を融合していくことが求められる。

4つ目の成長アジェンダとして「**サーキュラーエコノミー**」に光を当てる。日本は、ペットボトルや段ボールの回収、家電リサイクルなどの分野で世界に先行して実績を上げてきた。資源の回収・再生に関する技術でも、多くの分野で世界をリードしてきている。しかしこれからは、こうした個別品目ごとの「廃棄物の回収・再利用」を通じた負の社会課題の解消だけで満足するのではなく、新たな付加価値の創出につながる「モノの循環」を促すための仕組みづくりに取り組む必要がある。

廃棄物の回収・再加工・再利用に携わる「静脈産業」と原材料から製品を製造する「動脈産業」との連携・一体化を図るだけでなく、生活・消費財関連産業や各種製造業、流通・

小売り関連企業、IT関連産業、金融業、商社など、多岐にわたる領域のプレーヤーが密接に連携していくための共通のプラットフォームの構築が求められる。産業間や地域間の壁を乗り越えて、データの循環も組み込みながら、日本が誇る「もったいない精神」を市場メカニズムに組み込んでいくことを目指す。

5つ目の成長アジェンダとなる「**観光**」は、人口減少下の日本の成長をけん引し得る領域である。人口減少・高齢化といった社会課題に直面する地域を活性化していく上でも、観光を軸にした地域経済の成長シナリオへの期待は高い。しかし、観光関連の事業は、これまで主として各地の中小規模の事業者によって「同族経営的」に運営されてきた部分が多く、事業者間の共創が少ないため、豊かな観光資源の可能性が十分に生かし切れているとは言い難い。

狭義の観光産業という枠を取り払い、固有の文化やものづくりの伝統、自然資産などを掛け合わせ、デジタル技術をからめて戦略的に活用することで、「グローバル循環」とも連動した広がりのある「地域循環」をつくっていくという視点に立つことが肝要だ。その際、各地で積極的に参入を進める外資のプライシングやマーケティング行動をつぶさに観察し、自らの観光資源の価値を客観的に見直し、再定義することで、地域全体としての付加価値の向上（バリューアップ）を図り、「観光大国」としての潜在力を開花させる必要がある。

6つ目に「**メディア・エンターテインメント**」を取り上げる。マンガやアニメ、ゲームなどに代表されるように、世界的にも幅広く支持されるエンターテインメント・コンテンツが、これまでも日本で多数生み出されてきた。現在、コンテンツ消費の中心が旧来型のマスメディアからインターネットに移り、グローバル化が一層加速するとともに、流通するコンテンツの量が爆発的に増大している。こうした中で、「日本向けに良いモノをつくり、当たったら海外にも展開する」というこれまでの成功方程式は時代遅れになり、グローバル規模での日本の潜在力を発揮する上での「壁」となりつつある。

コンテンツを〝マグネット〟として駆使し、グローバル規模でヒト・モノ・データ・カネを引き付け、狭い意味でのメディア・エンターテインメント産業の枠を乗り越えて、消費財、商社、IT、流通・小売り、各種生活サービスなど多様な産業との融合を図ることで、より大規模かつ機動的な循環を生み出していくという視点に立った、戦略発想の大きな転換が求められる。

そして、最後の7つ目の成長アジェンダとして「**半導体**」を取り上げる。半導体はIoT、人工知能(AI)、量子コンピューティング、ロボティクス、メタバース、デジタルツインといった画期的なテクノロジーの進化を中核で支え、今後のあらゆる領域でのイノベーションの源となるものである。その観点からも、半導体関連の領域は、他の成長アジェンダと掛け合わせることで、より効果的・効率的な課題解決のソリューションを生み出す根幹を成すものと言える。こうした掛け合わせを積極的に行うことで、モビリティーや、ヘルスケア、エネルギーなどの領域に関わる社会課題を起点とした新たな需要と市場の創造が促され、「大循環」にさらに弾みがつくことが期待される。

昨今、外資の進出や最先端半導体の国産化の動きなどに注目が集まりがちであるが、これを単なる工場誘致の話に終わらせず、世界の半導体開発・製造に関わるヒト・モノ・データ・カネの「グローバル循環」の一角に、日本が確固たるポジションを築く契機とする視点が重要だ。また、半導体製造拠点を中心に、半導体製造装置、関連素材・化学品だけでなく、電力・エネルギー、建設、物流、IT、電気・電子部品、資源再生・リサイクルなど関連する多種多様な産業や関連人材育成拠点からなる裾野の広い産業クラスターを創出し、拡張的な地域循環を生み出す必要がある。

それでは、それぞれの成長アジェンダについて、詳しく見ていくことにしよう。

モビリティー「自動車大国」から「モビリティー大国」へ

●将来ビジョン

名実ともに日本の産業をけん引してきた自動車産業であるが、100年に1度ともいわれる「CASE」（コネクテッド化、自動運転化、シェアリングサービス化、電動化）を中心とした大変革の荒波にさらされている。自動車を所有するという概念が崩れ、「モノ」（機能）から「コト」（体験）へ価値観が大きく変化し、モビリティーを利用するという流れが強まっている。

こうした中で日本が目指すべきは、高齢化や地方の人口減少などの社会課題が深刻化したとしても、モビリティーサービスを通じて幸せに暮らせる社会の実現だ。

地方における人口減少、高齢化は日本が先陣を切る形で進んでいるが、世界的な課題でもある。世界銀行によれば、世界の地方地域（郊外）の人口は、1960年の66％から都市化の進展により2022年には43％に縮小となっている。高齢化も世界共通の傾向として見受けられる。海外でも人口が減少する地域では日本と同様に公共交通の破綻が相次ぎ、病院や公共機関など個人の生活に必須な機能へのアクセスも困難になることが想定される。

このような課題を乗り越える日本ならではのモビリティーデザインを確立できれば、そのハードやソフト、運用ノウハウなどをまとめて世界に輸出するチャンスも見えてくるだろう。ものづくりとしての「自動車大国」から、人々の幸福を実現する「モビリティー大国」へ進化を目指すべきだ。

◆3つの壁：「モノ偏重」「よそもの排除」「指揮者不在」

しかし、こうしたビジョンを実現するのは容易なことではない。現実を直視すると、乗り越えるべき高い壁があることが分かる。

意識や思い込みの壁：機能価値を重視する「モノ偏重」

「モノ偏重」とは、車の機能性やスペックなどばかり意識して「クルマ」を作ることに終始してしまい、エンドユーザーが享受するサービス体験からの満足を軽視してしまう、意識や思い込みの壁のことである。

自動車産業を中心とするものづくりの領域では、製品（モノ）の機能価値を追求する思考パターンが根強く、ユーザー目線で「体験価値」や「生活の質（QOL）向上」をデザインする必要性が叫ばれながらも、なかなか実現・定着していないのが実情だ。その結果、モビリティーの性能・機能自体は優れたものが実現しながらも、地域では免許返納や地方交通機関の廃止・縮小などが進み、そこでの体験価値や生活の質が劣化する一方だ。内閣府によれば広義の「交通弱者・移動困難者」はすでに全国民の4分の1程度まで増加している。

自動車会社を中心としたモビリティー企業はこれまで、車体（ハードウエア）の価値を高める開発を中心に企業努力を重ねてきた。長く続いたガソリン車の時代には、グローバルの自動車メーカーが燃費の向上を競い合い、テレビCMで消費者に「ガソリン1リットル当たり〇〇km走行可能」など、こぞって燃費効率を訴えかけたのもこの意識の表れだ。昨今過熱する電気自動車（EV）の開発競争においては、バッテリーの開発、航続距離の達成、インフラの開発などハードウエアを中心とした開発競争が話題、関心の中心となっている。

自動車の競争軸の根幹を機能開発に向ける「モノの偏重」の思考から抜け出し、ユーザーにとっての体験全体をデザインし、体験価値や生活の質を高める思考に変化できるかが重要である。

業種・業界間の壁：異業種との連携を嫌う「よそもの排除」

ここでの「よそもの排除」とは、特に日本のモビリティーに関連する多様な産業や組織が縦割りとなっており、個別にサービスを磨き上げようとして、外部事業者との関係構築に後ろ向きとなっている、業種・業界間の壁を指す。

モビリティーが与える体験価値を高めるためには、その価値を生み出す多様な生活サービスと掛け合わせることが必要になる。しかし、自動車産業内の連携であればまだしも、ITや飲食・小売り・ヘルスケアなど異業種との連携は、日本においては各企業が自前で有するデータインフラの閉鎖性などに阻まれて難しいのが現状だ。

例えば、北米のライドシェア大手であるウーバーとリフトはともに、API（アプリケーション・プログラミング・インターフェース）を使い、病院の予約システムとシームレスに連携した配車サービスを提供している[1]。ここでは、ヒトやモノの移動ニーズを把握できる異業種の需要データとモビリティーの供給データを、いかにマッチングするかが重要となる。

しかし日本では、モビリティーと生活サービスを掛け合わせたモビリティーサービスを共創しようにも、異業種間横断でデータをやり取りすることはまだ一般的ではなく、「よそもの」に開かれていないのが実情だ。このような状況を打破し、「よそもの排除」の壁を乗り越えることが重要である。

人材不足の壁：モビリティーデザインの「指揮者不在」

モビリティーデザインの「指揮者不在」とは、複合的なスキルや経験を持ったリーダー的人材が見当たらないという人材不足の壁のことだ。体験価値や生活の質の総和の向上を実現するモビリティーをデザインするためには、異業種連携なども推進できる経験豊富な人材が求められる。

海外では、雇用の流動性が高く、社会人になった後の学び直しの機会も多く与えられるため、いくつかの専門性を基に複数の業界を行き来する人材が多く存在する。一方、日本国内では、雇用の流動性が上がってきているとはいえ自動車関連企業、その中でも完成車メーカーを中心に雇用は安定的といわれている。異業界の経験やスキルが評価されにくい状況となっているのが実情だ。

このままでは、クルマなどの個別のモノや移動手段のデザイン・開発は実現できたとしても、生活の質全体を高めるような、モビリティーの全体設計を担う「指揮者」が不足してしまう。日本でもこうした指揮者となるような、複合的なスキルや経験を持った人材を輩出していくことが求められる。

【「壁」を乗り越える3つの勝ち筋】

ここまで日本でのモビリティーの発展を阻む3つの「壁」について見てきたが、こうし

図表4-2 【モビリティー】「自動車大国」から「モビリティー大国」へ

壁	勝ち筋	
意識や思い込みの壁 機能価値を重視する「モノ偏重」	勝ち筋❶	地域単位×生活者目線によるモビリティーのデザイン
業種・業界間の壁 異業種との連携を嫌う「よそもの排除」	勝ち筋❷	「共助」の異業種連携の推進
人材不足の壁 モビリティーデザインの「指揮者不在」	勝ち筋❸	モビリティー人材輩出のエコシステム構築

た障害を乗り越え、日本としてどのような勝ち筋を描くことができるのかを、順に見ていこう（図表4-2）。

◆勝ち筋①：地域単位×生活者目線によるモビリティーのデザイン

まず「モノ偏重」の壁を乗り越えるためには生活者の体験に目を向けることが重要だ。各地域の状況に応じて、地域の人々の生活像に基づく最適なモビリティーを設計していくことが、日本にとっての勝ち筋となる。これは、人にとっての「コト」「体験」の価値を基準に、人口分布や交通・都市などの状況に応じて、生活の質を高められるモビリティーをデザインするという発想だ。

中でも、日本の地域が抱える「交通弱者・移動困難者」といった多様な社会課題や地域事情も加

図表4-3　生活者目線のモビリティーデザイン

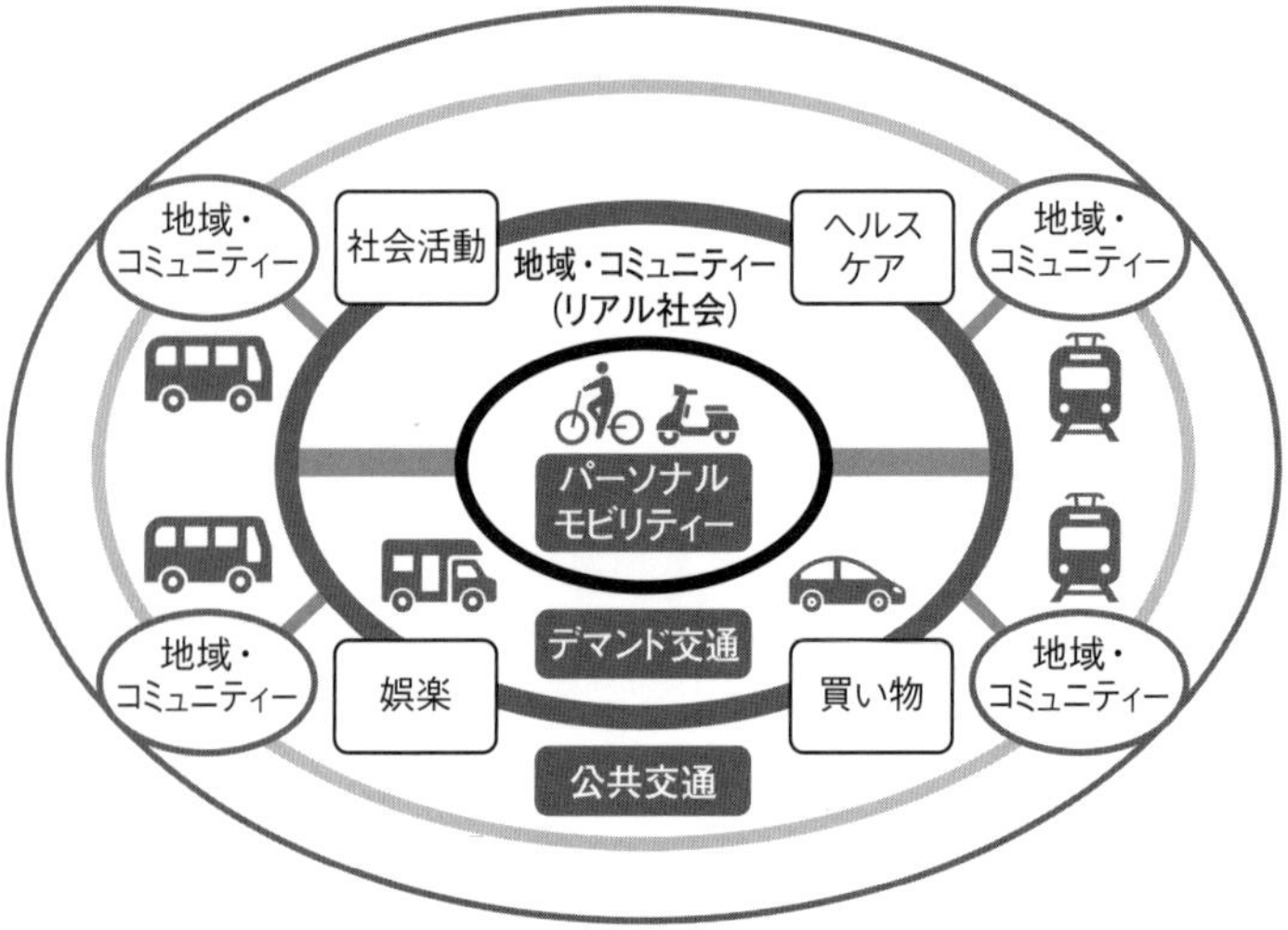

味して、生活者目線で最適なモビリティーを確立することが重要だ。そのためには、モビリティーが生活者にもたらす生活の質（QOL）を測定しつつそれを高められるサービスを異業種のサービスと掛け合わせながら創出するというサイクルを、地域単位で進めていく必要がある（図表4-3）。

実際に、モビリティーのデザインによって高齢者などの生活の質が左右されることが徐々に分かってきている。先行研究では、高齢者モビリティーと生活の質は深く関連しており、モビリティーにより①医療施設や食料品店、公共交通機関などの生活必須機能へのアクセスが提供された場合と、②社会活動およびコミュニティーへのアクセスが提供された場合に、生活の質が著しく向上するとの検証結果が報告されている[2、3]。このように、モビリティーとは単なる移動機能の提供ではなく生活の質を左右する代物として捉えるべきだ。

例えば、モビリティーデバイス（＝乗り物）の面では、シェアリングの電動キックボード開発を行うLuup（ループ）が、高齢者向けのパーソナルモビリティーとして「低速電動ウィールチェア」を開発したことが話題となった。これは、椅子のように座って乗れる3輪・低速のモビリティーデバイスであり、倒れる心配が少なく、誰でもすぐに乗ることができる。足腰の弱い高齢者や長距離移動が困難な人の移動支援としてデザインされた事例だ。

さらに、地域の状況を踏まえたモビリティーサービスをデザインする試みも進んできている。MaaS（次世代移動サービス）の社会実装を推進するMaaS Tech Japan（マーステックジャパン）は、石川県加賀市での実証で、地域の子育て世代への支援や、高齢者の免許返納後の暮らしの支援、さらに観光による来訪者の活動が最適化するようなモビリティーの検証を開始[4]。また長野県塩尻市でも、地域コミュニティーと交通・モビリティーが連動するような仕組みを実装している[5]。

同社の代表取締役CEOの日高洋祐氏は「人々の生活の質の向上を目的に、データを基にモビリティー改善サイクルを設計すれば、自然と人々が行動変容する。Ｗｉｎ-Ｗｉｎとなる形で他産業との連携を実現すれば、モビリティー産業および関連するサービスの双方の事業性が向上する」と語る。

このように、人々の生活の質を高められるように、データによる可視化を行いつつ、モビリティーと他産業を組み合わせたサービスを創出する試行錯誤を、様々な地域ごとに実践していくべきだ。そして、生活の質を高められるモビリティーサービスのパッケージを、世界に先駆けて確立していくことが日本にとっての勝ち筋になる。

◆勝ち筋②：「共助」の異業種連携の推進

協調と競争のメリハリをつけた「共助」の異業種連携によって、「よそもの排除」の壁を乗り越えていくことが日本の第2の勝ち筋だ。これは、勝ち筋①で言及した、生活関連サービスとモビリティーサービスを掛け合わせた新たなサービスを、Ｗｉｎ-Ｗｉｎとなるような異業種連携によって創出していくことを意味する。

この際、単に便利になるからといって、生活関連サービスプロバイダーがもうからないのではサービスは広がっていかない。そこで、継続的な発展のために必要となるデータ基盤を整備して、生活関連サービスの需要データや移動データを複数の事業者で連携する。

その上で、集まったデータに基づいてモビリティーサービスを最適化することで、生活関連サービスでの集客増やモビリティー費用の削減などの経済効果の創出を狙う。このようにWin-Winの異業種連携を構築していくことがポイントだ。

こうした「共助」の異業種連携の実践事例を紹介しよう。米国では、医療機関への訪問に困難を伴う人が600万人おり、受診ロスによる経済損失が1500億ドルと試算されている[6]。これに対し、大手ライドシェア企業が米国の特定の医療機関向けに病院予約システムと完全に連動した通院配車サービスを提供したことにより、年間で約7万件の利用が達成され、さらに輸送コストなどが約40%削減された[7]。モビリティーサービスによって収益増とコスト削減の双方が達成された形である。

また、日本での萌芽ともなる取り組みとしては、「クックパッドマート」の事例がある。これは、料理レシピサイトと食材提供者、受け取り場所（スーパーマーケットやコインランドリーなど）の3者がどの食材をどこに移動させるべきかの情報を連携して、レシピサイトの利用者に対して、作りたい料理に応じた食材を指定されたポイントまで配送するというサービスである。利用者は自宅近くの指定可能地点まで運ばれた食材を取りに行けば、配送料無料で受け取れる。自宅までの配送は有料となる。

クックパッドの調査では、珍しい商品が購入できる、お店で並ばなくても買い物ができるので便利といった利用者の声も得られている。このように異業種間のデータ連携により、生活者の利便性向上と、食材提供者や場所提供者の売り上げ向上を実現し、Ｗｉｎ-Ｗｉｎの仕組みとなっている。異業種のデータを活用してモビリティーサービスを提供することにより、生活の利便性を高めた好事例だ。

このように、生活サービス産業やモビリティー産業が「よそもの排除」の壁を乗り越え、「共助」の異業種連携を推進していくことで、人々の生活の質を高めるモビリティーサービスが広まっていくことが期待できる。

◆勝ち筋③：モビリティー人材輩出のエコシステム構築

「モビリティー大国」を目指す上で障害になるモビリティーデザインの「指揮者不足」の壁を乗り越えるためには、モビリティーデザインの全体設計を行うことができる人材「モビリティーアーキテクト」を、意識的に輩出・育成していくことが重要だ。産学官の連携により、モビリティーを軸にした多様な実務経験を積めるような育成環境を創出していくことが日本の勝ち筋となる。

なぜなら、今後のモビリティーデザインに求められるのは、今までのような産業に閉じた個別分野の特化型人材ではなく、複数産業の視点を持つモビリティーの総合型人材であるからだ。前述の勝ち筋②で言及した異業種連携においても、それを支えられるような人材育成が重要となる。そのため、モビリティー人材の育成・輩出には産学官連携によるエコシステムを構築することが必要である。

これからのモビリティーデザインを担う人材「モビリティーアーキテクト」に必要になるのは、モビリティーにとどまらず、複数領域に関する高度な知見と実践力である。具体的には、地域や生活者、来訪者の状況や、街の機能との相互関係を理解して、全体として生活者の生活の質の総和が向上するようなサービスを設計するスキルが求められる。

このような高度な人材を育成・輩出するエコシステムの具体的な施策として、「産」での人材育成の実践機会の提供、「学」での理論の学習機会の担保、人材育成を後押しする「官」の資格制度が考えられる。順に見ていこう。

まず「産」では、実践の観点で、モビリティー産業の内部ではなく外部において、実践経験を積めるようにすることが効果的だ。例えば、モビリティー産業から関連サービス産業への人材出向といった人材交流機会を整備することが考えられる。すでに徐々にではあるが、「地域活性化起業人」（企業人材派遣制度）などの人材派遣の枠組みを使って、モビリティー産業の人材が地方自治体などの現場で、地域のモビリティーをデザインする動きが出始めている[8]。

「学」においては、専門スキルを習得する大学・大学院のコースの設置が重要だ。スマートシティーの分野ではあるが、米国のトーマス・ジェファーソン大学が「スマートシティーアーキテクト」に対応した修士課程プログラムを設けている。これは、複合的な知見が求められる高度な人材輩出を目指したものであり、まさに「モビリティーアーキテクト」にも応用できる取り組みだ。このような専門の学部や修士課程を設け、人材を輩出することも重要であろう。

「官」においては、「モビリティーアーキテクト」の人材に関する資格制度などを整備することが効果的だろう。例えばデジタル人材の分野では、経済産業省と情報処理推進機構(IPA)が、DX(デジタルトランスフォーメーション)推進人材に求められるデジタルスキルなどを定義した「デジタルスキル標準」を策定し、企業の人材育成を後押ししている。このような取り組みを、モビリティーデザインの領域でも進めていくことが必要だ。

グローバルでも「モビリティーアーキテクト」となるような人材は希少である。学習するインフラを整えながら、実地経験を異業種の観点から積んだ人材を大量に輩出することができれば、日本ならではのモビリティーデザインを創出することが可能になるだろう。

◆世界に先駆けてモビリティー大国を目指す

日本は世界に先駆けて地方の人口減少や、高齢化に苦しんでいる。高齢化に伴う危険運転が取り沙汰され高齢者は免許返納を余儀なくされる一方で、公共交通は衰退。移動そのものの負担が問題となり始めている。今後は、人口が減少する地域でも、人々の生活が豊かになるモビリティーサービスをデザインしていくべきだ。

このようなモビリティーデザインのパッケージをつくり上げることができれば、人口が減少する地域でも人々の笑顔を増やすことができるだろう。かつて日本が自動車大国として世界を席巻したように、モビリティー大国として世界に先駆けてモデルを輸出するまたとないチャンスが来ている。

コラム

〝個が輝く〟未来に向けて②

三重県いなべ市在住のBさんは、自動車販売会社でモビリティーサービスに関わってきた経験を生かし「高齢者が不自由なく移動できる街づくり」を目指して新たな移動支援に取り組んでいる。いなべ市ではDXに対する苦手意識や人材不足もあり、デジタルを活用した施策がなかなか進んでいない。特に広い市域の中に集落が点在するという地理的特徴から、高齢者の移動が課題となっている。一人暮らしの高齢者も多いため、将来を見据えていち早く手を打つ必要があった。

そんな中、Bさんはいわば「モビリティーアーキテクト」の役割を担うように、総務省の「地域活性化企業人」の制度(※)を利用し、いなべ市の都市整備課に着任。民間企業8社を集めて事業推進体制を構築し、高齢者向けオンデマンド医療MaaSサービスを推進している。「高齢者が自然とデジタルを活用できる環境の構築」をテーマに、移動手段の高度化、健康管理、生活支援など幅広い取り組みを進める計画だ。

※「地域活性化起業人」(企業人材派遣制度)は、民間企業の社員が業務で培った知識を生かして自治体で働く制度。会社に所属したまま最大3年間市町村に出向する制度で、月の半分以上は自治体で働くことを条件に、国が補助金を出す。

ヘルスケア 健康長寿ソリューションの全世界展開

●**将来ビジョン**

日本は世界に先駆けて「健康長寿社会」を実現し、その過程で培われたソリューションや医療技術を海外にも広く展開することで、健康長寿に関わる新たな市場をグローバル規模で創り出すとともに、世界全体の健康やウェルビーイングの向上に貢献していくべきである。

そのために生かすべき強みは、数多く存在する。日本は世界一の長寿国であり、保健医療の質やアクセスという面では主要7カ国（G7）の中でも最高レベルといわれている[9]。

他方、急速な高齢化に伴う社会保障制度の破綻リスク、加齢性疾患の増加、医師や介護士の不足など、悲観的未来を予測する向きもある。しかしこれらの予測は、高齢者の多くが疾患や老化により自立的な社会生活が営めなくなり、病院や介護施設で長期間療養することを前提としたものだ。「人生100年」時代と言うからには思い切って発想を転換し、高齢者が自らの健康状態を把握し、病気の予防や悪化防止につながる有益なソリューションを活用して自立的で健康的な生活を維持し得る社会を目指すべきだろう。

「長寿」と「健康」を両立させた「健康長寿社会」の実現。こうした目標に向けて持てる技術や知見を結集すれば、様々なヘルスケア関連ソリューションやそれらを駆使した効率的で高度な医療サービスが実現する。それらは日本の社会課題の解決や持続的な成長に寄与するだけでなく、遠からず高齢化社会を迎える他の国々でも価値あるものとして広く受け入れられていくはずだ。

◆3つの壁：「医療偏重」「予防・医療・介護の断絶」「外需開拓」

しかし、健康長寿ソリューションの全世界展開というビジョンを実現するには、次のような乗り越えるべき3つの高い壁がある。

意識や思い込みの壁：「医療偏重」の中で盛り上がりを欠く予防需要

日本のヘルスケア関連市場は医療に大きく偏重しており、疾病予防の比重が低い。その理由は、国民のヘルスリテラシー（健康情報を収集し健康増進・疾病予防に生かす知識・意欲・能力）がなかなか向上していない[10]ことに加え、疾病発症予防に寄与する製品やサービスの効果が不明瞭であるため、予防需要が喚起されないことにある。こうした予防需要が盛り上がらない要因ともなる「医療偏重」が、健康長寿ソリューションの構築を阻む、意識や思い込みの壁となっている。

その背景にあるのは、国民皆保険と整備された医療提供体制に支えられた高い医療アクセス性だ（OECDのデータによると、加盟国で第3位の病院数）。いつでも病院で低額に受診できるという安心感から、率先して予防や健康増進に取り組むインセンティブが働きにくい。その結果、例えば厚生労働省の調査では、がん検診の受診率はいまだに目標値である60％を達成できていない。同省によると運動習慣を有している人は全国民のわずか30％というデータもある。健康長寿社会の実現に向けて、このような予防に対する意識や行動を改めていくことが求められる。

業種・業界間の壁：「予防・医療・介護の断絶」による人材・リソース不足

現状の社会保障の提供体制は、予防・医療・介護が断絶しており、ライフサイクルを通して利用者にとって最適なケアを提供できていない。こうした「予防・医療・介護の断絶」が、業種・業界間の壁として深刻化するリソース不足にさらに拍車をかける悪循環になっている。

医師の全体数は増加しているものの、地域や診療科で医師が偏在していることから、特に地方では「医療格差」が問題となっている。これは医師に限った話ではなく、在宅ケアを担う看護師や介護士も不足している。その結果、高齢患者が複数の疾患を併発したり一部介護が必要となったりした途端に、病院で長期療養を強いられ社会から切り離されることになる。このような長期療養型の医療は医療費削減や医療従事者の不足解消の足かせとなっているだけでなく、患者の自立を阻む根本要因となっている。

グローバル化の壁：医療に関する「外需開拓」の立ち遅れ

グローバルで成長する医療市場において、世界最高レベルと称される日本の医療は内需の対応に終始しており外需の開拓ができていない。その理由は、ヘルスケアに関わる様々な産業が総じて「自前主義」のビジネス展開にとどまっており、競争優位なソリューションの創出や巨大な海外市場に展開できる体制が構築できていないことにある。医療に関する「外需開拓」の立ち遅れが大きな壁となっている。

日本の医療機器分野は輸入超過の状況が続き、グローバルシェアが高い医療機器は内視鏡などと限定的である[11]。一方で、米国医療機器企業は世界売上高の上位を占めており、官民双方が豊富な研究開発予算を投じイノベーションをリードし、世界各地の医療従事者のト

図表4-4 【ヘルスケア】健康長寿ソリューションの全世界展開

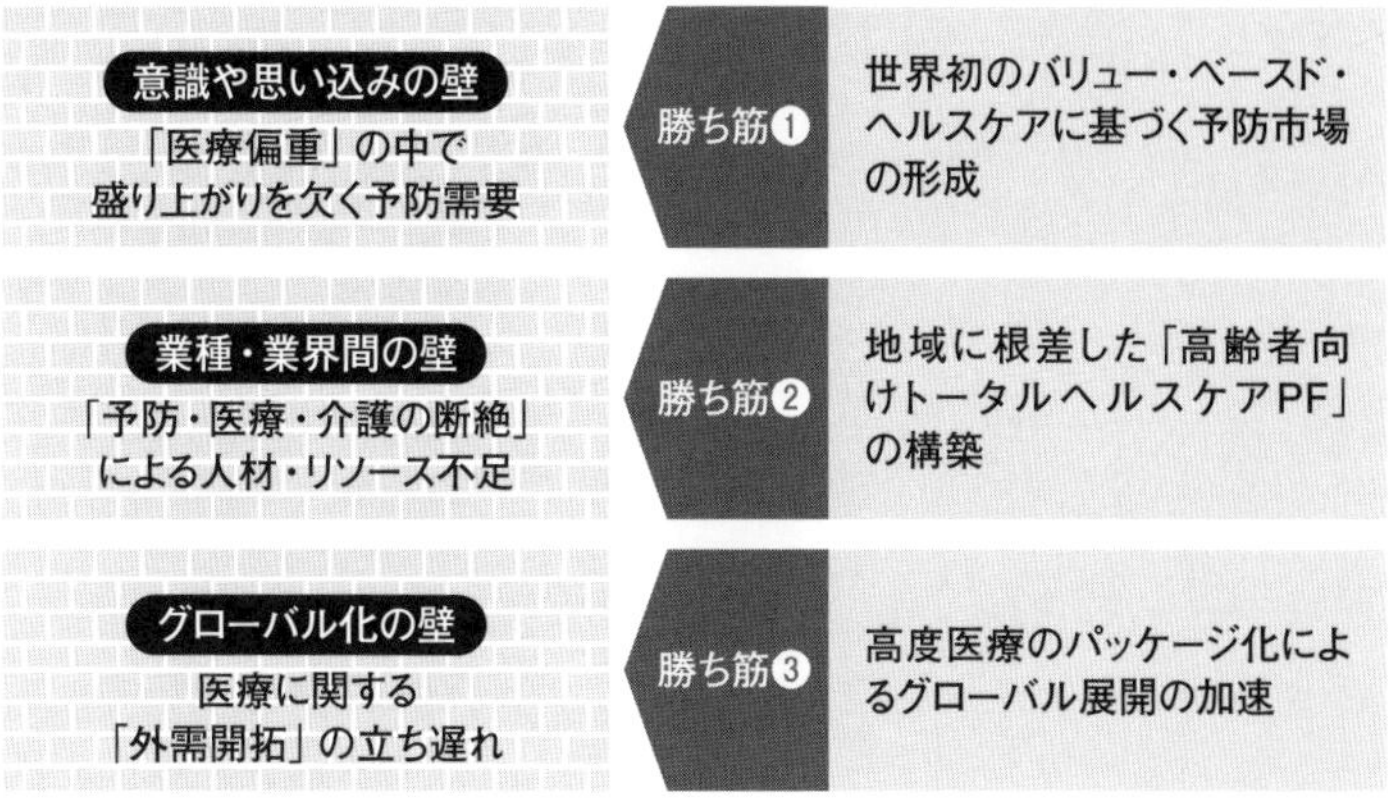

壁	勝ち筋	
意識や思い込みの壁 「医療偏重」の中で盛り上がりを欠く予防需要	勝ち筋❶	世界初のバリュー・ベースド・ヘルスケアに基づく予防市場の形成
業種・業界間の壁 「予防・医療・介護の断絶」による人材・リソース不足	勝ち筋❷	地域に根差した「高齢者向けトータルヘルスケアPF」の構築
グローバル化の壁 医療に関する「外需開拓」の立ち遅れ	勝ち筋❸	高度医療のパッケージ化によるグローバル展開の加速

レーニングなどを通じて市場形成をけん引している。医療機器企業単体で国際競争を行うのでは、資本力で勝る米国などのグローバル大手企業に太刀打ちすることは容易ではない。

【「壁」を乗り越える3つの勝ち筋】

では、どうすればこれらの壁を乗り越えて「健康長寿社会」を実現できるのか。それを新たな成長機会に転化させていく上で、日本としてどのような「勝ち筋」を描くことが可能なのだろうか（図表4-4）

◆勝ち筋①：世界初のバリュー・ベースド・ヘルスケアに基づく予防市場の形成

「医療偏重」の壁を打破し、厚みと広がりのある

「予防市場」を形成するには、予防によるメリットを「見える化」し、併せて予防分野にバリュー・ベースド・ヘルスケア（ＶＢＨＣ）の仕組みを導入することで、予防効果の高い製品・サービスへの需要を積極的に喚起していくべきだ。

ＶＢＨＣとは、患者に提供するヘルスケアの価値最大化を目指し、より低額でより高い成果を実現する医療行為に重点的に保険償還を配分する考え方であり、元々は「医療」に適用することを想定されたものだ。しかし、ＶＢＨＣに基づく保険診療制度は、予防分野に導入されてこそ社会的にも大きな効果をもたらす可能性がある。これにより、健康増進や疾病予防に関わる革新的なソリューションの開発が進み、巨大な新市場の創出につながると期待されるからだ。

ＶＨＢＣの予防分野への適用が実現すれば、世界で初の快挙となる。医療から予防への社会保障費の再分配が進み、医療費全体の削減を目指すことも可能になるはずだ。

予防領域でＶＢＨＣを導入するには、その前提として、予防メリットの「見える化」を支えるデータ基盤を整える必要がある。民間企業、行政、関連医学会、大学、医療機関などが連携し、地域住民の検診・医療データや遺伝子データを継続的に収集し、最適な形で共有して活用できるようにすべきだ。

こうしたデータ基盤の構築・活用の可能性を示唆する先行事例の１つが、弘前大学医学部を中心とするセンター・オブ・イノベーション（ＣＯＩ）拠点の取り組みである。弘前大学では２００５年から、毎年約１０００人の弘前市民を対象とした大規模な合同健康診断を定期的に行っており、蓄積された膨大なデータを基に病気の予兆把握、予防法の開発、社会実装、行動変容までトータルに取り組んでいる[12]。

当初は６００項目のデータの収集・蓄積からスタートし、血液や唾液、尿などから採取可能な一般的な生理・生化学データに加え、ゲノムデータ、体力や運動機能、社会環境に至るまで、現在では３０００項目に及ぶ幅広いデータを集めて、世界的に見ても類例のない健康ビッグデータとなっている。

こうしたデータに基づいて、医師や保健師などが住民一人ひとりの健康上の悩みについてアドバイスするだけでなく、ヘルスケアの研究と健康増進活動のオープン・イノベーション・プラットフォームが形成され、民間企業から大学まで約80の組織・機関が様々な領域での課題解決に取り組んでいる。関わっている企業の業種も、食品、消費財、化粧品、保険、ＩＴ関連など多岐にわたっており、蓄積されたビッグデータを活用することで健康増進や疾病予防に関わる商品・サービスの開発が進められている。

このような取り組みを拡大し、勝ち筋として具現化していくには、疾病予防や健康増進に関して効果が証明された製品・サービスに承認を与え、ＶＢＨＣに基づく保険償還によって価値に見合う報酬が支払われるように健康保険制度の改訂を行う必要がある。制度の裏付けがあれば、一定以上の疾患発症リスクを伴う層（未病状態）を「疾患予備群」と認定し、蓄積されたデータに基づき、こうした「予備群」に対する潜在的な予防需要を喚起して、生活習慣などの変容を促進させることも今よりずっと容易になる。

世界初となる予防分野へのＶＢＨＣの適用は、「健康長寿社会・日本」の実現につながるだけでなく、日本発のヘルスケアイノベーションを世界に向けて発信・展開していく上で切り札になるものと期待される。

◆勝ち筋②：地域に根差した「高齢者向けトータルヘルスケアPF」の構築

「予防・医療・介護の断絶」の壁を打破し、不足するヘルスケア関連の人材・リソースの有効活用を促すには、高齢者が抱える複数の健康課題を在宅環境で遠隔にモニタリングし、必要な医療行為やヘルスケアサービスをシームレスに提供する、地域に根ざした「高齢者向けトータルヘルスケアプラットフォーム（ＰＦ）」を構築する必要がある。

トータルヘルスケアＰＦによる課題解決の可能性を示唆する先行事例が、北米におけるテラドックやアムウェルといった「バーチャルケアＰＦ」である。これらは、オンライン診療に加え、身体に装着可能なウエアラブルデバイスを用いた患者の遠隔管理などのサービスを通じ、予防から治療、予後までの包括的なケアサービスを提供している。こうしたサービスを積極的に被保険者に提供し、医療費の削減を進める保険会社も現れており、健康増進とヘルスケアサービスの効率化に有用であることが広く認められつつある。

こうした海外の先行事例を踏まえながら、高齢者に特化したトータルヘルスケアＰＦを開発することで、世界に先駆けて高齢化と人口減少に直面する日本ならではのヘルスケアの提供体制を構築していくことが日本独自の勝ち筋となるはずだ。その萌芽として期待される事例が、長野県茅野市で「デジタル田園健康特区」形成事業の一環として行われている「要支援者見守りサービス群」の導入の取り組みである。

高齢者には、退院後に自宅療養に移行する際の環境変化により、病気の再燃や日常生活動作（ＡＤＬ）の低下を招き、最悪の場合再入院してしまうケースが見られる。ＡＤＬの低下は高齢者１人当たりの介護・医療にかかる手間やコストの増加につながるため、退院後いかに病状を安定させてＡＤＬの低下を防ぎながら自宅療養をスタートしてもらうかが極めて重要な課題となっている。

そこで茅野市では、高齢者の家族、訪問看護ステーション、民生委員などがＩｏＴセンサーやＡＩ介護サポートを活用し、対象となる要介護高齢者の健康状態を常時見守ることで、状態悪化の予防・早期検知と、自宅療養へのスムーズな移行に向けた環境づくりを進めている。さらに、自宅療養への移行が完了して「見守りサービス」の提供期間が終了した後も、地域の市民団体による健康づくり教室への参加を促すなど、対象となる高齢者が入院中から退院後にかけて、医療・介護・予防の区別なく継続的に健康を維持していくための仕組みを提供している。

このような取り組みを手始めに、今後は、モニタリング用のデバイスを従来の個別疾患対応型から複合症例対応型に進化させたり、遠隔でのリハビリテーションまで可能にしたりすることで、PFの機能をさらに包括的で汎用性の高いものにしていくことが求められる。さらに、オンライン診療機能や医療MaaS機能をPFに組み込むことで、状況に応じて遠隔または対面での最適な診療・看護・介護のサービスを容易に受けられるようになる。

トータルヘルスケアPFの活用を進めることによって、病院での長期療養を強いられてきた高齢者を在宅療養に移し、予防・医療・介護に関わるサービスを必要に応じてシームレスに提供していくことが可能になり、ヘルスケア関連領域での人材・リソース不足の解消と効率性の向上につながるのである。

トータルヘルスケアPFは必ずしも直接的な医療・介護だけの話ではなく、高齢者の生活のあり方にも幅広く寄与するものである。重要な社会テーマの1つである認知症を例に取ってみよう。認知症に関連するニーズに真に合致したイノベーションを推進するために「認知症の人との当事者参画型開発」がうたわれている。熱エネルギー機器メーカーのリンナイが、認知症当事者の声を取り入れたガスコンロを2024年に上市したのがその一例である。当事者・家族・介護者・支払者などのニーズをしっかり捉えた製品・サービス開発を行うには、ステークホルダー同士の深い理解・連携が必須であり、トータルヘルスケアPFを確立することが有効である。

◆勝ち筋③：高度医療のパッケージ化によるグローバル展開の加速

医療分野で立ち遅れる「外需開拓」の壁を打破し、成長するグローバル医療市場を開拓するためには、日本の強みが生きる高度医療の「パッケージ化」による展開を進めるべきだ。個々の医療機器・設備に関して「単品」でグローバル展開を図ろうとしても、それぞれの分野ですでに海外の大手企業が市場を握っているため、巻き返しは容易ではない。そこで検査・治療における高度な医療技術、介護・リハビリなどに関わるきめ細かいサービスノウハウ、各種の病院インフラやスマート医療に関わるデジタル基盤などを組み込んだ「パッケージ」を丸ごと展開することで、日本の医療・ヘルスケアの高い総合力を売り込むことが可能になる。

こうした勝ち筋を先取りする事例として注目すべきなのが、一部の大手商社や医療機器メーカーによる、海外の病院建設への出資・参画などを通じた医療事業の拡大の動きだ。例えば三井物産は、10カ国に広がるアジア最大級の民間病院グループのＩＨＨヘルスケア（マレーシア）に筆頭株主として出資している。同社はＩＨＨヘルスケアの経営にも深く関与し、先進テクノロジーの導入による治療品質の向上を図るとともに、費用対効果の改善に力を注いでいる。

このような経験を踏まえて今後は、日本の医療の総合力をさらに効果的に生かすためにも、手術・検査などの医療技術や介護・リハビリに関わる高度なサービスノウハウなど、「パッケージ・テーマ」をあらかじめいくつか定め、それを中核に据えた、焦点を絞ったグローバル展開を加速していくべきである。

例えば、「脳血管疾患やがんの早期診断と低侵襲性治療」というテーマは、日本の内視鏡検査・治療における高度な医療技術力に加え、グローバルシェアの高い内視鏡などの医療機器の競争力から見ても有望だ。病院・医療機器企業・商社・ゼネコンに加え、行政やシステム開発会社などが共同して企画を展開・出資し、オールジャパンで、こうしたテーマに焦点を当てた病院の立ち上げを行っていくことで、先行する海外企業を凌駕（りょうが）していく道筋が見えてくる。

また、医療パッケージのグローバル展開を加速するためには、単なるハードウエアの一方的な輸出にとどまるのではなく、ヒトや知識の相互交流を織り込んだ、双方向での「グローバル循環」を組み込むことが重要だ。各国の医療環境に適した診断・治療のガイドラインを日本の関連医学会が各国医学会と連携のうえ策定したり、日本の医療従事者を海外に派遣したり、さらに海外医療従事者の育成を担う日本の大学病院やグループ病院の積極的な関与を進めるなどして、「パッケージ」での展開をきっかけとした継続的で広がりのある関係構築を行うことが期待される。

なお、こうしたグローバル展開は、現地の社会状況・課題ニーズをしっかり押さえた上で取り組むことが肝要である。例えば、東南アジアでは、産科医が十分ではなく妊産婦の死亡率が高い地域において、妊婦向けに超小型軽量化したモバイル胎児モニターを日本企業が開発した。このモバイル胎児モニターはＷＨＯからも推奨される機器として地域の大学などと組む形で実証され、市場に展開されている。さらに、新興国のみならず２０２４年の能登半島地震で活用されるなど、リバースイノベーションとして日本の医療現場においても価値を生み出している。

◆民間・行政・病院が一体となり基幹産業化を目指す

日本は世界に先駆けて「健康長寿社会」を実現し、世界の健康長寿モデル国となっていく――。本セクションでは、その実現に向けて乗り越えるべき壁と勝ち筋を論じた。日本は先進国の中で先陣を切って高齢化社会を迎え撃ち、健康長寿産業を実現する施策を民間・行政・病院が一体となり育成・グローバル展開していくことで、労働人口の減少、社会保障制度の財政危機、加齢性疾患の増加、医師や介護士の不足などの悲観的な未来を払拭し、日本の基幹産業として経済成長をけん引していくことを目指すべきだ。その潜在力はすでに十分に内包しているはずである。

コラム

〝個が輝く〟未来に向けて③

群馬県嬬恋村では、スポーツクラブ運営会社でインストラクターを務めるCさんが、「地域活性化企業人」の制度を活用して出向。スポーツインストラクターとしての知見を生かし、村民の健康づくりに取り組んでいる。キャベツの産地として有名な嬬恋村は、農繁期である夏と積雪期の冬で就労環境の差が大きく、村民の体重増減が激しいという健康課題がある。地域コミュニティーの縮小に伴い、村民の外出機会が減っており、疾病予防や健康増進について、村民同士が互いに注意を払い声を掛け合うような意識も薄れつつあった。

そこでCさんはこうした意識の壁を乗り越えるためのきっかけづくりとして、多世代が参加できるコミュニティーの場を創出することを目的に「嬬恋フィットネスフェスタ」を企画した。地域のスポーツチームや飲食店、子育てボランティアなど様々な組織や個人を巻き込みながら、2022年度は春・夏・秋・冬の4回開催。数百人が集まるイベントに育ち、村の恒例行事として定着しつつある。3年間の任期が終わった後も健康的な習慣が嬬恋村に定着するよう、Cさんは現在多世代が交流できるコミュニティー拠点づくりも進めている。

エネルギー

「多層的エネルギーミックス」の構築で世界をリード

●将来ビジョン

エネルギー領域で日本が目指すべきは、集中型エネルギーシステムに分散型エネルギーシステムを組み込んだ「多層的エネルギーミックス」を、世界に先駆けて実現することだ。

これまで主流だった集中型エネルギーシステムは、電力系統であれば発電所（上流）が生み出す電力を事業者や家庭などの需要家（下流）へと届ける一方通行のエネルギーシステムだ。一方、分散型エネルギーシステムは、太陽光や風力、地熱などの再生可能エネルギー、ＥＶや蓄電池、水素などの多様で分散したエネルギーを組み込み、双方向でやり取りする。

日本がこれまで築き上げてきた集中型エネルギーシステムは、世界的に見ても品質が高い。しかし、高度経済成長期に整備されたエネルギーインフラは老朽化が進んでおり、設備更新時期を迎えている。人口減少に伴いエネルギー需要も減少が見込まれる中で、カーボンニュートラルの実現やエネルギー安全保障面の要請に応える上からも、分散型エネルギーシステムを組み込んだ新たなエネルギーインフラの形が求められている。「集中型」と「分散型」を二項対立で捉えるのではなく、既存のシステムに「分散型」をバランスよく組み込み、様々なエネルギー源やエネルギー関連技術を組み合わせた日本ならではのエネルギーのポートフォリオを実現するのがポイントだ。それにより、従来以上に持続可能で全体最適なエネルギーシステムに移行できれば、化石燃料依存度の低減などにより、日本の産業全体としての付加価値向上にも寄与し得る。

日本は、化石燃料を輸入に頼り、太陽光や風力などの再生エネルギー発電の適地も限られているため、エネルギー確保において「逆境」に置かれているとも言える。しかし、日本がこれまで培ってきた高い技術力と経験を生かして、分散型エネルギーシステムを組み込んだ「多層的エネルギーミックス」を構築できれば、今後世界が直面するエネルギー源の移行・転換の先駆けとして大きな存在感を発揮できるだろう。

◆3つの壁：「資源の海外依存」「進まない先行投資」「縦割り構造」

日本のエネルギー産業が分散型エネルギーシステムを組み込んだ「多層的エネルギー

図表4-5　化石燃料・鉱石の生産量シェア（2019年）

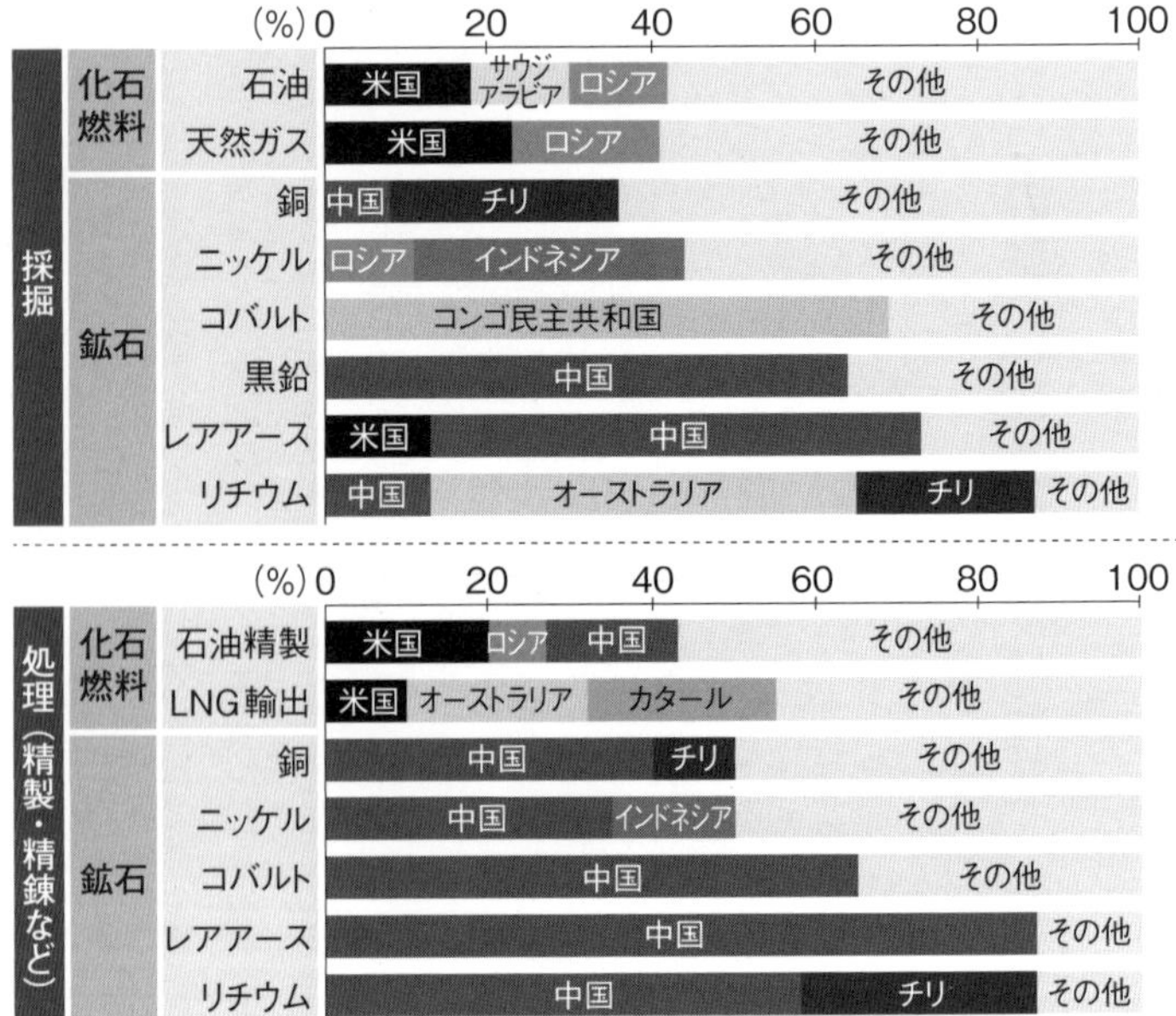

データソース：International Energy Agency "The Role of Critical Minerals in Clean Energy Transitions"（2021年5月）

ミックス」を目指す上では、3つの壁が立ちはだかっている。

グローバル化の壁：深刻化する「資源の海外依存」

電気自動車、風力発電、太陽光発電、水素関連技術といった再生可能エネルギー関連技術に必要とされる重要資源（レアメタル、レアマテリアル、水素、レアガス、バイオマスなど）の多くは、採掘や精錬が行われる原産地が少数の国・地域に偏っており、経済安全保障上のリスクが指摘されている

図表4-6　環境技術による鉱石需要の見通し（2040年）

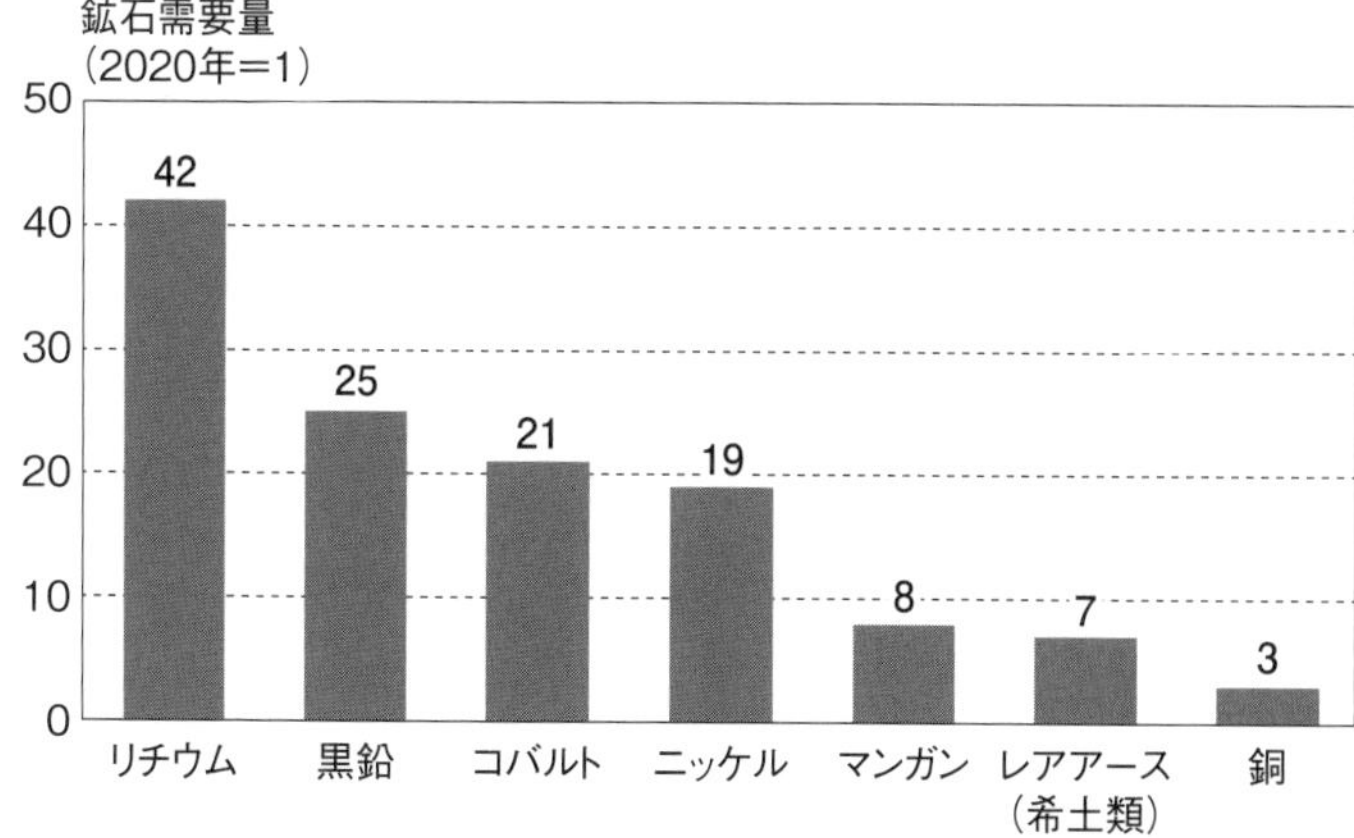

データソース：International Energy Agency "The Role of Critical Minerals in Clean Energy Transitions"（2021年5月）

（図表4-5）。深刻化する「資源の海外依存」が、日本にとっての1つ目の壁だ。

国際エネルギー機関（IEA）のデータによると、例えばバッテリーの材料として大きな需要があるリチウムは、その6割弱が中国で精製されている。同じくバッテリーの電極に使われるコバルトは、6割以上が政治的に不安定なコンゴで採掘され、精錬の6割以上を中国が担っている。IEAのシナリオでは、再生可能エネルギーの普及に伴い、こうした重要資源の需要は2040年まで現状の3〜42倍まで増加すると見込まれており、放置すればリスクは増大する一方だ（図表4-6）。

短期思考の壁：コスト高騰の中で「進まない先行投資」

脱炭素化やエネルギー源の分散化に向けたエネルギーインフラの移行や、水素や蓄電池といった新技術の導入には、多大な先行投資が必要となる。従来からの集中型エネルギーシステムの下で高品質なエネルギーが比較的安く手に入る日本では、「分散型」への先行投資を進めるインセンティブが働きにくく、依然として、できるだけ長く現状維持に努めることが「最適解」となっている。

さらに昨今、地域紛争の多発などの世界情勢を背景に、エネルギーはもとより様々なコストが世界的に高騰している。また、地球温暖化の進行により自然災害の増加が見込まれ、インフラの設置・維持・復旧にかかるコストも増加傾向にある中で、分散型エネルギーシステム導入に向けた先行投資を促していくのは容易ではない。このような短期思考による「進まない先行投資」が、２つ目の壁である。

業種・業界間の壁：根強く残る「縦割り構造」

電力・ガス・石油など、日本のエネルギー産業は業種ごとに巨大な設備を抱えているが、これらの業種は、規制産業としてそれぞれ業法で守られていることもあり、異なる業種間で連携してエネルギーの相互備蓄・融通を行うような仕組みがない。小売りの段階では、電力自由化（２０１６年）、都市ガスの自由化（２０１７年）によって業種をまたいだ相互参

図表4-7 【エネルギー】「多層的エネルギーミックス」の構築で世界をリード

グローバル化の壁
深刻化する「資源の海外依存」
勝ち筋❶
資源の「グローバル循環」と「国内循環」の連動・一体化

短期思考の壁
コスト高騰の中で「進まない先行投資」
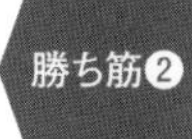

先行者が報われる市場メカニズムの構築

業種・業界間の壁
根強く残る「縦割り構造」
勝ち筋❸
エネルギー生産・流通・消費の「見える化」の実現

入も一定程度進んだものの、インフラに関わる設備投資などについては二重投資を防ぐ観点から禁止されている部分も多い。こうした業種ごとの「縦割り構造」が、3つ目の壁だ。

他方、分散型エネルギーシステムを実用化する上では、再生可能エネルギーによって生み出された電力を水素として貯蔵したり、熱や動力エネルギーに転換したりして、部門や産業をまたいで有効活用する「セクターカップリング」の実現がカギを握る。このような「分散型」を組み込んだ「多層的エネルギーミックス」の実現には、縦割り構造の壁を乗り越えることが必要だ。

「壁」を乗り越える3つの勝ち筋

では、どうすればこれらの壁を乗り越え、「多層的エネルギーミックス」への移行を実現できるのだろうか（図表4-7）。

◆勝ち筋①：資源の「グローバル循環」と「国内循環」の連動・一体化

グローバル化の壁を乗り越え「資源の海外依存」から脱するには、「グローバル循環」と「国内循環」という2つの循環を早期に確立することが重要だ。

水素をはじめ、今後の新たなエネルギーシステムに必要となる資源では、グローバルサプライチェーンが確立されていない。ここは官民一体で早急に進めていくべき領域だ。脱炭素技術のカギを握るレアメタルに関しては、調達先の分散化を戦略的に進め、安定供給を確保する必要がある。

すでに日本で動き出している取り組みもある。例えば水素では、水素輸出国を目指すオーストラリアとのサプライチェーン構築プロジェクトが進んでいる。また2023年11月には日韓首脳が水素とアンモニアのサプライチェーンを共同で構築する考えを表明している[13]。

こうした「グローバル循環」の確立と並行して、「国内循環」を高度化し、様々な資源や設備のリサイクル・再利用を進めていくことも重要だ。例えば、国内にあるレアメタルを国内にとどめて繰り返し利用したり、発電設備のリサイクルを進めることでエネルギーに関わる設備投資を抑制したりすることが考えられる。

このような「グローバル循環」や「国内循環」の萌芽的な取り組みを一体化させ、さらに大きく育てていく上では、日本が有する世界トップレベルの要素技術を徹底活用することが重要である。その代表例が、複数のものをきめ細やかに連携する高度な「すり合わせ」の技術だ。

複雑で高い精度が求められる新たなエネルギーシステムを今後実現する上では、日本の高い技術力が大きな武器となる。例えば、水素は分子サイズが最も小さく、漏れやすいガスとして知られている。そんな水素をサプライチェーンの川上から川下まで漏らさず国内外で扱っていく上では、日本の高度なすり合わせ技術が強みを発揮するはずだ。

また、資源の「国内循環」を促す上では、リサイクルの分野で日本の製造業が培ってきた技術的な優位性も生きる。その際には、各種エネルギー設備・機器の普及拡大の過程で、使用される素材や原料の徹底した循環利用が不可欠となる。日本が有する個別の製品群を対象とする高度な資源循環のサイクルを、製品や業界の壁を越えてさらに高度化・統合化できるかが重要となる。

日本の消費者は世界一厳しい目を持つといわれ、実際に日本のエネルギーシステムは世界有数の高品質を誇る。そんな日本で高度にすり合わせられた新たなエネルギーシステムを構築できれば、海外展開にも資する高い競争力を持つはずだ。

◆勝ち筋②：先行者が報われる市場メカニズムの構築

エネルギーシステムの移行推進に向けた資金を集めるには、「カネの循環」を促す市場メカニズムをつくり出すことがカギとなる。脱炭素の推進をはじめとするエネルギーシステムの移行には巨額の設備投資が必要となる一方、特に初期段階で投資に見合った利益を得られる可能性は低く、企業にとっては現状維持が合理的な行動となりやすい。ここには「進まない先行投資」という短期思考の壁がある。

そこでまず、そうした外部不経済を「内部化」し、企業がアクションを起こせる環境をつくることが重要だ。具体的には、企業が排出するCO_2に価格をつける「カーボンプライシング」のように、脱炭素や環境負荷の低減に向けた投資を率先して進めることを動機づける仕組みを導入することが求められる。

すでにこうした動機づけを促す仕組みはスタートしている。2024年2月に日本政府が世界に先駆けて発行を開始した「GX経済移行債」もその1つだ。GX経済移行債は、将来カーボンプライシングによって得られる財源で償還されると定められていることからも、先行して排出抑制につながる投資を進めることを企業に動機づけ、後押しする仕組みになっていると言える。内閣官房によると、2023年度で最大1・6兆円、今後10年で

20兆円規模というGX経済移行債の調達資金を呼び水として、官民合わせて150兆円超のGX投資を実現する計画だ。

また、今後のエネルギーシステム投資では、「フェーズフリー」の考え方を織り込むことで、災害に強いシステム構築への動機づけを与えることも重要だ。フェーズフリーとは、「日常時」と「非常時」という2つの社会状態（フェーズ）の区分けをせず、一体として扱う考え方だ。気候変動により災害がますます増え、災害対策により大きなコストがかかるようになる中、最初から平時と有事の両方に対応したフェーズフリーな仕組みにしておく方が投資効率の面からも優れている可能性があるからだ。

このほかにも「脱炭素先行地域」の選定など、各省庁で萌芽となる政策が出てきている。これらの政策をばらばらに運用するのではなく密接に連携・一体化させ、望ましい投資行動に対するより大きな動機づけを与え、エネルギーシステムの移行を加速させることが可能になる。こうした施策を通じて、日本の産業の成長基盤となる「多層的エネルギーミックス」への移行を世界に先駆けて進めることが重要だ。

◆勝ち筋③：エネルギー生産・流通・消費の「見える化」の実現

エネルギー業界の伝統的な「縦割り構造」の壁を乗り越えて、従来の集中型エネルギーシステムとこれから導入が進む分散型エネルギーシステムの双方を組み合わせた「多層的エネルギーミックス」を実現する上では、現実世界を仮想世界で再現する「デジタルツイン」を社会インフラとして構築し、さらに、それを支えるデータの取得・流通システムを整備することが必要だ。

デジタルツインとは、個々の発電設備や蓄エネデバイス、家電製品や産業機器などの需要設備の機器仕様・能力や稼働状況を、デジタル技術を用いIoTなどを介してデータ化・集約して、サイバー（仮想）空間上で再現したものである。

分散型エネルギーシステムを成立させるためには、発電量が天候に依存する太陽光発電や風力発電のような出力制御が困難な「変動型再生可能エネルギー」のモニタリングや予測に加え、刻一刻と変化するエネルギーの需給ギャップを的確に予測した上で、蓄エネデバイスの活用や必要に応じた需要の抑制を行うことが不可欠となる。

さらに電力だけでなく、ガスや石油などを含めたセクター間の連携によって、全体最適を実現する「セクターカップリング」の推進が必要だ。また、今までのように消費者がいつでも好きなだけエネルギーを使うのではなく、供給側の制約に合わせて使い方を柔軟に調整する必要も生じる。こうした複雑な分散協調制御のカギを握るのが、デジタルツインなのである。これにより、エネルギー生産・流通・消費の「見える化」を実現することが可能になる。

エネルギー領域におけるデジタルツインの社会実装では、欧州が先行する。欧州委員会が資金拠出する研究開発支援の枠組み「ホライズン・ヨーロッパ」では、デジタルツインをテーマとする「TwinERGY」に3年間で約600万ユーロの支援を行っている。このプロジェクトでは、消費者が一方的にエネルギーを使うにとどまらず、自身で能動的にエネルギーシステムを維持管理できるようにすることを重視している。

ツールとしては、個別の消費者や消費者のコミュニティーが自身でマイクログリッドを管理制御して上位の電力系統との協調制御を可能とするデータプラットフォームのほか、消費者の行動変容やコミュニティー間の合意形成を促すソーシャルメディアも一体的に導入されている。これまでにブリストル市(英国)、シュタインハイム市(ドイツ)、サルディーニャ島(イタリア)、アテネ市(ギリシャ)の4地域で、各地域の需給特性に応じたテーマに基づき実証を行っている。

日本において、こうしたデジタルツインを用いた分散型エネルギーシステム構築のきっかけともなるのが、「配電事業ライセンス制度」である。これは地域の新規事業者が、従来の送配電事業者に代わって地域内で配電網を運営できるようにする制度で、配電事業への新規参入を促すものだ。災害時には特定区域の配電網をグリッドから切り離して独立運用することが可能となるため、防災や安定性向上の観点からもメリットがある。地域の事業者が小規模な配電網を運営する形となり、デジタルツインなどの新技術も比較的導入しやすく、設備のダウンサイジングや効率化も期待できる。

デジタルツインを用いた分散型エネルギーシステムを社会的な仕組みとして成立させるには、エンドユーザー（消費者）が協調して需給バランスに応じてエネルギーの使い方を工夫する必要がある。このため、こうしたシステムを円滑に運営するカギを握るのは、参加する消費者の協調性とも言える。災害時にも冷静に協調行動ができる日本人の特質は世界で賞賛されており、システムとともに消費者の行動様式もマニュアル化すれば、分散型エネルギーシステムの運用も含めて世界をリードできる可能性がある。ちょうど、正確で安全な日本の鉄道システムが輸出産業化を目指しているのと同じ構図だ。

なお、このようなデジタルツインを用いた分散型エネルギーシステムを実現する上で最大の課題となるのが人材育成である。「エネルギー×デジタル」の領域横断的かつ高度なナレッジ・スキルを活用できる人材や、グローバルな視点からエネルギーシステム全体をデザインし運用できる人材を、産学連携の下で育成することが重要だ。

端緒となる取り組みとしては、東京工業大学において産学共同で2019年にスタートした「InfoSyEnergy（インフォシナジー）研究／教育コンソーシアム」がある。未来のエネルギー社会をデザインする人材を育成することを目標に、データサイエンス、エネルギー、シナリオ研究を統合したプログラムが提供されている。勝ち筋を具現化するためにも、こうした専門領域の壁を越えた人材育成を大幅に加速していくことが求められる。

◆逆風を追い風に変えて世界をリードする

日本のエネルギー産業を取り巻く環境は厳しく、決して将来を楽観視できるものではない。しかし目の前にある3つの壁それぞれに対して、その乗り越え方はある程度見えており、具体的な動きも出始めているのは、これまで見てきた通りだ。

様々なプレーヤーが各地で発電する分散型エネルギーシステムは、脱炭素の観点だけではなく、エネルギー安全保障の観点からも、今後確実に必要になる。石油や石炭など単一のエネルギー源に依存することなく、複数のエネルギー源を併用する柔軟なポートフォリオを形成することで国際情勢の変化に影響されにくくなるとともに、資源調達の際の価格交渉力も向上する。また各地域に多様な方式の発電設備、蓄電設備を分散することで、災害に強いエネルギーシステムが構築できる。

現状だけを見ると、資源が乏しく再生可能エネルギーでも有利とは言えない日本のエネルギー分野を取り巻く状況は「逆風」に見える。だが、今後のエネルギー分野は「高度な技術力と協調性なくしては、なし得ないビジネス」でもある。日本の高度な技術力、行動力、社会的協調性をもって様々な壁を乗り越えて、「多層的エネルギーミックス」に支えられた新たなエネルギーシステムへの移行を進めれば、この逆風を、世界をリードする「追い風」へと変えることは十分可能だ。

サーキュラーエコノミー
「少資源国」から「再生資源大国」へ

●**将来ビジョン**

日本はものづくり大国と称されるようになるほど製造業の強化に力を注いできたが、主要な製品を構成する原材料の多くを輸入に頼っている「少資源国」だ。限られた資源が持つ価値を最大限に引き出すために考えられた新しい経済システムであるサーキュラーエコノミーを今後推進することで、2周目、3周目の資源循環を通じた経済価値・環境価値の創出・拡大による「再生資源大国」となるべきである。

サーキュラーエコノミーとは、新規の天然資源を極力消費せず、既存資源を有効活用して再生産を拡大し、長くモノを利用し続ける循環経済システムのことだ。従来までのような、資源を消費して生産・販売・利用し、廃棄するような一方通行型の線形経済システム（リニアエコノミー）と正反対の考え方である（図表4-8）。

サーキュラーエコノミーは、日本にとって社会課題解決と経済成長を両立させる切り札となり得る。その理由の1点目に、高い経済成長のポテンシャルを持つことがある。

図表4-8 サーキュラーエコノミーの考え方

従来の経済システム：リニアエコノミー

資源を採取して生産・利用し、廃棄する
一方通行型の経済システム

天然資源

Design
メーカーによる素材の
開発・設計

Production
メーカーによる製造

Distribution
卸・小売業者による販売

Consume
エンドユーザーによる消費

中間・最終処分場

大量生産・大量消費・大量廃棄を前提とする

新たな経済システム：サーキュラーエコノミー

新規の天然資源を極力採取せず、既存資源（リサイクル）を有効活用して
再生産を拡大し、長くモノを利用し続ける循環型の経済システム

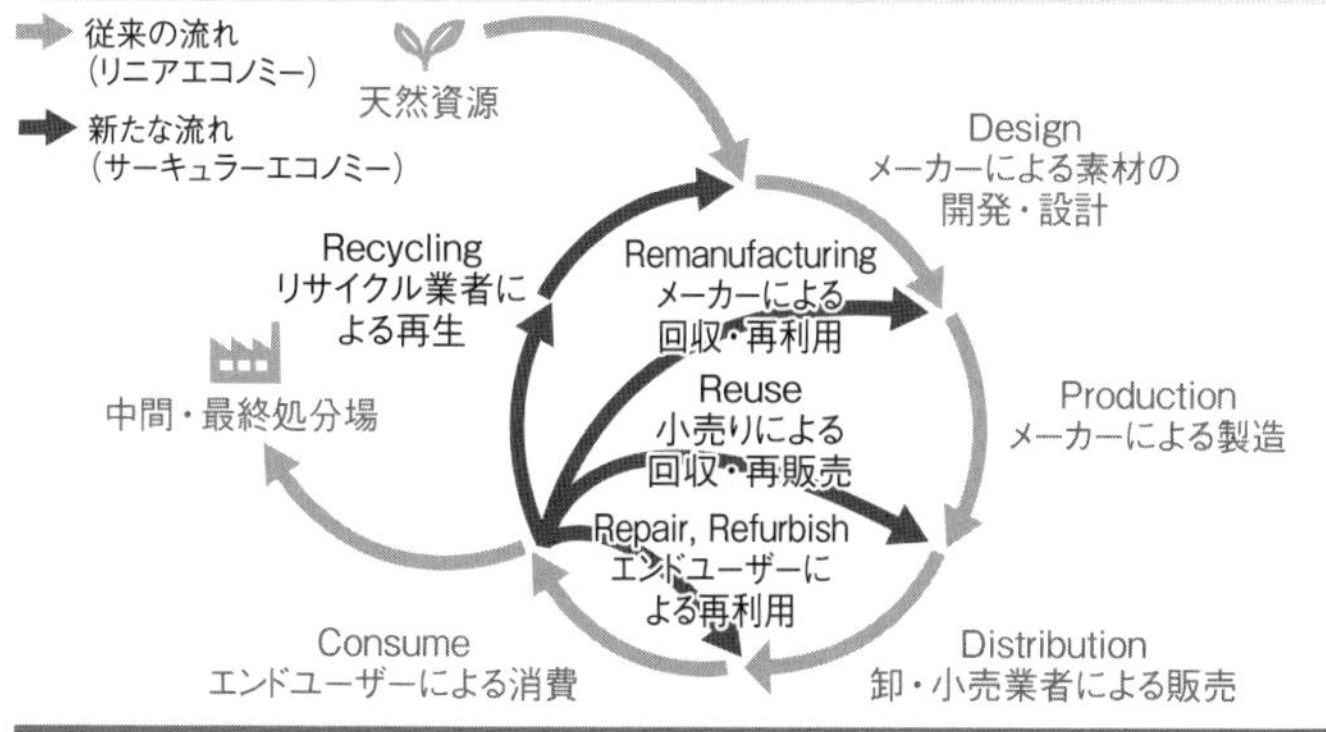

資源の効率的・循環的な利用とストックの有効活用を前提とする

経済産業省は、日本のサーキュラーエコノミー関連市場規模を、2020年時点の50兆円から2030年に80兆円、2050年には120兆円以上にするという野心的な目標を掲げるなど、経済成長の推進力として捉えている。実際に、欧州委員会がサーキュラーエコノミーを推進し始めた背景には、欧州の国際競争力の向上・雇用創出・サステナブルな成長実現という狙いがあったといわれている。

また2点目に、サーキュラーエコノミーは日本が抱える社会課題を解決するポテンシャルも秘めている。例えば、資源再生業などの新たな産業を創出できれば、雇用の創出による地域経済の活性化や、資源輸入の依存度を下げることで資源安全保障への貢献が期待できる。再生した資源や製品を海外に輸出するようになれば「資源輸出国」になれる可能性も見えてくるだろう。

一方で、その実現には、経済システムを変えるという高い壁が立ちはだかっている。資源循環のあり方を変えるためには、製造業などにおける商慣習やデータ管理などビジネスのあり方、地域での廃棄物管理、さらには消費者意識が関わってくる。

しかし、日本の秘める力を存分に発揮することで、こうした壁を乗り越えられる可能性がある。日本が築き上げた「ものづくり」の強みと、文化に根差した「もったいない」という日本ならではの価値観を掛け合わせることで、他国が追随できないような、「少資源国」から「再生資源大国」へのパラダイムシフトを実現できるだろう。

◆3つの壁：「縦割り」「競争心理」「新品崇拝」

ただ、こうしたビジョンを実現するのは決して簡単ではない。次のような3つの高い壁がある。

業種・業界間の壁／地域間の壁：全体最適を阻む「縦割り」

日本では、「行政の縦割り」と「業界の縦割り」の2つの壁によって、資源循環の取り組みが全体最適化されていない。そのため、廃資源の再生利用の事業性を保つ上で、十分な廃資源の量の安定確保が難しくなっている。

「行政の縦割り」とは、地方自治体など行政単位で資源循環が進められ、複数の地方自治体間での連携が進みづらい状況だ。単独の地方自治体による収集能力では設備の安定稼働に十分な量を確保できないことが多く、規模の経済性も生まれない。また、処理する人員も高齢化の中で限られている。そこで、地域間連携を通じて各地域の需要と供給の調整力を高めることが重要だ。

「業界の縦割り」の面では、製品を生産するメーカーに代表される「動脈産業」と、リサイクル事業者のように廃資源に処理を施し再生資源として市場に再流通させる「静脈産業」の両者の連携が進まないまま、業界に閉じた個別判断で資源管理が進められている状況だ。

その背景には、動脈産業側での生産量や消費動向に対応した静脈産業側での備えが必要になるが、静脈産業側の対応余力が十分でないことがある。

欧州では、仏ヴェオリアや独レモンディスのような著名な企業を中核とする静脈産業が存在感を高めている。こうした海外の状況と比較しても、日本における静脈産業は資金力や企業規模などの面でまだまだ未成熟と言える。またリサイクルの品目別でも、自動車や飲料業界ではリサイクルの取り組み自体は進んでいるが、総量の少ない再生材市場では各業界の連携が進みづらいため企業個別による取り組みが多く、サーキュラーエコノミーの対応を遅らせる要因となっている。

組織間の壁：企業間のけん制を生み出す「競争心理」

サーキュラーエコノミーを成功に導く重要なポイントは、再生品がどのように作られ・使われ・再生されたのかを消費者に情報開示し、その情報に基づき消費者が安心して購入できるようにすることである。そのためには、製品が作られてから廃棄されるまでの一連の情報を追跡できるようにデータとして記録する必要がある。しかしながら、民間企業が市場競争の観点から自社製品のデータ開示を躊躇することがあり、こうした「競争心理」がサーキュラーエコノミー推進の壁となる。

具体的には、製品に責任を負うべきメーカーが製造に必要な部品や素材を仕入れる際、データ追跡に必要な情報を仕入先から入手しようとしても、仕入先が自社製品の競争力や原価の推定につながりかねない秘匿データ（使用素材やその配分、使用エネルギー量など）の提供をすんなり許容しないケースが多い。これは、「競争心理」が働く当事者間での解決が難しい問題だ。こうしたデータの提供がなければ、消費者にとってもモノの価値に関する情報を入手することが困難となり、二次流通拡大のボトルネックとなってしまう。

意識や思い込みの壁：新しさにこだわる「新品崇拝」

消費者に環境価値を認めてもらうことも、等しく重要である。日本は他国と比べて新品での購買を重視する意識が強いといわれている。このような「新品崇拝」の意識は、サーキュラーエコノミー推進の上で「壁」となる。

例えば、新築で住宅を建てたいという人が大多数であるし、自動車や家電製品も中古品を好んで購入する人が大多数とは言えない現状だ。メルカリ総合研究所による2022年の意識調査によると、中古品の購入機会が増えたモノとしては、「洋服・靴・カバンが増えた」と回答した割合が約46％に上った一方、家電・スマホ・カメラは約19％、自動車・オートバイは約8％にとどまっている。

加えて、日本における「中古品＝安くあるべき」という消費者マインドにより、企業側が採算を確保することができず中古品・再生品ビジネスが進まない悪循環にも陥っている。

図表4-9　【サーキュラーエコノミー】「少資源国」から「再生資源大国」へ

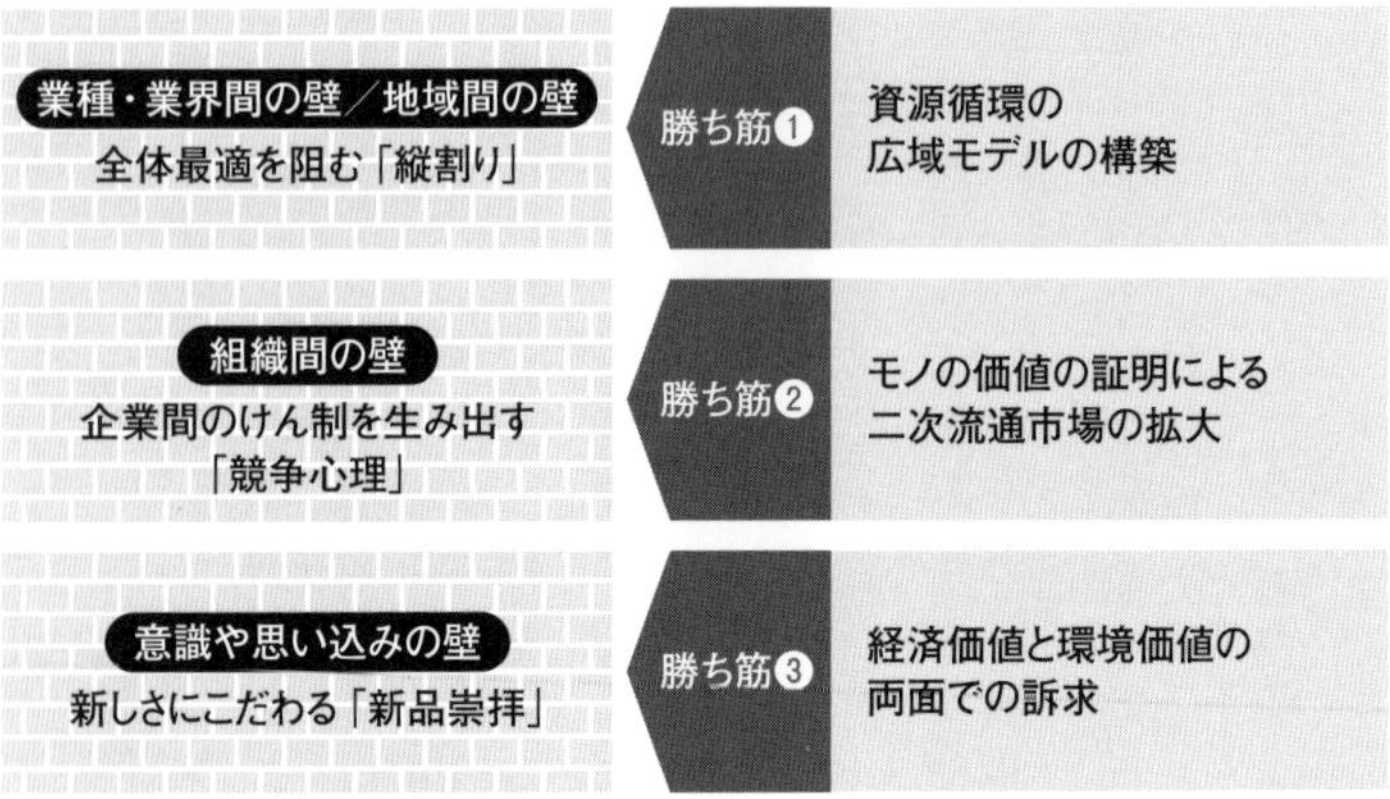

壁	勝ち筋	
業種・業界間の壁／地域間の壁 全体最適を阻む「縦割り」	勝ち筋❶	資源循環の広域モデルの構築
組織間の壁 企業間のけん制を生み出す「競争心理」	勝ち筋❷	モノの価値の証明による二次流通市場の拡大
意識や思い込みの壁 新しさにこだわる「新品崇拝」	勝ち筋❸	経済価値と環境価値の両面での訴求

このような意識や思い込みの壁を乗り越えて、環境価値を消費者に認めてもらうことも重要だ。

【「壁」を乗り越える3つの勝ち筋】

では、どうすればこれらの壁を乗り越え、「再生資源大国」へと進化を遂げることができるのだろうか（図表4-9）。

◆勝ち筋①：資源循環の広域モデルの構築

「縦割り」の壁を乗り越える観点での勝ち筋は、行政や産業の垣根を越えた資源循環の広域モデルへの転換だ。広域モデルとは、都道府県など一定の広域地域に存在する複数の事業者や行政を、〝横串〟で連携する発想である。大規模・広域な経済圏で資源循環を実践することで、行政横断・業界横断で廃資源の量を確保し、日本が持つ高度な再生技術を生かすことができる。

まず、「行政の縦割り」を乗り越えるためには、地域軸で複数の地方自治体を〝横串〟で束ねた広域モデルを設計すべきである。サーキュラーエコノミーでは、レアメタルから食料品まで様々な製品・素材において、「経済性を保つために規模を取る＝広域な範囲での最適な処理」を構想することが重要だ。特にプラスチックのような量当たりの単価が低い素材は、リサイクルのために規模を確保する必要性が高い。

広域モデル設計の実践例として、東京都が主導する大型ソーティングセンター推進の取り組みが挙げられる。これは、都が主導して構築する大規模な資源ごみの選別処理設備を市区町村が共同で利用することで運用の課題を解決し、かつ設備に最新の技術を導入して処理量も増やして効率化する取り組みだ。


次に、動脈産業と静脈産業の連携が進まない「業界の縦割り」を乗り越えるためには、静脈産業の育成を重点的に進めることで、動脈産業の生産規模に対応できる静脈産業を形成することが必要だ。日本の静脈産業は、高い技術力を誇りながらも事業のスケール面で海外勢に見劣りするのが実態である。こうした状況を打破するため、リサイクル技術をはじめとした、日本の持つ高度な再生技術を生かして資源循環を拡大させることが重要だ。

具体的には、企業や地域の先進事例をモデルケースとしてピックアップし、国内での事例の横展開を図っていくことが想定される。また、動脈・静脈産業共同での技術・製品の開発や人材交流など、意図的な連携強化の仕掛けを通じた静脈産業の育成を推進することで、海外の静脈産業と肩を並べて戦うことができるようになるだろう。

静脈産業の育成の実践例としては、第3章でも取り上げた秋田県小坂町での取り組みが参考になる。小坂鉱山が閉山を余儀なくされた後も、同鉱山を経営していた小坂製錬（ＤＯＷＡホールディングス傘下）は使用済みの電気機器などから金属を抽出するリサイクル製錬事業に舵を切り事業拡大を実現した。特に注目すべきは1つの原料から複数の元素を取り出す独自のリサイクル技術であり、2011年に米国のビジネス誌で「世界の最も革新的な企業」の1つに選出される[14]など、その技術力は国際的にも高く評価されている。小さな町でありながらリサイクル業の拡大を通じた地域振興を進め、秋田県の広域的な資源循環の取り組みにも参画するなど、地域発の静脈産業の成長事例になっている。

「業界の縦割り」を乗り越えた例としては、アールプラスジャパンの取り組みも興味深い。同社は、原材料メーカーや化学企業、静脈産業など様々な企業による共同出資で設立され、現在は金融機関や商社も参画している。上流から下流まで業界の壁を越えて多くの企業が参画し、技術開発や設備投資のリスクシェアリングなどを行うことができている。

以上のように、個別最適に陥りがちな「縦割り」の壁を乗り越えるために、地域や産業の垣根を越えた資源循環の広域モデルを創出し、日本の持つ高い再生技術を生かして資源循環を推進していくことが日本にとっての勝ち筋となる。

◆勝ち筋②：モノの価値の証明による二次流通市場の拡大

企業間の「競争心理」の壁を乗り越えて実現する再生資源大国に向けた日本の勝ち筋は、二次流通市場の拡大を促すための共通的な仕組みを構築することにある。

ポイントは、主体的に情報提供・連携に協力することが、企業にとって合理的となることである。例えば、使用素材や販売後の使用履歴などの情報連携・公開によって製品の環境価値が正しく証明され、それによって新品・中古品・再生品などの販売増の効果が望めれば、企業にとっても情報連携がより経済合理的な判断となるだろう。このように、各社の情報提供に関する抵抗感を軽減できるよう、製品の情報透明化の仕組みが必要だ。

その手段として、まずは情報（データ）の秘匿性を担保した上で、モノの持つ価値が正しく証明されるようなデータ連携の仕組みを構築することが必要になる。これによって、個々の製品が作られてから廃棄に至るまでの情報が管理できるようになり、企業や消費者が二次流通品購入に関する判断を下せるようになるだろう。

欧州の実践例としては、「デジタル製品パスポート」（DPP）の取り組みがある（図表

図表4-10　欧州の「デジタル製品パスポート」

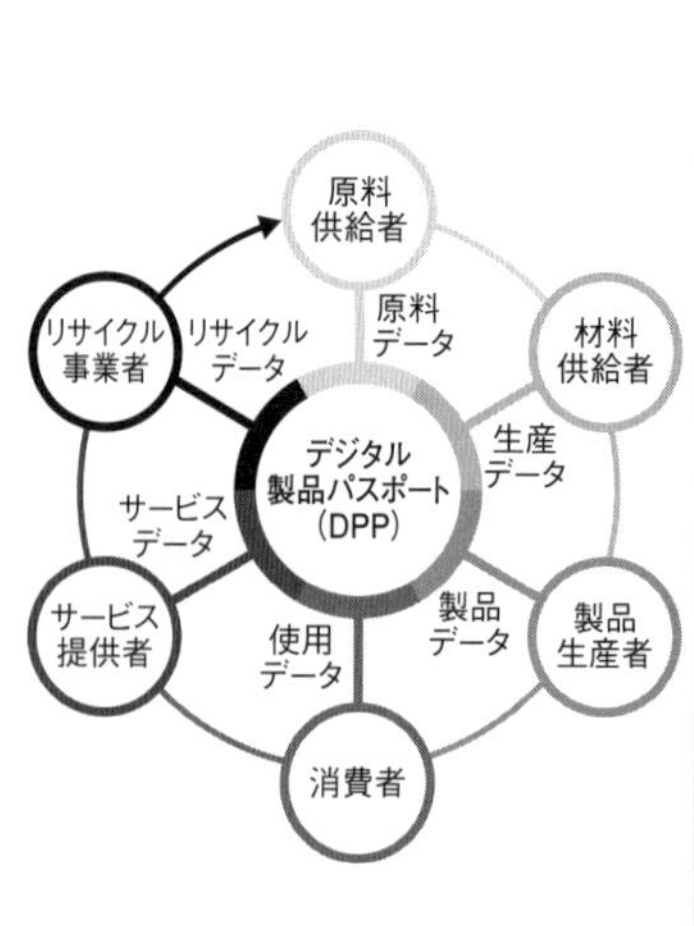

概要	●製品のライフサイクル全体の情報を追跡・確認できるように、対象製品に共通して求められる情報が記載されたデジタルフォーマット ●バーコードやQRコードなどの二次元コードを各デバイスで読み取り、モノと情報（温室効果ガスの排出量など）をひも付け可能
優先対象品目	●蓄電池、電子機器、ICT、繊維製品（衣類など）、家具などの完成品、鉄鋼、セメント、化学薬品などの中間製品
利用者	●生産者、消費者、廃棄物処理業者、法執行機関
提供方法	●タグ（QRコードなど）をスキャン
主な関連事例	●蓄電池：バッテリーパスポート ・蓄電池バリューチェーン全体の透明性を高めるためのデータ開示の標準を公開 ●電子機器：エネルギーラベル ・冷蔵庫・冷凍庫、食洗器、洗濯機・乾燥機、テレビなどを対象としたエネルギー消費効率表示の義務化

4-10）。これは、欧州連合（EU）域内の企業に対して、製品がどの素材からどのように作られ、どう使われてきたかの情報記録を義務化する取り組みだ。自国に有利なルールを他国に先駆けて設定し、国際的な経済競争でも優位に立とうとするのが近年の欧州勢の常とう手段である。

この事例からは欧州が先行しているようにも見えるが、日本でも業界横断でデータ連携を目指す具体的な動きが進んでいる。経済産業省が立ち上げた「ウラノス・エコシステム」は、2023年4月に開催された「G7群馬高崎デジタル・技術大臣会合」で発表されたプロジェクトだ。人手不足や災害激甚化、脱炭素への対応といった社会課題解決と、イノベーションによる経済成長の両輪を実現するため、国家としての共通的なデータ・システム連携基盤を構築することを目指している。国家がお墨付きを与える公的な基盤を介することで、各社のデータ提供に関する抵抗感を軽減し、製品ライフサイクルを通じたデータ流通を可能にするテクノロジーとして業界の注目を集めている。

取り組みには、海外の言いなりにならずガラパゴス化にも陥らない形で世界に通用する仕組みに挑戦するという、日本政府や各業界の並々ならぬ決意が見てとれる。こうした中で、日本において二次流通市場における成功パターンをつくり上げ、さらにこれを経済的な互恵関係にある海外諸国と連携可能なデータ流通基盤として発展させるべきだ。データ流通基盤は、日本がサーキュラーエコノミーにおいて世界をリードするための土台となるはずだ。

◆勝ち筋③：経済価値と環境価値の両面での訴求

消費者の「新品崇拝」の意識の壁を越え再生資源大国を目指すためには、環境価値と経済価値の両面で中古品や再生品の購買を促し、サーキュラーエコノミー型消費を半ば強引でも日常化させていくことも、日本にとっての勝ち筋となる。

これは、〝新品第一〟という購買基準の消費者に対して、サーキュラーエコノミー対応型商品が新品と同様、あるいは新品よりも優れた性能や経済性であることを訴求するものだ。サーキュラーエコノミー対応型商品は、性能に対する消費者の懸念や、場合によっては通常の新品よりも割高になりがちといった点で、新品に比べて見劣りしやすい。そこで、環境価値の情報発信と経済価値の底上げの両面でサーキュラーエコノミー型の消費を日常化させていくことが求められる。

1点目の対応策として、中古品や再生品といった二次流通品の性能に関する懸念を緩和させるための情報発信が重要になる。家電や自動車の二次流通品の購入があまり進まない背景には、高単価である一方で、どの程度のものか現物を見ないと分からないといった製品の性能に対する懸念が推察される。そこで、中古品や再生品が新品と遜色ない性能であるという個々の製品の価値を確認できる機会・仕組みが必要だ。

具体的には、勝ち筋②のデータ連携の仕組みを活用し、消費者向けに情報を開示すべきである。例えば、製品のQRコードの読み取りなどを通じて、その製造から流通、使用などに関わる主要な情報をすべて消費者に提供する。そうすれば消費者は得られる情報を基に、その製品の性能や価格の妥当性、環境価値などを判断することが可能になる。このような二次流通の製品を安心して購入できる環境を整備すべきだ。

2点目として、サーキュラーエコノミー対応型商品の中でも、リユースやリサイクルがしやすいエコデザイン品の経済価値を訴求する取り組みが求められる。日本は品質とコストに厳しい国柄であり、環境価値が高い製品であるからと言って購入が進むものとは考えにくい。特に、エコデザイン品は通常の製品よりも使用中・使用後の環境価値が高い一方で、新品時の購入価格が割高と思われがちだ。そこで、修理や再生処理を施しながら使い続ける方が新品を買い替え続けるよりも、使用期間〝トータル〟でのコストが低いことを訴求していくことが重要になる。

加えて、国としてもエコデザイン品の経済価値の向上を後押しすべきだ。例えば、2009年に進められた「家電エコポイント制度」が参考になる。これは、一定以上の省エネ基準をクリアしたグリーン家電を購入した消費者に様々な商品と交換できるエコポイントを付与する事業だ。このような取り組みによって、消費者の購買を後押しすることが重要だ。

このように、消費者への環境価値を訴求できる仕組みや、エコデザイン品の購入を助成することで、消費者がサーキュラーエコノミー対応型商品を買う「きっかけ」がつくり出される。その結果、サーキュラーエコノミー対応型商品の需要が徐々に増えることで、業界や企業も、製品を長寿命化するための修理・再生のサービス体制を拡充するなど経営資源配分を強化し、サーキュラーエコノミー型の事業拡大が期待できるようになる。最終的

図表4-11　サーキュラーエコノミー型消費の日常化までのステップ

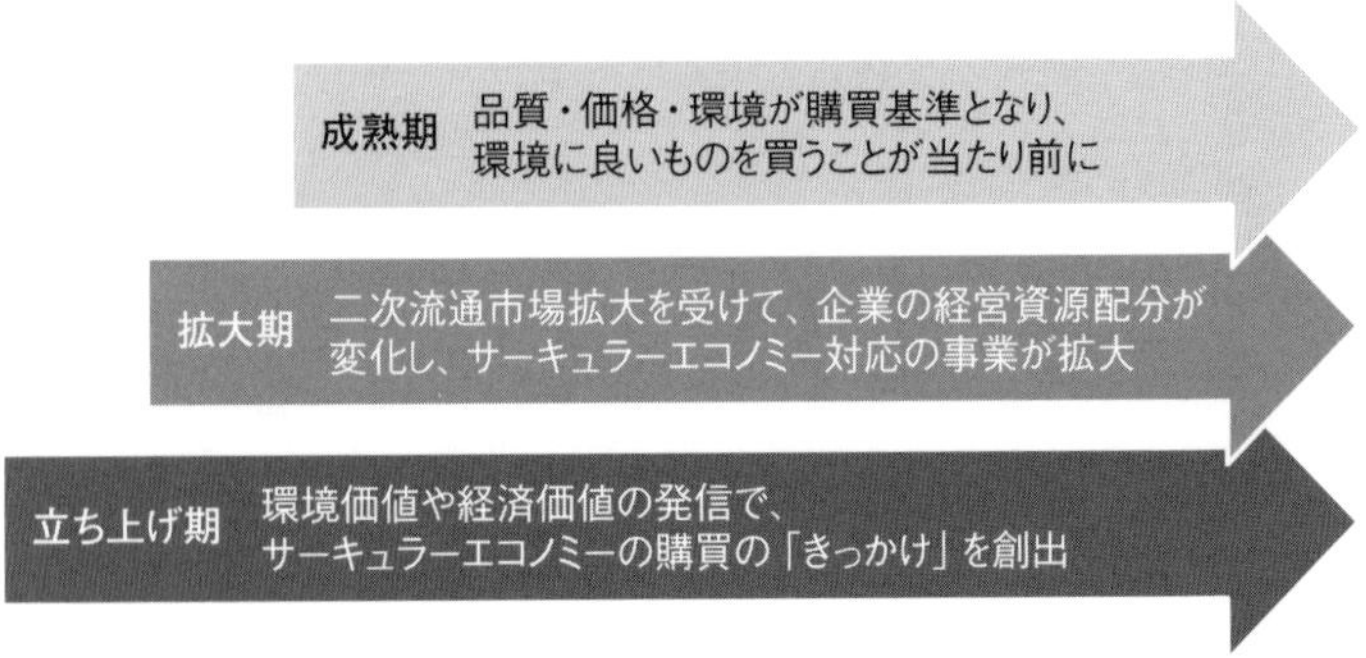

成熟期	品質・価格・環境が購買基準となり、環境に良いものを買うことが当たり前に
拡大期	二次流通市場拡大を受けて、企業の経営資源配分が変化し、サーキュラーエコノミー対応の事業が拡大
立ち上げ期	環境価値や経済価値の発信で、サーキュラーエコノミーの購買の「きっかけ」を創出

には、環境に良いものを買うことが当たり前であるような購買基準を醸成し、サーキュラーエコノミー型の消費を日常化させていくことを目指すべきだ（図表4-11）。

◆日本の技術力と価値観を生かして世界的なリーダーへ

サーキュラーエコノミーは、日本が抱える社会課題や経済問題を解決する起爆剤として大いに期待されている成長分野だ。ただしそれは、様々な意識や組織の「壁」を乗り越えた先にある世界で、実現の難易度は高い。

ただ、日本はサーキュラーエコノミーを実現できる可能性を秘めている。そのカギとなるのが、製造業や静脈産業などが築き上げてきた高い技術力と、文化に根差した「もったいない」という日本ならではの価値観だ。これら「供給・需要」両面の優れたポテンシャルを存分に生かすことで、他国が追随できないようなサーキュラーエコノミーの世界的なリーダーとなり、「少資源国」から「再生資源大国」へのパラダイムシフトを進める。これが、日本が将来目指すべき姿だ。

観光
日本全国テーマパーク化

●将来ビジョン

「日本全国テーマパーク化」とは、食や文化を含む各地の地域資源を、統一されたコンセプトの下にテーマパークのように付加価値を高めてプロデュースすることだ。日本列島を多様な魅力で彩られたテーマパークの集合体へと進化させ、日本の各地×各季節での周遊を促すことまで視野に入れる。

こうしたビジョンを掲げるのは、日本が欧米先進国などに比肩する観光大国となるポテンシャルを有しているからだ。海を隔てて形成された独自性の高い文化、豊かな自然、生物多様性とそれらを彩る四季の存在により、世界でもトップクラスの豊かな観光資源を持っている。また、交通インフラや安全面、衛生面でも高い評価を得ている。世界経済フォーラムが発表する「旅行・観光競争力ランキング」の2021年版において、そうそうたる国々を抑えて世界1位を獲得したことに代表されるように、その観光ポテンシャルへの世界的な認知が広がり始めている。

一方で、収益力の面ではまだ十分ではない。観光庁によると、経済全体（GDP）に占める観光GDPの比率（2019年）は、欧米先進国などが約5％であるのに対し、日本は2％の水準である。日本の観光業には大きな伸びしろがあり、収益力を向上させる可能性を秘めている。

そこで、この「日本全国テーマパーク化」の実現によって、観光全体の収益力を向上させる。具体的には、各地域がそれぞれのコンセプトの下、観光資源やサービスを再定義し、魅力的な体験価値をインバウンド（訪日外国人）や国内観光客向けに提供して観光収益を得る。国内観光客は、特に時間と金銭的余裕のある高齢者層をメインターゲットの1つにすることで、国内に眠る個人金融資産を、観光を通じて地域に循環させることが可能だ。

ゆくゆくは国が「地域横断型リピート促進」も仕掛けていく。これは、日本各地に季節性を踏まえた多様なサービスコンセプトと観光サービスがあることを生かし、一度来た観光客に日本の各地への周遊を促すものだ。例えば冬に北海道のニセコでスキーや温泉を楽しんだ観光客に対して、次回は長野県での夏場のトレッキングやサイクリングなどのアドベンチャーツーリズムを提案する。さらに、それらのリピート観光のデータを蓄積し、そのデータを基に個々の地域および地域横断の双方において、一層の観光訴求力の強化と収益機会の創出とを行っていく。

このように観光業はポテンシャルを十分に生かすことで、地域経済ひいては日本経済をけん引する原動力になれるはずだ。

◆3つの壁：「ガラパゴス化」「共創不足」「同族経営」

こうしたビジョンを実現するに当たり、観光業を取り巻く壁は3つある。

グローバル化の壁：「ガラパゴス化」した日本の観光市場

日本には世界でもトップクラスの豊かな観光資源が存在する一方、観光資源やサービスの価値を客観的視点で評価し、価格を再設定することができていない。こうした「ガラパゴス化」がまずは日本の観光市場の拡大を阻む大きな「壁」となる。

その原因の1つは「地域一帯での廉価」が固定観念化している点だ。高度成長期の大量送客モデルによる薄利多売体験により、安い価格が当たり前となっている。

端的な例としては、英国ロンドンのウェストミンスター寺院をはじめとする代表的な世界遺産への入場料が大人1人当たり3000～4000円の水準であるのに対して、京都の主要な世界遺産はおしなべて数百円レベルの低い水準の価格設定となっている。また、国際的に人気が高いスキー場の利用料金を1日リフト券で比較すると、例えばカナダのウィスラーでは約2万円の水準である一方、日本ではインバウンド観光客が多数訪れるスキー場でも、その約3分の1の価格設定となっている。

国内でもかねて、付加価値に応じた価格や価格体系の細分化など、価格設定の工夫の必要性は提議されてきたが、まだ実現段階に至っていない。今こそ収益力向上に向けて一歩踏み出し、客観的視点での観光資源やサービスの再評価と価格の再設定が求められる。

組織間の壁：事業者間の「共創不足」

近年、旅行は団体旅行ではなく、個人が多様なニーズや嗜好に基づき観光目的地を自由に決める個人旅行が主流になっている。そのため、こうした個人旅行客に選ばれる場所となるには、単独ではなく地域が一体となってその魅力を訴求する必要性が増している。さらに、そこで地域全体の収益力を高めるには、観光客の周遊を促し域内消費を極大化させる「共創」と、その上での域内事業者間の顧客獲得「競争」とをうまくバランスさせていくことが不可欠だ。

しかし、現状はそうなっていない地域が多い。団体旅行客の域内争奪時に端を発する、地域内における事業者間のつばぜり合い意識が根強いからだ。世界を見据えて観光需要を引き込むために「事業者間が連携して地域全体で価値を高める」という発想に転換しきれていない。これが2つ目の、事業者間の「共創不足」という壁である。

その結果、地域が掲げる観光体験のコンセプトに対し、その体現度合いが中途半端にとどまることが多い。潜在的な観光客に対して強い訴求力を持ち、来訪者に新たな感動や驚きを提供するというところまではなかなか至らない。

こうした状況に政府もただ手をこまねいているわけではない。「観光圏の整備による観光旅客の来訪及び滞在の促進に関する法律」(観光圏整備法)に基づいて、地域の幅広い関係者の連携の下に、戦略的かつ一体的な観光地域づくりを政策的に促進している。しかしながら、イタリアのベネチアのような統一的な街並みや建造物の美しさ、その中での異国情緒への没入感に匹敵するようなレベルには至っていない。

人材不足の壁:人材の活用・登用を阻む「同族経営」

観光庁によると、日本の観光業の就業者(雇用効果、2019年)は広く見積もって450万人に達するが、その中心的な存在である宿泊・飲食業では約8割が人手不足に陥っている。労働生産性は他産業と比べて低い。加えて、観光業を構成する各業種は中小・零細企業が大多数を占めており、現経営者が高齢化しているケースが多いため、事業承継が大きな課題だ。

このような課題の背景には「同族経営」がある。観光業では中核人材を家族に大きく依

図表4-12 【観光】日本全国テーマパーク化

壁	勝ち筋	
グローバル化の壁 「ガラパゴス化」した日本の観光市場	勝ち筋❶	外資参入による「バリューアップシグナル」を通じた世界水準への転換
組織間の壁 事業者間の「共創不足」	勝ち筋❷	地域オーガナイザーの確立によるプロデュース
人材不足の壁 人材の活用・登用を阻む「同族経営」	勝ち筋❸	人材循環の3層モデルを通じた価値提供力向上

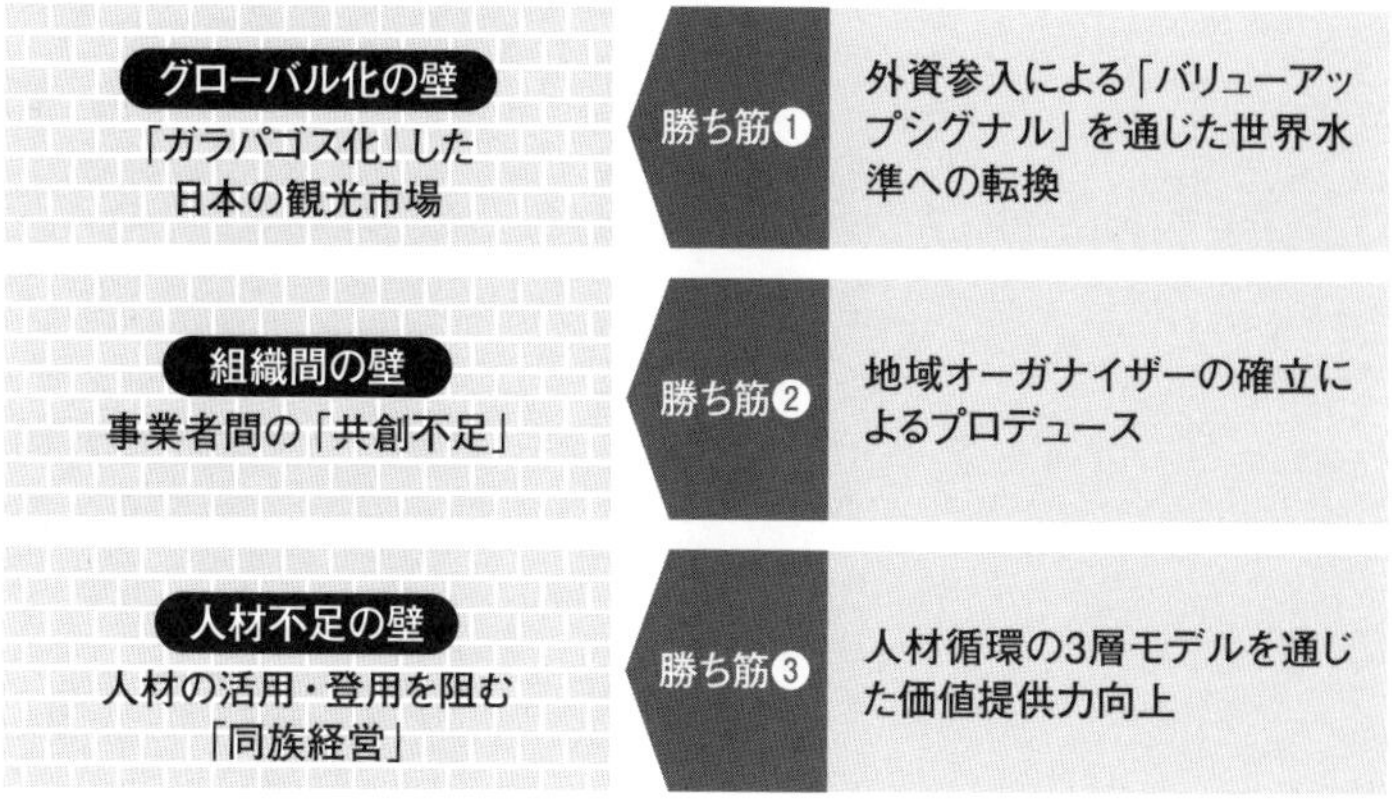

存し、外部の有為な人材を積極的に活用・登用する傾向にない。例えば宿泊業では、事業承継の対象者は家族だと考える傾向が強い。

また、季節性による年間を通じた需要変動や、顧客のいない時間帯に休憩を取る「中抜け」が一般化した変則的かつ長時間の勤務形態も「同族経営」に拍車をかけている。その結果、人材の活用・登用が進まず、経営が硬直化している。このような「同族経営」などに起因した人材不足が3つ目の壁だ。

【「壁」を乗り越える3つの勝ち筋】

「日本全国テーマパーク化」を実現するには、次のような3つの勝ち筋がある（図表4-12）。

◆勝ち筋①：外資参入による「バリューアップシグナル」を通じた世界水準への転換

「ガラパゴス化」を排しグローバル化の壁を乗り越えるに当たっては、まず外資系企業の参入や投資の動きを「バリューアップシグナル」として把握することが必要だ。このシグナルをきっかけに、自地域の観光資源・観光サービスを評価・再定義し、サービスコンセプト、サービスクオリティーおよびプライシングを世界目線に転換していく。

具体的には、以下を実施する。

●**ステップ1**：外資系企業による立地の選定理由、想定しているターゲット顧客層、サービス水準・価格水準の設定理由、それらを総合してどのような独自性のある観光体験を提供しようとしているのかを分析・洞察する。

●**ステップ2**：エクスペディアやブッキング・ドットコムのような世界のOTA（オンライン・トラベル・エージェント）サイトなどのクローリングと分析を通じて、世界の同種・類似かつ同水準の口コミ評価の観光サービスの価格水準を把握し、世界対比で合理性のあるプライシングを追求する。

これらを実施することで、自らの観光価値を再定義し、サービスコンセプト、サービスクオリティー、プライシングをブラッシュアップすべきだ。

では、バリューアップシグナルは、具体的にどのようなものがあるのか。例えば、新潟県のスキーエリアである妙高高原では、高級スキーリゾート化に向けた巨大な再開発計画が持ち上がっている。シンガポールのペイシャンス・キャピタル・グループが、２０００億円超を投じ再開発を始める計画[15]で、近年の世界スキー人口の増加に着目している。妙高高原を米国のアスペン、カナダのウィスラー、スイスのサンモリッツに並ぶ、国内外から誘客できるリゾート地へと変貌させる計画だ。

妙高高原のパウダースノーは、東京から新幹線で2時間圏内という移動利便性と相まって、オーストラリアを中心としたインバウンド富裕層から高い評価を得ている。そのコアバリューを基に、世界の富裕層スキーヤーを取り込んでいく狙いだ。現在の地域内にはまだ無い世界的なラグジュアリーホテルやブランドショップなどを誘致・整備し、富裕層スキーヤーの滞在ニーズに応えていく。

また、複数の外資系企業が日本のリゾート開発を重要テーマに掲げている。その多くが地域内には見られないプライベート感のある超高級リゾートを計画し、突出した高価格帯での提供を予定している。すでに長野県白馬村では、シンガポールのカノリーホテルズが、プライベート感のあるヴィラタイプの超高級宿泊施設を開発・開業し、１泊20万～80万円で提供している[16]。

これらの投資行動は、世界視点の客観的分析に基づいて商機を見いだしたものであり、日本の観光事業者にとって有用なヒントが隠されている。このようなバリューアップシグナルを契機にして、観光資源・観光サービスの価値を再定義し、サービスコンセプトやクオリティー、プライシングを世界目線で磨き上げることで、「ガラパゴス化」の壁も乗り越えることができる。これにより、日本の観光ポテンシャルを解き放ち、その収益性を飛躍的に高めるための第一歩を踏み出すことができる。

◆勝ち筋②：地域オーガナイザーの確立によるプロデュース

次に、組織間の壁である「共創不足」は、「地域オーガナイザー」を置くことによって乗り越えられる。

勝ち筋①にあるように世界目線でサービスコンセプトの形成を試みる一方で、それが実際に地域でサービス実装されないままでは不完全な内容となり、観光客にとって期待外れの代物で終わってしまう。そのため、地域内における観光の推進・調整役となる「地域オーガナイザー」が必要だ。地域オーガナイザーがサービスコンセプトの下に地域内外のプレーヤーを結集し、各種の観光サービスを通じた体験価値を磨き上げることが重要になる。それにより、まち全体を1つのコンセプトを高純度で体現した「テーマパーク」化して観光客をその世界観に浸らせつつ、自発的な域内循環へと導くことを目指す。

また、地域オーガナイザーが販路やプロモーションを検討する際に、その観光体験の価値を正しく理解・評価・共感する相手を見極め、「売るべき相手」に「正しい価格で売る」べく、販売チャネルの厳選とその保持を徹底することも重要だ。

地域オーガナイザーが中心となって、テーマパークのように進化を遂げようとする地域はすでに存在する。

佐賀県有田町では、「有田まちづくり公社」が地域オーガナイザーの役割を担い、地場有力地銀との連携の下、「コンセプト×地銀のガバナンス力・ファイナンス力」によってまち全体をバージョンアップしている[17]。有田まちづくり公社は、有田商工会議所と国のファンドである地域経済活性化支援機構（REVIC）が連携して立ち上げた民間企業だ。

有田まちづくり公社は、有田焼の価値を上質な文化観光資源として再定義し、「真の有田焼の歴史を体感する」というサービスコンセプトをつくった。観光都市としてまちを再興することの経済効果と将来を見据えた必要性を説き、地域の幅広いプレーヤーの活動を連携・統合し、以下のような富裕層向けのハイエンド観光サービスを展開している[18]。

- 普段は非公開の有田焼の作陶窯を高付加価値な文化観光サービスとして開放し、人間国宝自らが来訪者に作品や展示を解説
- 有田焼コレクターが所有する数百万円級の有田焼の逸品に囲まれたスペースで、地場

食材を用いた懐石料理を有田焼の器で堪能

●有田焼が産業として栄えた往時の趣を湛えた町屋に宿泊

こうした一連の観光サービスの実現に向け、有田まちづくり公社はそれぞれのオーナーや所有者などの利害関係者を個々に口説いて回り、それら各プレーヤーと連携してサービス開発を一貫して推進した。

観光サービス開発の動きに呼応し、町屋の補修・改修も複数動き出した。街並みが整備されたことは、有田焼の上質な世界観を高純度で体現することにつながった。様々な利害関係者との交渉や街並みの整備を進める際には、地銀のガバナンス力やファイナンス力が十分に生かされた。

さらに、そのサービス展開において、販売チャネルを厳選・限定した点も注目だ。富裕層を対象としたツアーへの組み込みに焦点を絞り、「売るべき相手」に「正しい価格で売る」姿勢を徹底した[18]。

この有田町の例のように、地域オーガナイザーが中心となることで事業者間の「共創不足」という組織間の壁を打破し、魅力的な地域を全国各地に生み出すことが可能になる。

図表4-13　観光における3層の人材循環

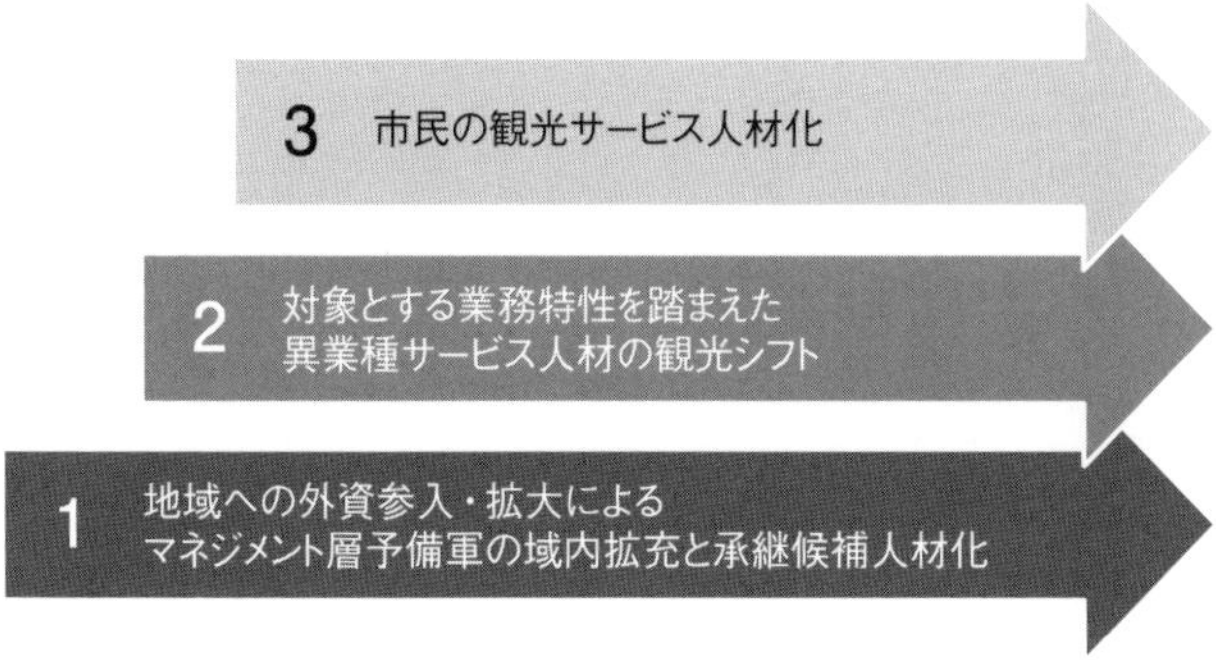

3　市民の観光サービス人材化

2　対象とする業務特性を踏まえた異業種サービス人材の観光シフト

1　地域への外資参入・拡大によるマネジメント層予備軍の域内拡充と承継候補人材化

◆勝ち筋③：人材循環の3層モデルを通じた価値提供力向上

「同族経営」などに起因する人材不足の壁は、人材循環の3層モデルによって乗り越えられる。図表4-13のように3層の人材循環を有機的に組み立て、価値提供力を量・質の両面で高度化していくべきだ。

1層目は、地域への外資参入・拡大を通じて、ホテルオペレーションに関する体系的・多面的なノウハウを持つ人材層が地域内の他の施設に入ってくることを表す。地域を知り、世界目線での価値提供を実践している人材は、事業承継の有望な候補人材となり得る。

2層目は、観光業と同質のジョブ特性を有する他産業から放出される人材を積極的に吸収し、特定のオペレーション業務の中核人材に据えていくことを意味する。他産業とは、百貨店などの小売りや航空サービスなどを指す。実際に、洗練された上質のおもてなしを強みにする最高級水準の旅館の経営者からは、航空サービス人材に対する採用意欲の声を聞く。

3層目は、市民を観光サービス人材化することを示す。地域内における観光サービスやおもてなしの仕事へ、地域住民が参画することを促す形だ。市民が観光サービス人材になることで、需要変動業務の吸収や、地域住民ならではの飾らないおもてなしによる高純度な世界観の提供などのメリットがあり、量・質両面での戦力化を目指すべきである。その需給把握とマッチングの受け皿として、観光地域づくり法人(DMO)を活用するのも一案だ。

こうした人材循環の兆候は、すでに先進的な観光事業者で見え始めている。

静岡県のあるホテルでは、現経営者が「ただ事業を引き継ぐだけでなく、戦略的に事業をつくる」姿勢で先代から事業を承継。同氏は経営学修士号(MBA)を取得し、大手金融機関での勤務経験もある。ホテル運営のオペレーション業務に、事業を俯瞰してマネジメントする「大局的な視点」を掛け合わせて経営に当っている。

同ホテルは、女性をターゲットに健康美を追求したオーベルジュ(宿泊施設付きレストラン)を展開して価値訴求を図る一方、オペレーション面では外部人材の柔軟な活用や、自社内にとどまらない機能配置の最適化を志向している。実際に、副業人材の積極的な活用と、それを可能にするマネジメントスタイルの確立に取り組んでいる。

また、星野リゾートが従業員のマルチタスク化を図っていることは有名だ。マルチタスク化を通じて、宿泊業ならではの変則的かつ長時間の勤務形態を克服し、従業員の勤務負荷の平準化と労働生産性の向上とを追求している。

さらに「地域住民の観光サービス戦力化」については、先の佐賀県有田町の例がある。佐賀大学芸術地域デザイン学部などの学生や留学生が陶芸に関する学術的知見と言語面でのバックボーンとを併せ持つ点に着目し、多言語対応プロガイド候補としてスカウト、育成した[18]。

人材不足という差し迫った課題をすぐに解決することは難しいかもしれない。しかし、人口減少下で今後も人手不足が続くことが予想される中で、このような人材循環によって価値提供力を量・質の両面で高めることは不可欠だ。価値提供力の質が上がり、提供サービスの価格を上げることで賃上げが実現すると、観光業への人材流入も期待できる。観光業界を起点とした人材循環に今こそ取り組むべきだ。

◆四季性を交えた世界に類を見ない観光大国へ

ここまで見てきたように、日本は「外資参入によるバリューアップシグナルを通じた世界水準への転換」「地域オーガナイザーの確立によるプロデュース」「人材循環の3層モデルを通じた価値提供力向上」という3つの勝ち筋を通して、「日本全国テーマパーク化」を実現できる。

この動きが列島各地に広がることで、日本は四季性を交えた世界に類を見ない観光大国へと成長を遂げていく。観光は、外貨の獲得と国内に眠る個人金融資産の循環とを生み出し、地域経済ひいては日本経済をけん引する原動力になるはずだ。

コラム

〝個が輝く〟未来に向けて④

縮小する茶葉業界において、茶園と観光を掛け合わせることで、グローバル規模で新たな市場を開拓する個人もいる。京都府最大の茶産地で飲んだお茶に感動し、新規就農したDさんだ。

早い段階から英語サイトをつくり、海外向けの茶葉の販売に力を入れ、ファンづくりに取り組んできた。さらに、海外からのインターン生も積極的に受け入れ、彼らの声を取り入れる形で茶園を観光コンテンツにして外国人旅行者向け体験型観光プログラムを開始。年間1000人以上が参加する人気プログラムとなった。現在はビジネスモデルの横展開にも挑戦しており、お茶のサブスクリプションや体験型ツアーなどを組み合わせて新たな茶園モデルの全国展開を目指している。一個人の発想と行動が「共創不足」の壁を乗り越えて、地域の魅力をプロデュースすることに成功した好事例といえるだろう。

メディア・エンターテインメント
コスモポリタン・エンターテインメントの追求

●将来ビジョン

日本のメディア・エンターテインメント業界が描くべきビジョンは、グローバルの「コスモポリタン・エンターテインメント」の中心地となる新たな姿だ。

コンテンツが日本市場で成功を収めたのちに海外展開を行う従来型のモデルではなく、コスモポリタン（世界的な視野を持つ）という語が意味するように、最初からグローバル展開を想定し、作品制作のみでなく流通網も含めてビジネスの仕組みを構築して、グローバルなIP（知的財産）＝「コスモポリタンIP」を生み出す。その結果、拠点となる日本にグローバルからコンテンツ関連の人材・商品・投資が集まって循環し、さらなる産業発展が実現するという筋書きだ。

メディア・エンターテインメント業界では、日本発のコンテンツが独自の競争力を獲得してきた。ポケモンやスーパーマリオに代表される日本発メガIPがグローバル市場を席巻し、直近では音楽ユニット「YOASOBI」やVチューバー「にじさんじ」

などの海外での人気も注目されている。日本の成熟した産業には、制作力とすでに蓄積された強力なコンテンツアセットという大きな強みがある。日本のメディア・エンターテインメントは今以上に世界で愛され、産業としてより大きな成長を遂げる潜在力がある。

ここ20年余りでコンテンツビジネスを取り巻く環境は大きく変化している。従来のマスメディアからインターネットへと消費の中心地が移行し、「フロー」から「ストック」へと変化したコンテンツの流通量は爆発的に増加した。その結果、個々のコンテンツの発見可能性は大幅に低下し、ビジネス成功の難易度が上がっている。一方、米ネットフリックスのようにバリューチェーンを統合し巨大な資金力を持つ新たな有力プレーヤーが市場に参入し、大変革が起きた。

こうした状況下にあって、すでにあるメガIPの成功に続く形で、コスモポリタンIPを生み出し、世界のエンターテインメントの中心地となる。それが日本の目指すべき姿だ。そこではコンテンツ単体の〝点〟ではなく、総合的な〝面〟の戦い方への転換が求められると考えられる。

◆3つの壁：「国内中心主義」「天才依存」「資金調達力・リスクテイク不足」

コスモポリタン・エンターテインメントの追求に向けては、次のような3つの高い壁がある。

グローバル化の壁：海外展開を阻む「国内中心主義」

日本のプレーヤーが意図してコスモポリタンIPを総合プロデュースする力は、まだ弱いのが現状だ。活用可能性のある過去作品のアセットも眠ったままの場合が多い。国内流通を前提とした契約・権利関係の複雑さが原因で供給量が限定される、あるいは海外展開に適したパッケージング戦略や知財戦略が十分でなく、交渉劣位になるという課題もある。海外の流通の仕組みなどに精通した専門人材も不足している。

1990年代までの日本のコンテンツ産業は、ほぼ国内消費に閉じた構造になっていた。その後国内市場が成熟する一方、需要拡大に伴い海外向けも段階に拡大してきたが、グローバル展開の必要性が高まった現在でも、国内流通を前提とした成長期の構造を大きく変えられていない。

こうした背景から、これまで既存の完成番組・作品単位で実施されてきた日本コンテンツの海外展開は、個別の事業者ごとの対応がほとんどだ。資金力を背景に爆発的に増加するコンテンツをさばく海外のディストリビューターには、「面と点の戦い」で太刀打ちできない状況が発生している。このまま「国内中心主義」の壁を乗り越えられなければ、グローバルレベルで日本のコンテンツが「発見」されることも相対的に少なくなり、ジリ貧になる可能性もある。

組織間の壁：組織戦への移行を阻む「天才依存」

米国のピクサーやネットフリックスなどのメディアコングロマリットや、韓国発のウェブトゥーンでは、一部のトップクリエーターに過度に依存せずに、多くのクリエーターを集めてタレントを発掘し、ヒットの確率を高める「組織戦」に移行している。一方、日本ではいまだ、国内のメディア事業者など個別企業が孤軍奮闘する従来型の業界構造を維持しており、組織戦には対応できていない。

日本で成功したコンテンツというと、多くの人が「手塚治虫」「宮崎駿」「新海誠」といった名前を思い浮かべるのではないだろうか。日本を代表するIP創出の裏側には、産業のけん引役としてのスタークリエーターの影響が大きくある。半面、成功体験の副作用として「コンテンツのヒットは制作者個人の才覚次第」という意識が強く、一部の〝天才〟に集中して依存する構造に陥っており、業界内の横連携も不十分だ。こうした「天才依存」

の壁が、組織戦への移行を阻む要因ともなっている。

組織戦への移行は、究極的にはビジネスとして成長と収益をつくり出すための仕組みづくりでもある。世界的に見るとVFXなどのデジタル技術のように、高い専門性のあるクリエーターには破格の待遇が示される例も多いが、これは成長と収益が見込めるからだ。

一方で日本では、アニメの制作現場に代表されるクリエーターの低賃金・長時間労働といった問題も取り沙汰されて久しく、「ハイリスク・ローリターン」な職種になってしまっている。「個」の才能を生かしながら組織戦を戦うためには、ビジネス上の新たな仕組みづくりが必要なのだ。

短期思考の壁：長期目線での「資金調達力・リスクテイク不足」

コンテンツが、発見されず埋没するものとグローバルで超スケール化するヒット作品に二極化する傾向にある中では、継続的に投資する資金力の確保が重要になる。その際、短期目線で個々のIPのヒットを狙って投資するというより、中長期的に複数タイトルからなるコンテンツポートフォリオを形成し、その中からヒットコンテンツを育て上げるという観点を持つことが大切だ。しかし日本のプレーヤーは短期志向になりがちで、長期的なグローバル展開を見据えた資金調達力、さらにリスクテイクの意識と対応が未成熟な点が「壁」になっている。

図表4-14 【メディア・エンターテインメント】コスモポリタン・エンターテインメントの追求

壁		勝ち筋
グローバル化の壁 海外展開を阻む「国内中心主義」	勝ち筋①	グローバル展開を加速させるディストリビューターへの業態転換
組織間の壁 組織戦への移行を阻む「天才依存」	勝ち筋②	業界大連合でグローバル組織戦への挑戦
短期思考の壁 長期目線での「資金調達力・リスクテイク不足」	勝ち筋③	IPホルダーのビジネスモデル大転換による投資の呼び込み

日本では従来、映画・アニメにおける制作委員会方式のように、複数社が資金を出すスキームが発展してきた。この方式には事業リスクを分散しながら、各社が得意とする販路で収益を最大化できるメリットがある。一方グローバルでは、大胆にリスクテイクしながら総合的なビジネスプロデュースを行うモデルへの転換が成功要件になる。日本の従来型のスキームでは十分な資金調達を前提とした展開が難しくなっているのだ。

【「壁」を乗り越える3つの勝ち筋】

ゲームのルールが大きく変化したメディア・エンターテインメント業界でコスモポリタン・エンターテインメントの中心地を目指すためには、コンテンツを生み出しグローバル展開するための環境整備が必須だ。前述の3つの壁を越えた勝ち筋の実践が求められる（図表4-14）。

◆勝ち筋①：グローバル展開を加速させるディストリビューターへの業態転換

「国内中心主義」の壁を越えてグローバル展開を主体的に行い、コスモポリタン・エンターテインメントを追求するためには、コンテンツの配給を一手に担いグローバルプレーヤーに対抗し得る、連合型のディストリビューション体制を構築すべきだ。具体的には、映像作品であれば放送局や制作会社がジョイントベンチャーでディストリビューター企業をつくる方法が想定される。

すでに日本にも業界連合組織はあるものの、躍進する世界のディストリビューターと比較すると存在感はいまだ薄い。日本の多くの事業者が海外のディストリビューターに作品を預けることはあっても、日本のプレーヤーが主体的にその機能を担う体制には至っていない。

海外マーケットに合わせたパッケージングやライツ契約管理・権利許諾、市場に入り込むためのネットワークを開拓・保持できる人材・ノウハウの提供、マーケティング・プロモーション・流通の実行などを一手に担うディストリビューターは、グローバル展開の成功に欠かせない。グローバルではネットフリックスなどの大型プラットフォームがこうした機能を一気通貫で持つほか、専門の事業者も存在する。日本でもこのようなプレーヤーに比肩する体制構築が必要だと考えられる。

コンテンツのヒットは偶発的で予見性がない場合も多い。グローバルでの人気の兆しをつかんだらすぐに次の事業展開に進められるような土壌づくりも必須である。世界的に収益力を持つポケモン、スーパーマリオ、ハローキティといった日本のキャラクターIPは、統一したIPライツ管理を基にプロモーション展開などの打ち手に速やかに対応し、継続してコンテンツを創出するというグローバル展開に適したフォーマットを採用できている。これらの成功例に続く方策をコンテンツホルダーが主体的に取り入れ、制作当初の段階からグローバル展開を想定してビジネスデザインを行い、ディストリビューターがより強力に展開する。日本におけるこうした積極的なビジネス創出体制の整備が望まれる。

◆勝ち筋②：業界大連合でグローバル組織戦への挑戦

グローバル競争を組織戦で勝ち抜くには、企業間の垣根を越えてコンテンツの発見可能性を高め、ヒットを生み出す仕組みを整備することが必須だ。例えばマンガであれば出版社同士が連合したプラットフォーム上で、統合した世界市場をターゲットにコンテンツを多数ラインナップし、〝当たる〟作品の発見可能性を高める方策が奏功する。

日本のコンテンツが持っている、本来のクリエーターの力をグローバルの場で発揮して、一部の「天才依存」の壁を乗り越え、数多ある作品からコスモポリタンIPを見つけ出すことが肝要だ。組織的にコンテンツを発展させ収益を拡大し、クリエーターに働き方・待遇の面でも還元されるという好循環をつくり出していくべきである。

音楽、漫画、小説といった、比較的少人数で制作可能な分野では、日本の個々のクリエーターが世界に向けてコンテンツを発信し、一定の成功を収めているケースがある。このように「個人戦」を勝ち残るクリエーターを発掘し、個の力を生かしながらも「組織戦」でビジネスを拡大する流れをグローバル規模で実現する打ち手が必要だ。

組織戦の象徴的な成功例が韓国発のウェブトゥーンだ。大規模なユーザーを集めたプラットフォームで多くの作品を提供し、その中から支持を集めたコンテンツをネットフリックスのヒットドラマなどに展開している。この構図の中にあるのは、比較的制作コストを抑えられるコミックの段階で、1つのグローバルプラットフォームを使ってし烈な「個人戦」を生き残れるかというテストマーケティングを行い、ヒットコンテンツを見極めたら迅速にワンソースマルチユース前提の「組織戦」へ移行するモデルである。コンテンツビジネスとしてより大きな成長と収益化をスピード感を持って進められることが大きな強みだ。

日本のメディア企業は「放送局ごとのビデオ・オン・デマンド（VOD）サービス」や「出版社ごとの漫画アプリ」などの個別運営に注力しているが、あくまで日本国内の競争にとどまる。グローバル展開に当たっても「日本で成功したコンテンツを、個々に世界に売り出す」というモデルから脱却しきれていない。

「日本の出版社○○」と大規模な「ジャパンマンガプラットフォーム」とでは、後者の方がコンテンツの世界的な発見可能性を圧倒的に高めるはずだ。このようなグローバル組織戦を戦うための統合された土壌が、コスモポリタンIPの誕生を後押しするのだ。

その際、従来の業種・業界の垣根を越え、プリントメディア・映像からマーチャンダイジングまで総合的なコンテンツ展開の実施を前提に、より資金力・海外展開力のある商社などと企画段階から連携するというアイデアも考え得る。こうした他業種とのパートナーシップでは、対等以上に交渉できるビジネス力も必要となるだろう。

◆勝ち筋③：IPホルダーのビジネスモデル大転換による投資の呼び込み

長期目線でコスモポリタンIPを生み出すコンテンツ開発に必須となるのは、十分な資金の獲得だ。そのためには、IPホルダー自身が積極的に投資を呼び込むアクションを取ることが欠かせない。

漫画や小説などのIPがグローバルで一定のマーケットを創出し得ると想定される場合、

より積極的に国内外からの制作投資を受けるべく企画とプロモーションを行って実現を目指す、といった具体的行動が求められる。リスクテイクの意識を醸成して資金調達力を向上させ、新旧の複数のＩＰに対する投資を継続的に実施し、新しいコンテンツを生み出し続けるサイクルをいかにつくり出すかが重要だ。

この方式は、日本のＩＰホルダーにとっては従来型のビジネスモデルからの転換を意味する。これまでは漫画や小説をドラマ化する場合、国内放送局で企画が浮上したら権利許諾を出し、そこで国内の収入を得るだけという短期のビジネスで終わることが大半だった。このように単発の作品制作による成功と利益確保に賭けるのではなく、今後は多量のコンテンツをラインナップ化したポートフォリオの充実、そしてコンテンツのもたらす短期的な売り上げよりも、長期的な収益力を重視したポートフォリオ全体の成功可能性の拡大が求められる。日本には放送コンテンツからプリントメディアまで、これまで数多く蓄積されたコンテンツアセットがある。これらを活用したコンテンツによるポートフォリオ構築と、長期収益サイクルの創出を目指していくべきだろう。

その道筋の例として海外では、制作プロダクションが投資を呼び込み一気に世界的な知名度を得ているケースがある。日本でもアニメやマンガ原作作品を中心に、ネットフリックスやアマゾン・ドット・コム（プライム・ビデオ）などからの海外配信権収入をドラマ化の制作資金調達の一部に組み込む事例が出てきた。こうした手法により、グローバルでの興行成績や視聴ランキングなどの面で一定の成果を収めている作品もある。このように、有望なＩＰには海外からの投資を呼び込むチャンスがある。

投資を呼び込むということでは、政策面での支援も本来機能し得る。日本ではこれまでも政策的な投資は行われてきたが、必ずしも有効には機能してこなかった。コンテンツ制作の資金調達では「資金は提供するが内容には干渉しない」というのが理想的な形だが、その意味でこれまでの政策投資は制作者サイドとしては使いづらい面もあった。今後は、例えば国際共同制作時、あるいは作品の制作だけでなくプラットフォーム構築やジョイントベンチャー設立などにかかる費用への税制優遇などといった、「内容には干渉しない」形の方策や対象を検討する余地があるだろう。

◆コンテンツを〝マグネット〟に、より多くのリソースを日本に集める

メディア・エンターテインメントの出発点はコンテンツを生み出すことだ。クリエーターにとって魅力的な環境で自由に制作活動ができ、発表と展開のチャンスがあることがベースとなる。そこから作品が発掘され、リスクテイクしつつさらに資金を調達し、ビジネスとして大きく展開していく。そうした循環がグローバルで正しく回れば、市場の拡大を呼び日本が「コスモポリタン・エンターテインメント」の中心地として存在感を増す可能性が高まる。

「日本らしさ／無国籍」のどちらでも勝負できる「コスモポリタンＩＰ」の制作力・展開力を持ち、グローバルレベルでコンテンツ制作者／メディア事業者／視聴・消費者によるコンテンツ制作・流通・消費の好循環が起こる環境を整備していけば、コンテンツを〝マグネット〟にしてより多くのヒト・モノ・カネのリソースが日本に集まる。こうして、「コスモポリタン・エンターテインメント」の実現という理想の姿が現実のものとなるはずだ。

半導体
オープンなシリコン城下町の創造

●将来ビジョン

日本半導体再興のコンセプトとして、「オープンなシリコン城下町の創造」を提唱したい。半導体工場＝城を中心として、国境やバリューチェーンの壁を越えて技術・人材・産業が集まり、関連産業含めて集積する「城下町」が形成され発展していくという将来ビジョンである。

様々なＩＴ技術を実現するキーコンポーネントである半導体を起点に、社会課題の解決に役立つ産業基盤を創出し、日本発のテクノロジーやサービスで世界を変えていける可能性もある。こうした半導体のグローバルエコシステムを日本に形成できれば、低迷する日本経済全体をけん引する強力な成長ドライバーになるだろう。

現在、世界の半導体業界では、「地政学的環境変化」と「微細化技術のパラダイムシフト」という2つの大きな変化が起きている。この潮流に対応すべく、これまで半導体産業が盛んでなかった国や地域でも、関連事業への投資がにわかに活況を呈している。この潮流はかつてグローバルシェアの半分以上を占めながらも急速に失速し、シェアが低下してしまった日本の半導体産業においても追い風になる。日本が半導体市場で再興を図るにはまたとない好機が訪れているのだ。

◆3つの壁：「技術・連携不足」「人材不足」「需要と供給の未連携」

しかし、こうしたビジョンを実現するには乗り越えるべき3つの壁がある（図表4-15）。

業種・業界間の壁：市場停滞の背景にある「技術・連携不足」

日本の半導体業界の課題としてまず挙げられるのは、日本には最先端のロジック半導体製造技術（微細化技術）が不足している点である。ただ技術不足だけに目が向きがちではあるが、さらに日本には各工程の半導体関連企業、製造装置や素材分野のトップ企業が集まっている強みがあるにもかかわらず、業界内の横連携が不十分で、集積の強みを生かし切れていない構造的課題もある。この両面が、市場の活性化が進まない「技術・連携不足」という業界特有の壁になっている。

同機能の半導体をより小さく製造する「微細化技術」に莫大な投資を要する半導体ビジ

図表4-15 【半導体】オープンなシリコン城下町の創造

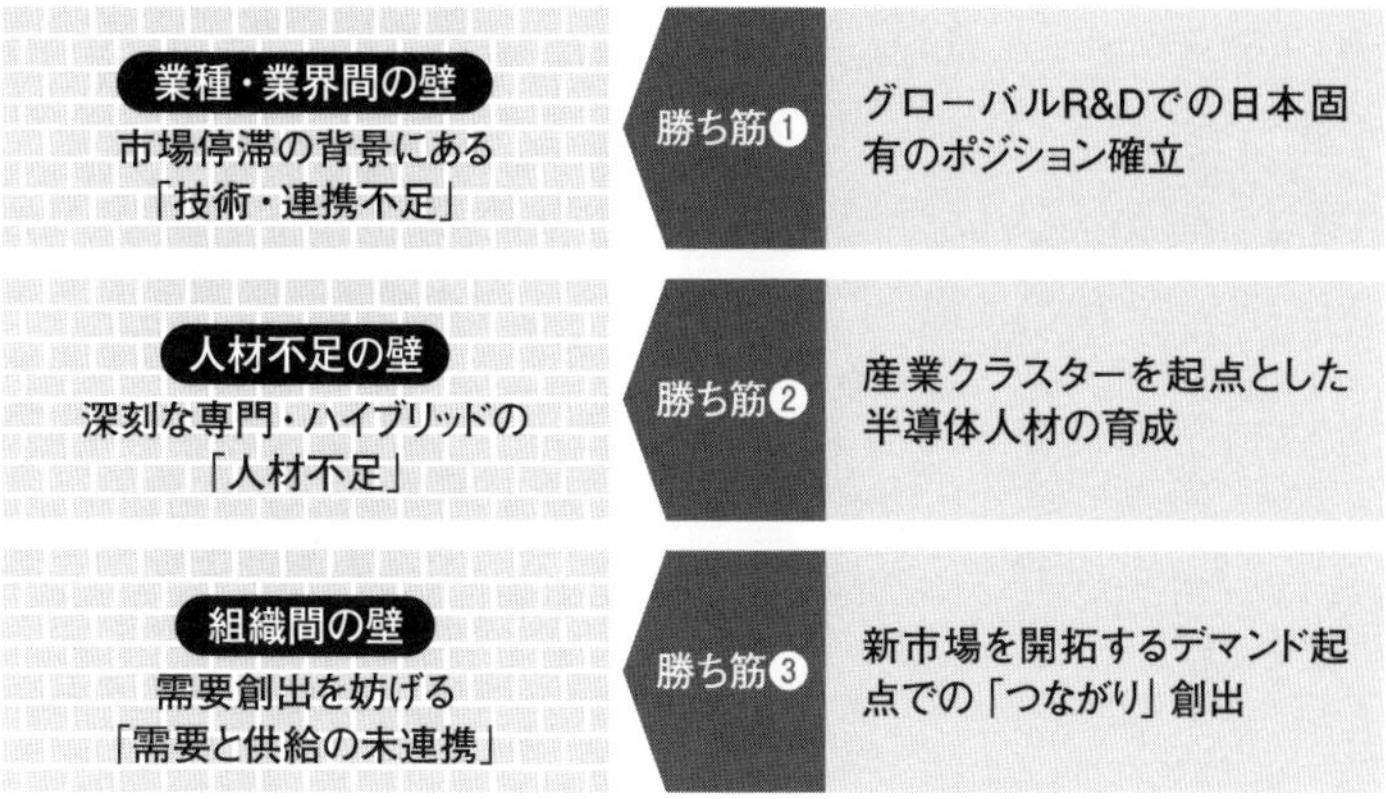

壁	勝ち筋	
業種・業界間の壁 市場停滞の背景にある「技術・連携不足」	勝ち筋❶	グローバルR&Dでの日本固有のポジション確立
人材不足の壁 深刻な専門・ハイブリッドの「人材不足」	勝ち筋❷	産業クラスターを起点とした半導体人材の育成
組織間の壁 需要創出を妨げる「需要と供給の未連携」	勝ち筋❸	新市場を開拓するデマンド起点での「つながり」創出

ネスでは、1990年代に企画設計を専門とするファブレス企業と製造専業のファウンドリー企業への水平分業が進んだが、この過程で日本に先端の微細化プロセスを追求するファウンドリー企業が1社も残存しなかった。そのため、生成AIや自動運転などの処理を行う中核デバイスのCPUや画像処理半導体（GPU）で求められる、最先端の微細化プロセスを再び導入するには大きなハードルがある。

今後爆発的な成長が期待されるこうしたロジックチップ群の製造能力を国内に保有するには、まずはこの数世代の微細化技術の壁を乗り越えた上で、メーカーはじめ関連企業の間で、すでにある製造装置・素材分野の強みを生かした連携などに目線を向ける必要があるが、現状ではそうした対応には至っていない。

人材不足の壁：深刻な専門・ハイブリッドの「人材不足」

産業を育成していく上で不可欠なのはそれを構成し動かす「ヒト」だが、製造現場から研究開発、事業展開まで幅広く半導体関連人材が不足していること自体も目下の課題かつ大きな壁である。日本の半導体産業の縮小とともに、半導体技術を学ぼうという学生はこの30年で大幅に減少してしまった。工場の数が増えていく中で、実働を担う半導体人材が不足するのは目に見えて明らかだ。

また今後の半導体製造では、AIによる製造効率の改善に代表される新しい分野の知見も必要になってくるが、こうした複数分野にまたがる知見を持つハイブリッド人材（半導体製造×アナリティクス、前工程×後工程、エンジニア×標準化など）が不足している。

最先端の微細化技術を海外からの技術移転によって取り込んだとしても、それを日本国内に定着させるためには地域に根付いた新世代の人材育成環境を整える必要があるが、その具体施策は道半ばだ。このように半導体産業においては、深刻な専門・ハイブリッドの「人材不足」が大きな壁となっている。

組織間の壁：需要創出を妨げる「需要と供給の未連携」

最後に、各国で地政学リスクへの懸念から半導体の製造ケイパビリティーを内製化する動きがある中、日本固有の問題として、大量の半導体需要を持つ出口産業の不在という高い壁がある。

米国であればGAFAMに代表されるITプラットフォーマーのデータセンター向け半導体、欧州ではEVやドイツ発の産業政策「インダストリー4・0」に代表される産業機器やロボット向けなどの莫大な需要がある。中国でも同様で、米中貿易摩擦により西側の半導体知財に対するアクセスに制限が生じている状況でも、内需を満たすため独自に半導体製造能力の強化に取り組んでいる。

一方、日本ではかつては総合電機メーカーの白物・黒物家電、ガラケー（従来型携帯電話）の半導体需要が市場拡大を支えたが、この10年ほどで劇的に地盤沈下し、新たな需要は見えていない。つまり現状日本では、今後急拡大する見込みの半導体の供給と需要とがかみ合っていないのだ。こうした「需要と供給の未連携」が、乗り越えるべき壁となる。

日本で立ち上がりつつある半導体製造のキャパシティーは膨大であり、従前の需要規模に満足することなく、さらなる物量確保に向けたエンド需要・チップ需要を育成すべきことは明白だ。いかに最終セット、あるいは半導体の企画・設計の段階からマス市場を押えられているかが、製造技術の立ち上げと並行して焦点となる最重要課題なのである。

【「壁」を乗り越える3つの勝ち筋】

立ちはだかる課題は多く日本の半導体産業の再興は難しいとする悲観的な向きもあるが、

「壁」を越える光明は実はすでに見えつつある。これまでに述べた3つの壁を乗り越える勝ち筋を具体的に検討すると、「オープンなシリコン城下町」を中心とした明るい将来像の輪郭がはっきりしてくるはずだ。

◆勝ち筋①：グローバルR&Dでの日本固有のポジション確立

勝ち筋の1つ目は、日本の弱点である微細化技術不足を補う形の連携を起点に、国内にすでにある製造装置や素材の強みを生かして、日本が半導体のグローバルR&D（研究開発）に不可欠な存在となり反転攻勢を仕掛ける戦略だ。海外企業の肩を借りるのではなく、イコールパートナーとして連携し、日本を中心に異業種かつ国をまたいだ連携を可能とするエコシステムの形成を目指すべきである。こうして「技術・連携不足」の壁を乗り越えることができる。

微細化技術に関しては、すでに台湾積体電路製造（TSMC）の熊本工場誘致やラピダス（Rapidus）の米IBMやベルギーの国際機関imecとの連携など、先行する諸外国からの技術移転は始まっている。ただTSMCは米国や欧州からも工場設立のラブコールを受けるなど、グローバルで連携パートナーの争奪戦が起こっている。今後国際的に競争力を持つ形で日本への技術移転を継続するためには、相対的な投資力が決して他の欧米諸国を上回るとは限らない日本と組むことに付加価値がなければならない。

ここで注目すべきは、現在微細化とともに進展している後工程の革新と、日本がいまだに高い国際競争力を保持している製造装置、材料の存在だ。

まず後工程の革新では、前工程側だけでは実現できない微細化、高性能化の要求を満たすトレンドが発生している。その一例のチップレットは、従来1つのチップに集積していた回路を個別化し、基板上でつなぐ形式でパッケージ化して用途に応じた大規模回路を形成する技術だ。ここでは、異なるプロセス、メーカー製のチップレットを組み合わせたパッケージを開発できるという大きな変化があり、従来前工程で使用されていたような高度な成形技術も使用するため、前工程・後工程における企業同士の連携が重要になる[19]。

このようにバリューチェーンをまたいだ変化が起こると、従来のような個社単位での対応では難しくなり、複数プレーヤーでの協業が必須になる。こうした技術の「すり合わせ」は日本製造業の得意とするところで、その力を十分に生かせるはずだ。

次に注目したいのが、日本の強みである製造装置や素材分野でのトッププレーヤーの存在である。すでにグローバルでトップレベルの装置メーカー、材料メーカーが地場にある日本では、製造プロセスを立ち上げる場合のエコシステム全体にかかる費用・時間を縮小できるという大きなアドバンテージがある。こうした要素技術を持っている会社を集め、後工程や開発を一緒に考えて研究開発・実用化を行う施策が奏功すると想定される。例えば、後工程素材メーカーのレゾナックが設立したコンソーシアム「JOINT2」、TSMCジャパンが設置したパッケージ技術開発拠点の「3DIC研究開発センター」は、この領域で兆しとなる動きだ。

会社同士が集まり、次世代の開発をどうするか議論し開発を行う場として、海外プレーヤーも日本との「つながり」を確保しなければ次世代製品が作れないといった状況に至れば、日本を拠点としたエコシステムがさらに強固なものになる。シリコンバレーや台湾とはまた違った形で、日本がR&Dとサプライチェーンの両面でグローバル市場の中枢のポジションを確立していくべきだ。

◆勝ち筋②：産業クラスターを起点とした半導体人材の育成

半導体業界の深刻な「人材不足」の壁に立ち向かうに当たっては、今すぐに即戦力となる人材を育成するのは難しい。短期的な目下の対応事項だけでなく、中長期的な目線が必要になる。

まず短期的には、半導体工場を中心に同じエリア内に知識・人材・技術を集積させ、地域に産業クラスター＝「シリコン城下町」を形成し、集まってくる国際人材の力を生かすことが求められる。企業の施設・組織だけでなく、大学などの研究機関も含めたイノベーション開発拠点をつくり、関与者が集まり各々が切磋琢磨して能力を向上させ、人材の層を充実させていくことが理想だ。

日本国内では北海道ではラピダス、熊本ではTSMC、宮城では力晶積成電子製造（PSMC）による新設工場を中心とした大規模投資が行われ、人材の集積に期待が高まっている。これら企業の給与水準は高く、すでに欧米のトップ人材をも十分に誘引できるレベルにあるといわれているが、優秀な人材を定着させるには工場勤務者やその家族が生活する周辺の住環境も重要な要素だ。魅力的な人材が住みたくなる街、というインフラ整備がポイントになる。

さらに中長期的にはAIなど最先端の技術も活用して半導体技術の〝民主化〟を起こし、人材育成組織の活用、ハイブリッド人材育成やリスキリング、労働移動を含め半導体人材を活性化させるなどの施策にシフトしていくべきだろう。半導体製造の知識を持った人材の確保だけでなく、デマンド側を理解した人材開発を行い、ビジネス展開のグラデーションを増やしていく方策も重要だ。半導体業界にとどまらず電子デバイス全体までスコープを広げた形で産業間連携し、デマンドとサプライ両面での「ヒトの循環」を起こすことを視野に入れる必要がある。

すでに、東京大学によるシステムデザイン研究センター（d．lab）開設や先端システム技術研究組合（RaaS）の産学協創、九州半導体人材育成等コンソーシアムや福岡半導体リスキリングセンターの設立、熊本大学の「半導体デバイス工学課程」創設、北海道大学の「半導体拠点形成推進本部」設置など、多くの取り組みが走り出している。個々の取り組みへの注力はもちろん、全体感を持った連携も行い、日本全体で半導体人材力を強化することが肝要である。

◆勝ち筋③：新市場を開拓するデマンド起点での「つながり」創出

最後に、「需要と供給の未連携」の壁を越えるという点では、大規模な最終需要の獲得・創出を目指し、半導体生産拡大のための用途需要がどこにあるかを他産業とも連携して見極め、新たなデマンドに対応するサプライの仕組みを整え拡大することが最も重要だ。

米エヌビディアはすでにGPU市場で圧倒的なシェアを確立している地位に甘んずることなく、産業用メタバース構築プラットフォームの「オムニバース」を提供し、自社の半導体を利用したプラットフォーム上でのユースケースを拡大させ、そこに搭載する自社の半導体のニーズを拡大させるという好循環を生む仕組みを実践している。このモデルのように、製造業など顧客からの注文を待つという受動的な発想から脱却し、半導体業界側が能動的にデマンドの創出を目指すべき時が来ている。利益を生むような大口需要につながる顧客を獲得するまでの難易度は高いが、こうした挑戦は不可欠だ。

より多様で先進的なニーズを満たす半導体を生み出せば、需要を満たし安定した生産の拡大が見込めると同時に、次なる投資の資金源を得ながらさらに優れたイノベーションを生み出す「回転と蓄積」が起こる。先進的な半導体ユースケースとしては、これまで本章で順に見てきたモビリティーやヘルスケアをはじめとした成長アジェンダなどそれぞれの領域で、デマンドを起点とする次のような多様な用途が想定される。

●モビリティー

・スマートモビリティー、自動運転の高度化を可能とする半導体

●ヘルスケア

・創薬やバイオテクノロジーの研究開発における膨大なデータの分析に特化したＡＩやそれを支えるデータセンター向け用途

・介護ロボットやＱＯＬ向上のための医療施策に資する半導体

●エネルギー

・セクターカップリングや省エネのシミュレーション用途

・再生エネルギーの問題である需給アンバランスを解消するための需要予測アルゴリ

ズム、系統制御のための計算への利用

●**サーキュラーエコノミー**

・パワー半導体自体の再利用

●**データセンター**

・省電力高機能のニーズに対応したチップ

かつては人々の生活を豊かにするデジタル家電やパソコンなどが半導体の需要をけん引したが、少子高齢化が進む中では、さらなる労働生産性改善や拡大する介護需要への対処など、日本が先導的に進めなければならない社会課題の解決にその用途がシフトし得る。取り上げた成長アジェンダごとに、半導体を活用しながら日本が先行して具体策を提示していける様々な領域があるはずだ。

半導体はＩｏＴ、ＡＩ、量子コンピューティング、ロボティクス、メタバース、デジタルツインといった画期的なテクノロジーの進化を中核で支え、未来をつくっていく源となる。日本の半導体市場自体と日本発の最先端技術、そして社会課題解決ソリューションが相乗効果で成長していくという将来像を描けるだろう。すべての産業を包含する幅広い用途で半導体が中核となり、社会全体を進化させていくのだ。

◆〝産業のコメ〟をつくる城からグローバル連携と覇権を目指す

「日本の半導体産業は再興できない」という懸念を払拭する材料はそろいつつある。目先の困難は当然多々あるかもしれないが、それを理由に挑戦を諦めれば決して成功にはたどり着かない。「やれることをやる」のはなく、「やるべきと信じたことをやり抜く」という熱い信念とコミットメントが、新産業の立ち上げ時には必要である。

今回は産業再立ち上げのあるべき姿を具体的にイメージし、業界関係者が一丸となって連携していくために「シリコン城下町」というコンセプトを提唱した。こうした共通ビジョンの下でプレーヤー間の「つながり」を拡大しながら、「城下町」同士をつなぐ行き来による循環も起こして強固な産業クラスターをつくり、生態系を進化させていくことが重要だ。

それにより、日本各地の「シリコン城下町」が連携しながら、それぞれが海外からの投資や人材を呼び込む要所となる。そこから波及するエネルギーが新市場を開拓・拡大し、人材の循環を起こし、周辺産業も含めた地域全体、ひいては日本全体の活性化と底上げを可能にするというダイナミックな未来像が描けるはずである。

〝産業のコメ〟をつくる城を中心にして城下町が広がり、そこからグローバル連携と覇権を目指す、まさに今後の日本を支えるための一大プロジェクトだ。半導体業界の「つながり」をカギとした世界拠点の再興に期待が高まる。

図表4-16　社会課題を起点とする「大循環」による新たな市場の創出

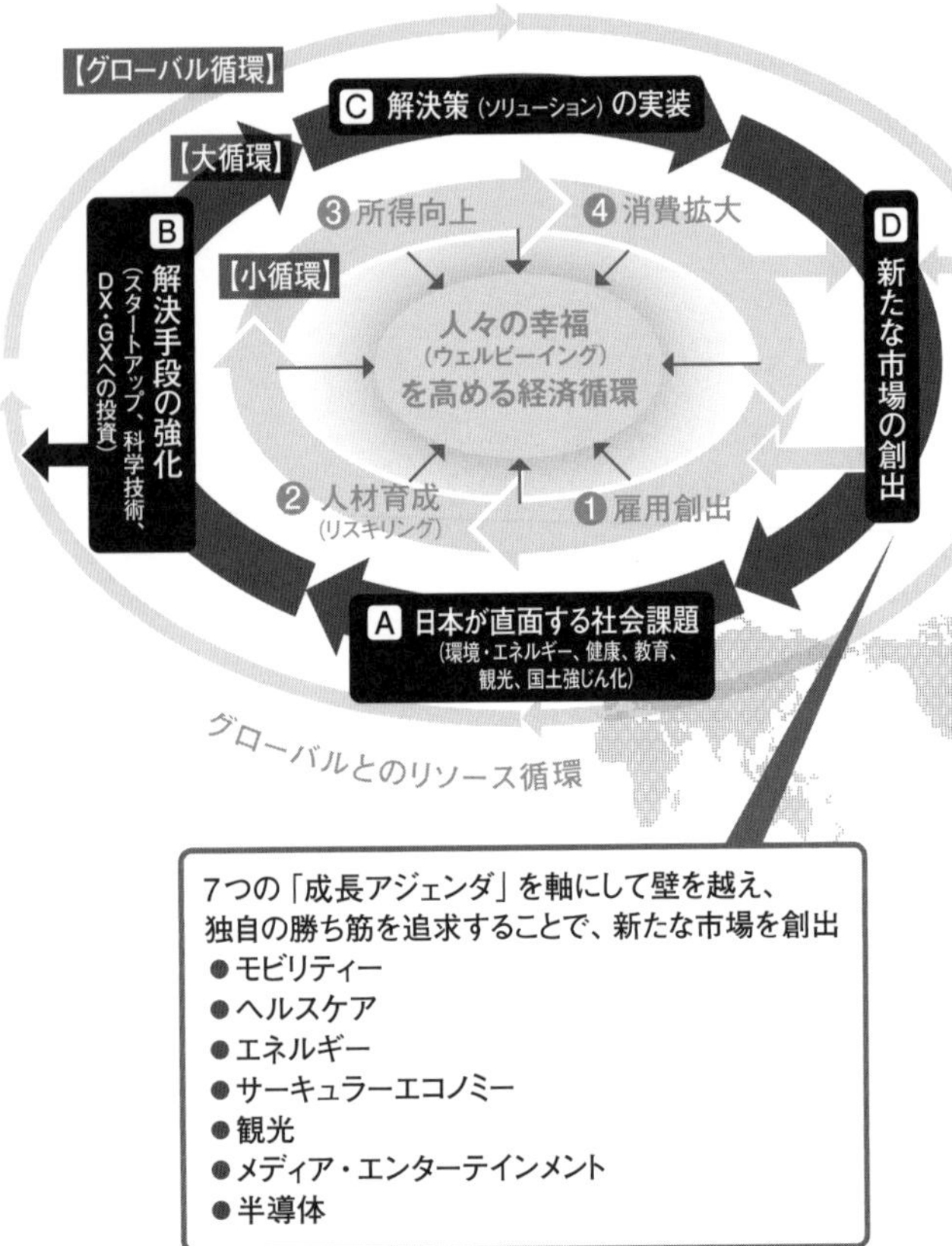

7つの「成長アジェンダ」を軸にして壁を越え、
独自の勝ち筋を追求することで、新たな市場を創出

- モビリティー
- ヘルスケア
- エネルギー
- サーキュラーエコノミー
- 観光
- メディア・エンターテインメント
- 半導体

＊＊＊

本章では、社会課題解決型のイノベーションを通じた新たな市場の創出（大循環Ｄ）が期待される領域として、７つの「成長アジェンダ」を取り上げた。７つの成長アジェンダを軸にして新たな市場を創出するには、既存の業種・業界という縦割りの壁を越えて、業界横断的に「横割り」で取り組むことが必要だ。こうした業種・業界間の壁に加え、それぞれの成長アジェンダのパートで見てきた様々な「壁」を乗り越えて、これまでの常識にとらわれずにヒト・モノ・データ・カネの効果的な循環を促すことが、新たな市場の創出（大循環Ｄ）につながる「勝ち筋」のポイントであった（図表4-16）。

このうち特に「ヒト」の循環は、社会課題を起点として新たな市場を創出する「大循環」と、「雇用創出から一人ひとりの所得向上・消費拡大に至る「小循環」を結びつけるものだ。人口減少下において深刻化する「人材不足の壁」を克服し、新たに創出される市場が生み出す雇用機会をいかに充足させるか。次章では、この点を産業間の労働移動というテーマを切り口に見ていくことにしたい。

第5章

付加価値の高い雇用を生み出す2つの「労働移動」

◆大循環の実現に必要な、労働移動と労働生産性向上

「循環型成長モデル」（図表5-1）を実現するためには、社会課題解決から新たな市場を創出する「大循環」を、最終的な1人当たりの付加価値向上に結び付ける「小循環」につなげることが重要になる。そこでカギを握るのが、雇用創出（小循環①）のあり方である。

本章では、前章の「7つの成長アジェンダ」によって創出される新たな市場（大循環D）から、いかに付加価値が高まる雇用創出（小循環①）につなげていくかを見ていく。

新たな市場が創出されると、その市場で生産や販売などに従事する労働力が必要になり、新たな雇用機会が創出される。雇用が増えれば国民全体の所得が増えて消費が拡大し、企業利益が増加して再び賃上げなどの形で国民所得が増えるという好循環が実現できる。

しかし、日本はすでに人手不足の状態にあり、さらに今後も人口減少が続く見込みだ。近年は女性や高齢者の就業率の高まりによって労働力の減少には一定の歯止めがかかっているものの、就業率の上昇はいずれ頭打ちとなる。近い将来、労働者の総数は減少に転じていくだろう。そのため、これからの日本においては、労働者数が増えないという制約の中で、新たな市場で生み出された製品・サービスの需要に見合うように、供給力を高められる労働市場や雇用創出のあり方を考える必要がある。

では、労働者数が増えない中で、新たな成長市場の労働需要の増加に対応するにはどう

図表5-1 「循環型成長モデル」の見取り図

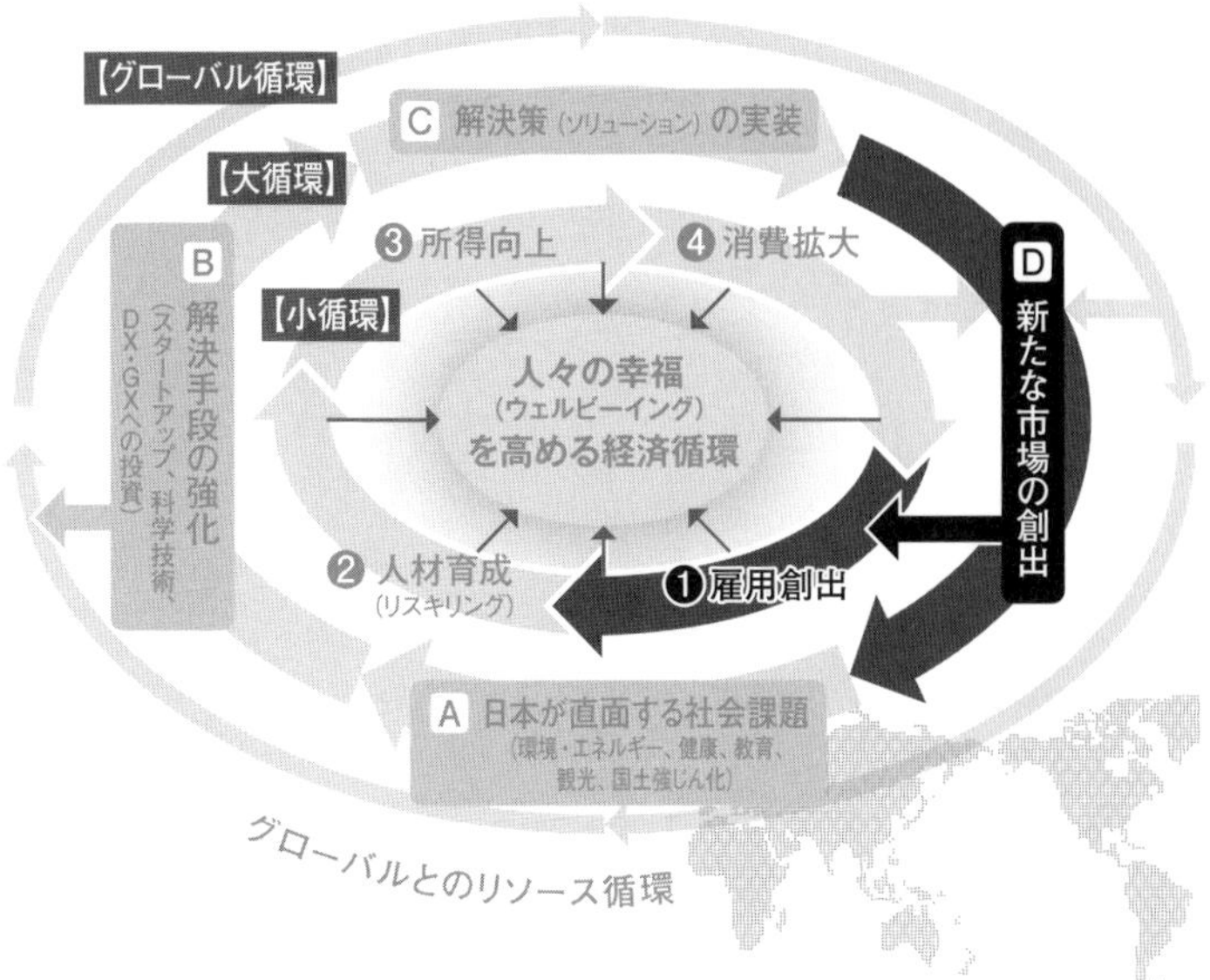

すればよいのか。そこでより重要性が増すのが、「労働生産性」を高めることだ。

※労働生産性：一国の経済成長は、就業者の数の伸び率が高いほど、また就業者1人当たりの付加価値の伸び率が高いほど高くなる。経済学では通常これらの要素を、「労働投入量」（＝就業者数×労働時間）の伸び率と「時間当たり労働生産性」（＝1人当たり付加価値÷労働時間）の伸び率に分けて分析することが多い。以下本章では、関連するマクロ経済データをからめて説明する関係上、1人当たり付加価値に代えて、主として「労働生産

性」という語を用いることにする。

経済成長率は、労働投入量の伸び率と時間当たりの労働生産性（以下、労働生産性）の伸び率の足し算によって決まる。労働投入量が低下した場合に経済成長率を一定に保つには、労働生産性の伸びでこれをカバーする必要がある。言い換えれば、労働生産性を高めることで、人口減少下でも既存産業の供給力を維持しながら、新たな市場における労働需要の拡大に見合うような供給力の向上も可能になり、日本経済全体としての成長が実現できるわけだ。

一般に、労働生産性を高めるには、DX（デジタルトランスフォーメーション）や最新技術を用いた生産機械などの設備投資、または人材スキルの高度化などによって、1人の労働者が同じ時間にこなせる仕事の量と質を高めることが重要であると考えられている。こうした一般的な施策に加え、日本全体の労働生産性を高める上で避けて通れない重要なテーマが「労働移動」だ。

求められる労働移動の2つの方向性：「産業群内移動」と「産業群間移動」

本書で定義する労働移動とは、産業内や産業間などの労働のミスマッチを解消して、より高い付加価値が見込める成長分野へ労働力が移動することである。現状の日本において、産業別に労働投入量（就業者数に比例）と労働生産性を分析すると、低生産性の産業群に労働投入量が多く、高生産性の産業群に労働投入量が少ないという傾向がある。これから日本経済全体の付加価値を高めるには、こうした現状のミスマッチを解消して、労働生産性が高い分野により多くの人々が従事できるような労働移動が求められる。

本章ではこうした現状認識を基に、これから日本の労働市場で必要になる労働移動の方向性として、2つの経路を提唱する。1つは、同じ産業群の中でDXなどによる合理化によって生じた余剰労働力を、より付加価値が高い仕事に移動させることで同一産業群内で労働生産性を高める方向性（産業群内労働移動）だ。もう1つは、労働生産性の低い産業群から高い産業群に労働力をシフトすることで全体の労働生産性を高める方向性（産業群間労働移動）である。

こうした2つの方向性で労働移動を促すために、前章で述べた7つの成長アジェンダが原動力になる。各アジェンダは、個別の産業を特定するものではなく、複数の産業群に対して幅広く連関したものである。前章で示したように、各アジェンダで壁を乗り越えて勝ち筋を実現し、新たな市場を生み出すこと（大循環D）が、日本の労働市場において2つの経路での労働移動を同時に促すことにつながり、より付加価値が高い新たな雇用機会が創出（小循環①）されるのである。

それでは、日本の労働市場の実態を産業別に俯瞰（ふかん）するところから、具体的に見ていきたい。

◆日本全体の労働生産性と「2%のハードル」

日本全体の労働生産性を高める方向性を考える上で、まずはマクロ経済学で説明される労働生産性と一国の経済の成長の仕組みを概観しよう。

第1章で見た、労働投入量、労働生産性と成長の関係を振り返る。一国の経済生産に用いる設備や労働力をフルに稼働させた場合に実現できる生産量のことを潜在GDP（国内総生産）といい、その成長率は「潜在成長率」と呼ばれる。潜在成長率は労働投入量の伸び率と労働生産性の伸び率の合計で表される。

潜在成長率＝労働投入量の伸び率＋労働生産性の伸び率

現在の日本の潜在成長率は0・5%から1%程度とされている。今後日本では、人口減少によって労働投入量は減少する見込みであるため、成長を維持するには労働生産性を高めることが必要である。日本の生産年齢人口は2050年までに毎年平均1%減少し、1人当たり労働時間を不変とした場合、労働投入量が毎年平均1%減少する見込みだ。この労働投入量の低下を労働生産性の向上で埋め合わせるには、毎年労働生産性を1%以上向上させる必要がある。

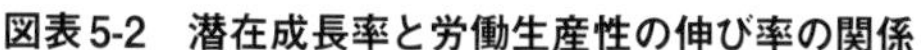
図表5-2 潜在成長率と労働生産性の伸び率の関係

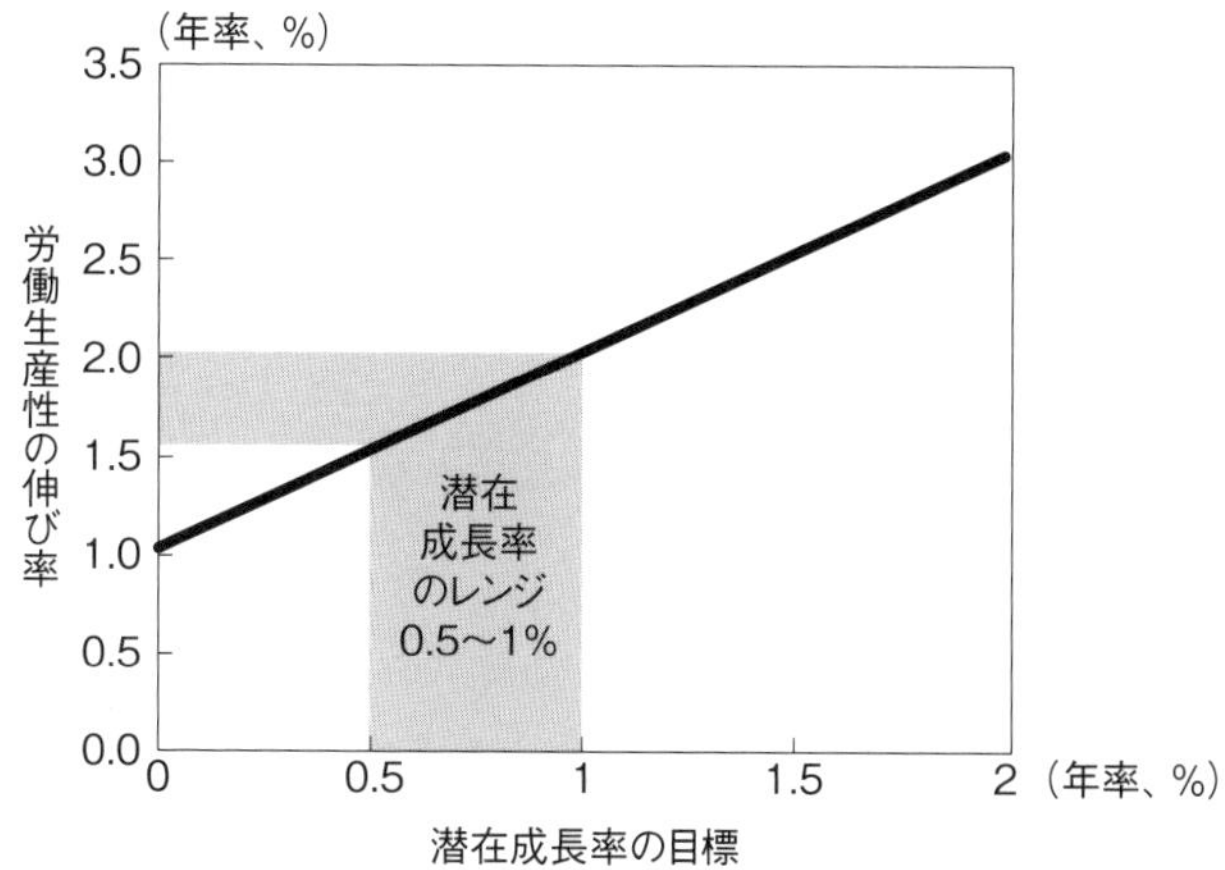

データソース：国立社会保障・人口問題研究所「日本の将来推計人口（令和5年推計）」、内閣府「中長期の経済財政に関する試算 令和6年」

潜在成長率と労働生産性の伸び率の関係を示したものが、第1章でも触れた図表5-2である。人口減少による労働投入量減少を埋め合わせるだけでなく、現在の日本の潜在成長率の下限である0・5%の成長を実現するには、労働生産性を毎年1・5%成長させる必要がある計算になる。さらに、現在の日本の潜在成長率の上限である1%の成長を実現するには、労働生産性を毎年2・0%成長させる必要がある。つまり、日本経済が人口減少を乗り越え、さらに高い成長を実現するには、労働生産性に関して「2・0%のハードル」を超える必要があるわけだ。

日本の労働生産性の伸び率は、これまで低下の一途をたどっており、現在は前

図表5-3　日本の労働生産性の伸び率

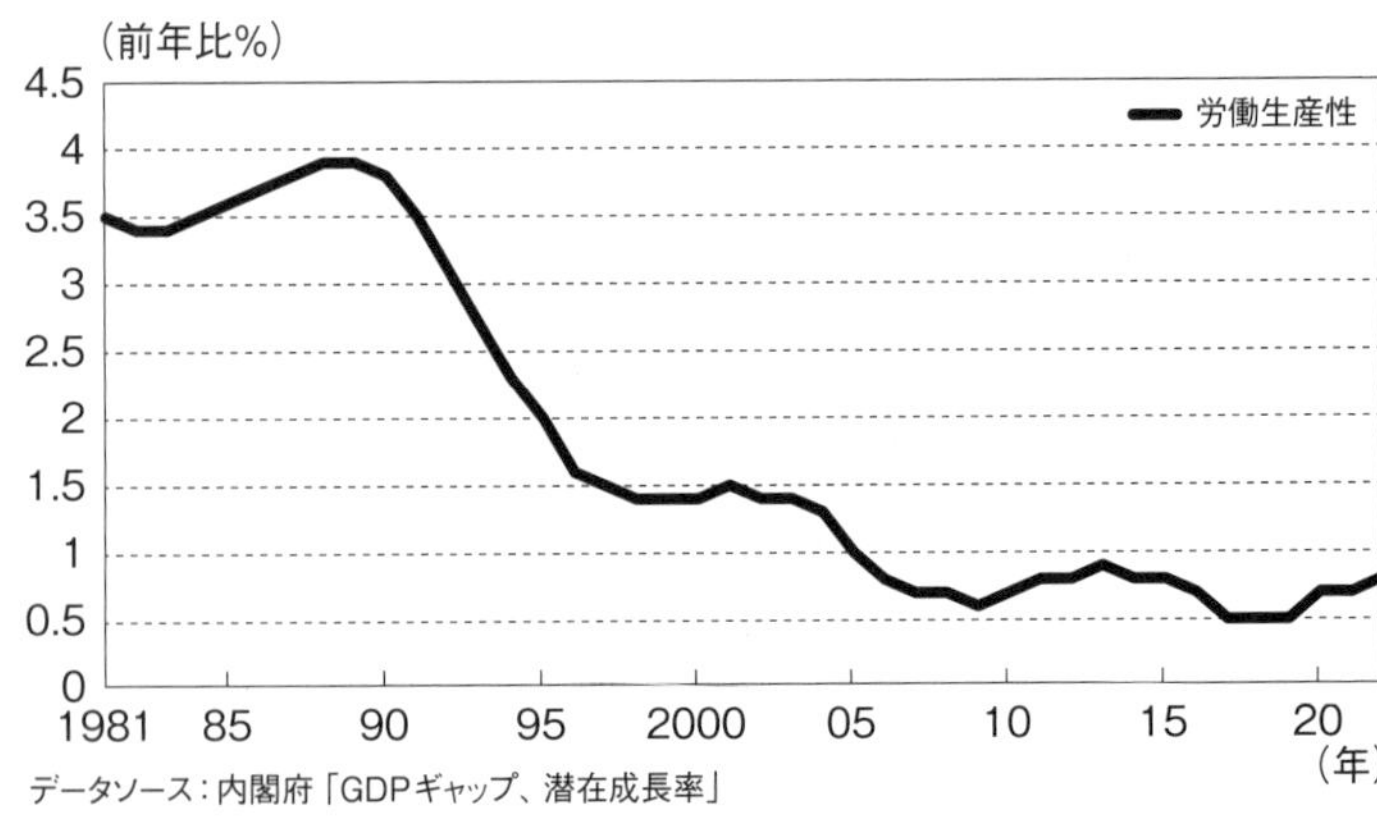

データソース：内閣府「GDPギャップ、潜在成長率」

年比1％程度である（図表5-3）。この伸び率を今後2％程度に引き上げるということは、労働生産性の伸び率をおおむね1990年代の水準に戻すことを意味する。このため、前章で述べた7つの成長アジェンダによって生み出される新たな市場に着目し、同一産業群内だけでなく産業群間においても、積極的に労働移動を促進することが求められる。

◆日本の産業別の就業者数と労働生産性の現状

次に、現在の日本の産業別のGDP、就業者数、労働生産性の現状を俯瞰してみよう。

GDPと就業者数のいずれにおいても、産業全体に占める非製造業の割合が高い。図表5-4に示すように、産業別GDPでは、非製造業が

図表5-4　日本の実質GDPの産業別構成比率と就業者数（2022年）

	実質GDP		就業者	
	金額（兆円）	割合（%）	人数（万人）	割合（%）
全体	554.7	100	6831.2	100
製造業	119.5	21.5	1039.6	15.2
はん用・生産用・業務用機械	19.0	3.4	164.7	2.4
輸送用機械	16.3	2.9	119.6	1.8
化学	14.2	2.6	53.2	0.8
食料品	13.2	2.4	173.4	2.5
その他製造業	9.3	1.7	178.9	2.6
電子部品デバイス	9.0	1.6	46.2	0.7
一次金属	8.9	1.6	45.5	0.7
電気機械	8.3	1.5	60.1	0.9
石油	5.4	1.0	3.9	0.1
金属	5.0	0.9	81.1	1.2
窯業・土石	3.0	0.5	34.8	0.5
情報・通信機器	2.8	0.5	13.0	0.2
紙・パルプ	2.4	0.4	26.4	0.4
繊維	1.3	0.2	38.8	0.6
非製造業	435.2	78.5	5791.6	84.8
卸・小売業	71.5	12.9	1017.7	14.9
不動産	64.5	11.6	127.6	1.9
保健衛生・社会事業	46.9	8.5	918.3	13.4
専門・科学技術、業務支援サービス	46.0	8.3	782.4	11.5
情報通信	28.9	5.2	229.6	3.4
金融	27.9	5.0	160.0	2.3
公務	27.7	5.0	204.6	3.0
建設業	27.1	4.9	457.2	6.7
運輸・郵便	24.6	4.4	386.6	5.7
その他サービス	20.0	3.6	606.3	8.9
教育	18.8	3.4	212.2	3.1
電気・ガスなど	17.3	3.1	59.2	0.9
宿泊・サービス	8.5	1.5	384.8	5.6
農林水産業	5.7	1.0	241.3	3.5
鉱業	0.3	0.1	3.8	0.1

データソース：内閣府「国民経済計算」
注：各産業のGDPは連鎖実質値であるため単純合計は上位項目に一致しない

全体の79％を占めている。その中で最も大きなシェアを占めるのは「卸・小売業」であり、その次に「不動産」や医療・介護などの「保健衛生・社会事業」、「専門・科学技術、業務支援サービス」が続く。

また、就業者数も、非製造業は5792万人と全体の85％を占めている。中でも今後少子高齢化で人手不足が深刻化することが懸念されている「卸・小売業」や、介護産業が属する「保健衛生・社会事業」、「建設業」、「宿泊・サービス」などは、多くの就業者を抱えている。これら4業種で日本の全雇用の41％を占める。

他方、製造業が日本のGDPに占める割合は22％にとどまる。製造業で最も大きな産業は工場の生産設備や建設機械などを生産する「はん用・生産用・業務用機械」であり、自動車などの「輸送用機械」がこれに続く。製造業に携わる就業者の数も全体の15％と、非製造業に比べて少ない人数である。

では、これらの産業を、労働生産性の観点も含めて比較分析してみよう。図表5-5は、日本の産業の就業者数を横軸に、労働生産性を縦軸に取った散布図である。

これを見ると、原材料の生産などを行う「化学」や、「情報・通信機器」を筆頭に、製造業に属する多くの産業は、就業者数は少ないものの、おしなべて高い労働生産性を示している（図表5-5の左上部に位置）。他方、「卸・小売業」や介護などを含む「保健衛生・社会事業」といった非製造業に属する多くの産業は、多数の就業者を抱える一方で、生産性

図表5-5　日本の産業別就業者数と労働生産性（2022年）

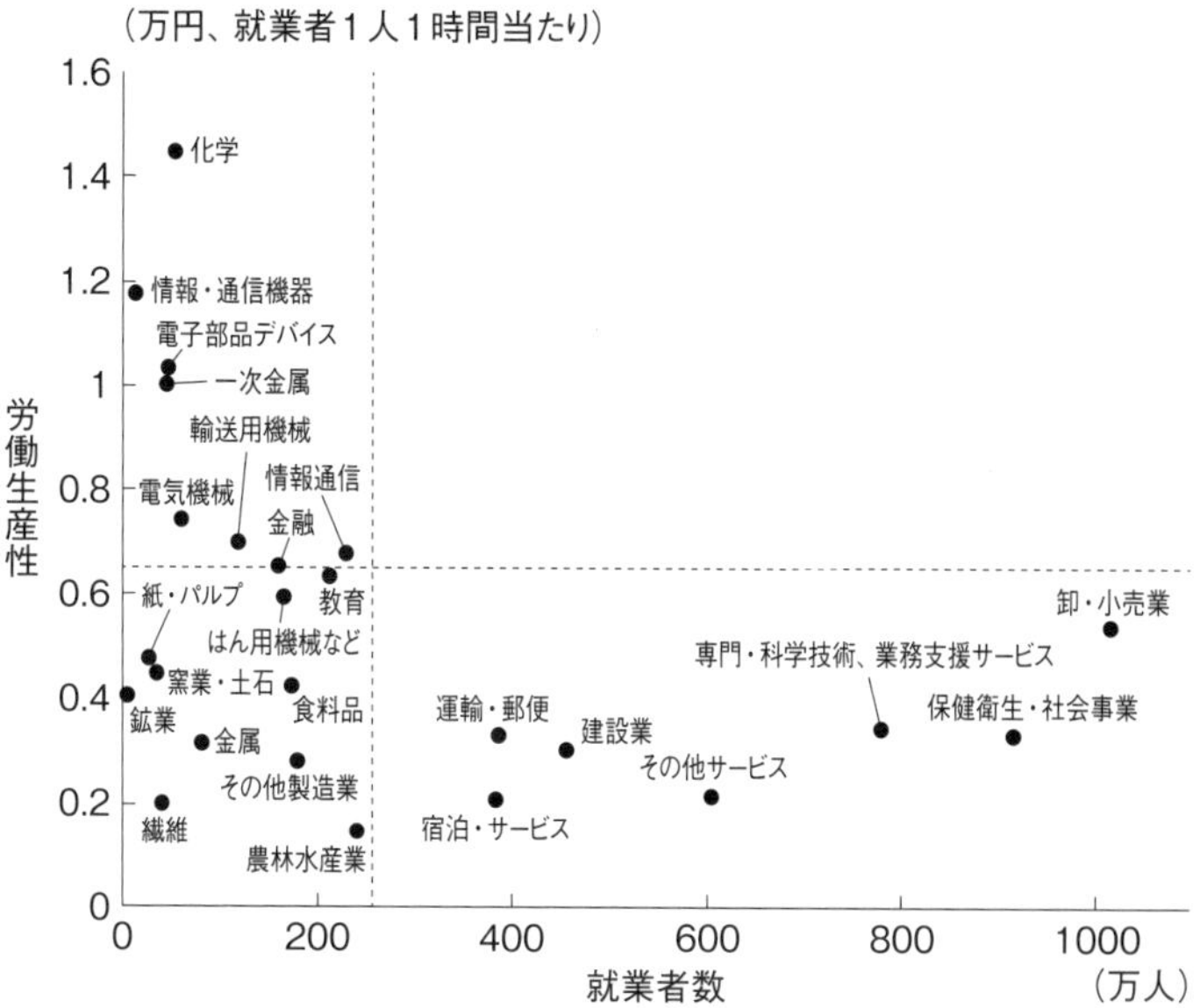

データソース：内閣府「国民経済計算」
注1：内閣府が公表している「経済活動別の国内総生産」における29産業のうち公的セクター（公務）・エネルギー（石油、電気・ガスなど）・不動産を除く25業種
注2：横の点線は労働生産性上位8業種の閾値。縦の点線は就業者数の平均値
注3：労働生産性は「付加価値÷（就業者×労働時間）」で算出

が低い水準にとどまっている（同右下部に位置）。

つまり日本では、総じて、GDPや就業者数において高い割合を占める非製造業の中に労働生産性の低い産業が数多く含まれる一方で、GDPや就業者数の割合が低い製造業の中に高い労働生産性を示す産業が数多く含まれることが分かる。

次に、これらの産業を、労働生産性の経年での成長率の観点からも比較分析してみよう。

図表5-6　日本の製造業の労働生産性の年平均成長率（1995～2019年）

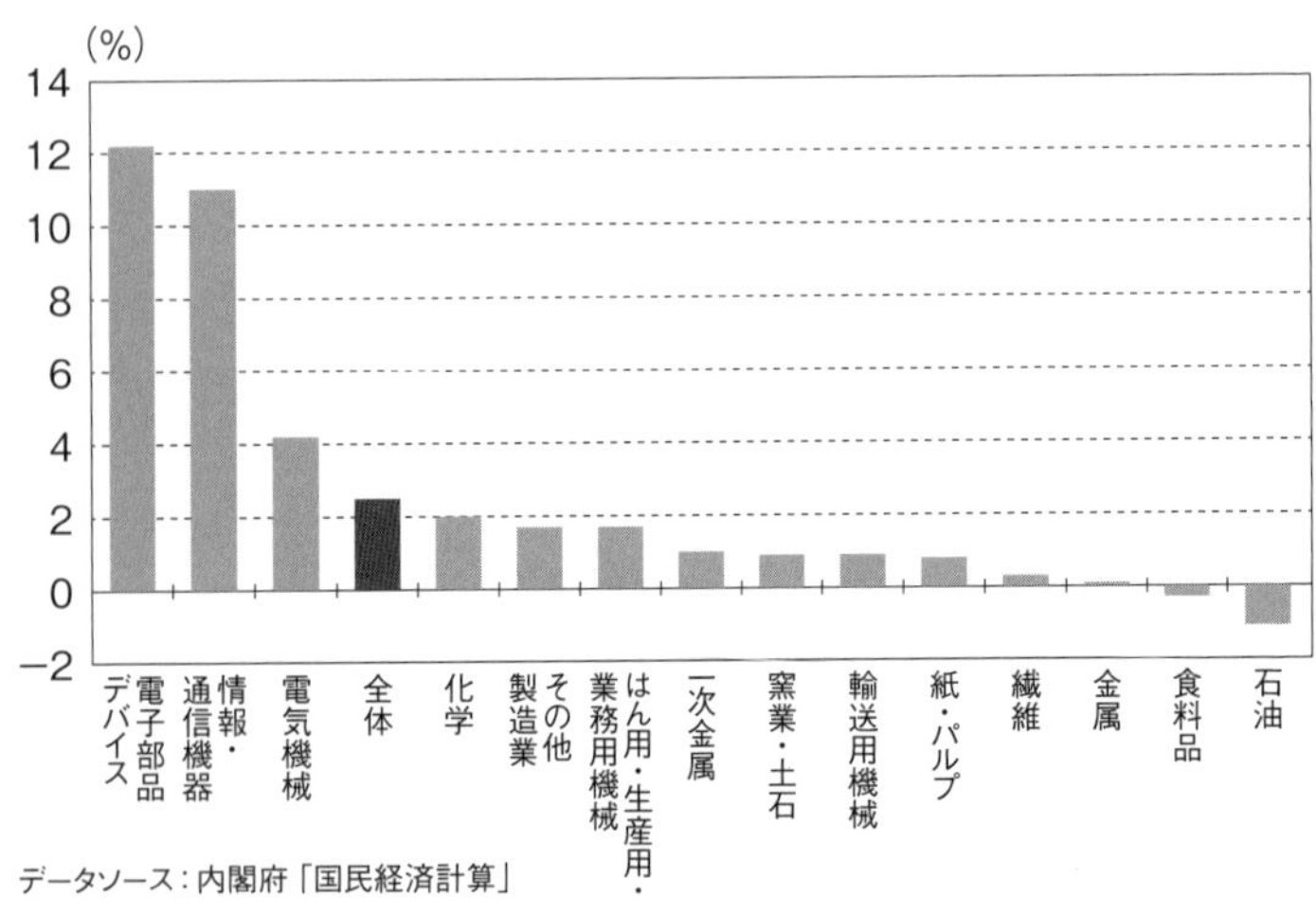

データソース：内閣府「国民経済計算」

図表5-6は、1995年から新型コロナウイルス禍前の2019年までの期間における製造業の産業別の労働生産性の成長率を示したものである。この期間中に製造業全体の労働生産性は年間平均2・5%の向上を遂げており、中でも半導体関連企業が属する「電子部品デバイス」産業やIT関連財を生産する「情報・通信機器」などが全体の伸びを大きくけん引している。

他方、図表5-7に示されるように、同期間中の非製造業全体での労働生産性の上昇は年間平均で約0・8%と、製造業に比べると極めて低い水準にとどまっている。特に、日本の全就業者数の40%を雇用する「卸・小売業」「保健衛生・社会事業」「建設業」「宿泊・サービス業」

図表5-7 日本の非製造業の労働生産性の年平均成長率(1995～2019年)

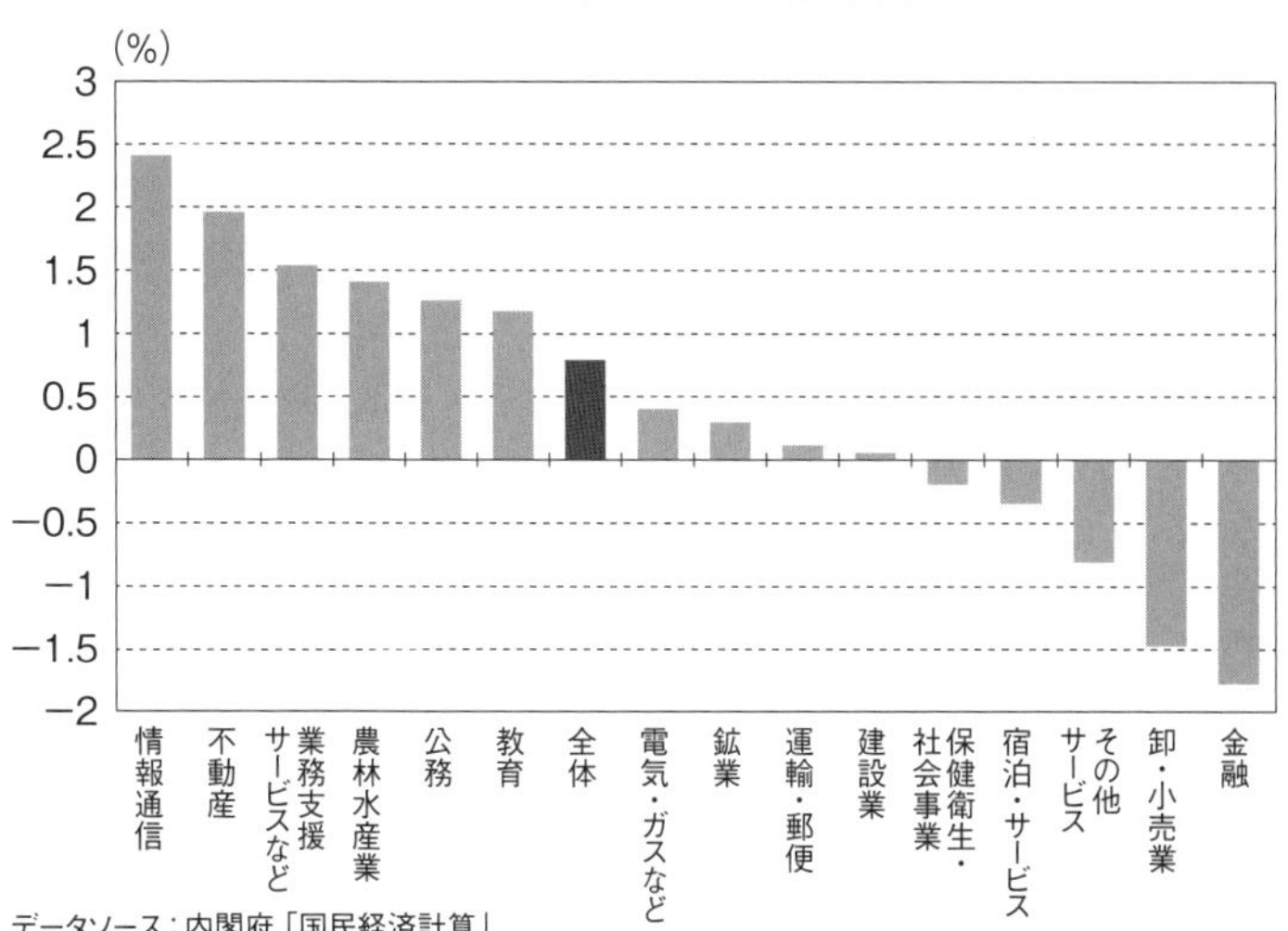

データソース:内閣府「国民経済計算」

の4業種のうち、「建設業」を除く3業種の労働生産性は、この期間中にマイナス成長となっている。また、「建設業」も労働生産性の成長率は0%をわずかに上回るレベルに過ぎない。

こうした状態を放置すると、限られた就業者に支えられた一部の製造業と多数の就業者を雇用する非製造業の間における労働生産性の格差が、今後ますます大きく開くことが懸念される。

◆全体の労働生産性を高める労働移動の2つの方向性

これまで見てきたような産業別の労働生産性と就業者数の構造や、過去の労働生産性の傾向を踏まえて、これから日本全体の労働生産性を向上させるための労働移動のあり方を述べていく。

前述の図表5-5で示されたように、日本の産業は「卸・小売業」や「保健衛生・社会事業」など、多くの雇用者を抱える一方で労働生産性が低い産業群と、「電子部品デバイス」や「化学」など、労働生産性は高いものの雇用者が少ない産業群が、好対照を成す構造になっている。そこで前者を「Xタイプ」、後者を「Yタイプ」として分類したのが図表5-8である。

このXタイプとYタイプの2つの産業群を合わせると、日本経済が年間に生み出す付加価値の実に82%を占める計算になる（公的セクター、エネルギー、不動産を除く）。すなわち、この2つの産業群において今後どのような労働移動が起こるかで、日本経済全体の労働生産性や潜在成長率が先々どの程度向上し得るかが大きく左右されるということだ。

それでは、XおよびYタイプの各産業群について今後起こり得る労働移動の方向性について考えてみたい。

まず、Xタイプの産業群には、「卸・小売業」や「保健衛生・社会事業」などの産業が属している。これらの産業に共通するのは、提供するサービスについて人口減少下にあっても〝需要〟が継続的に発生する、もしくは「高齢化」などによって需要が高まる（例：医療介護サービスなど）が、その一方でサービス提供の担い手が人口減少や少子高齢化で不

図表5-8 労働移動による成長の考え方

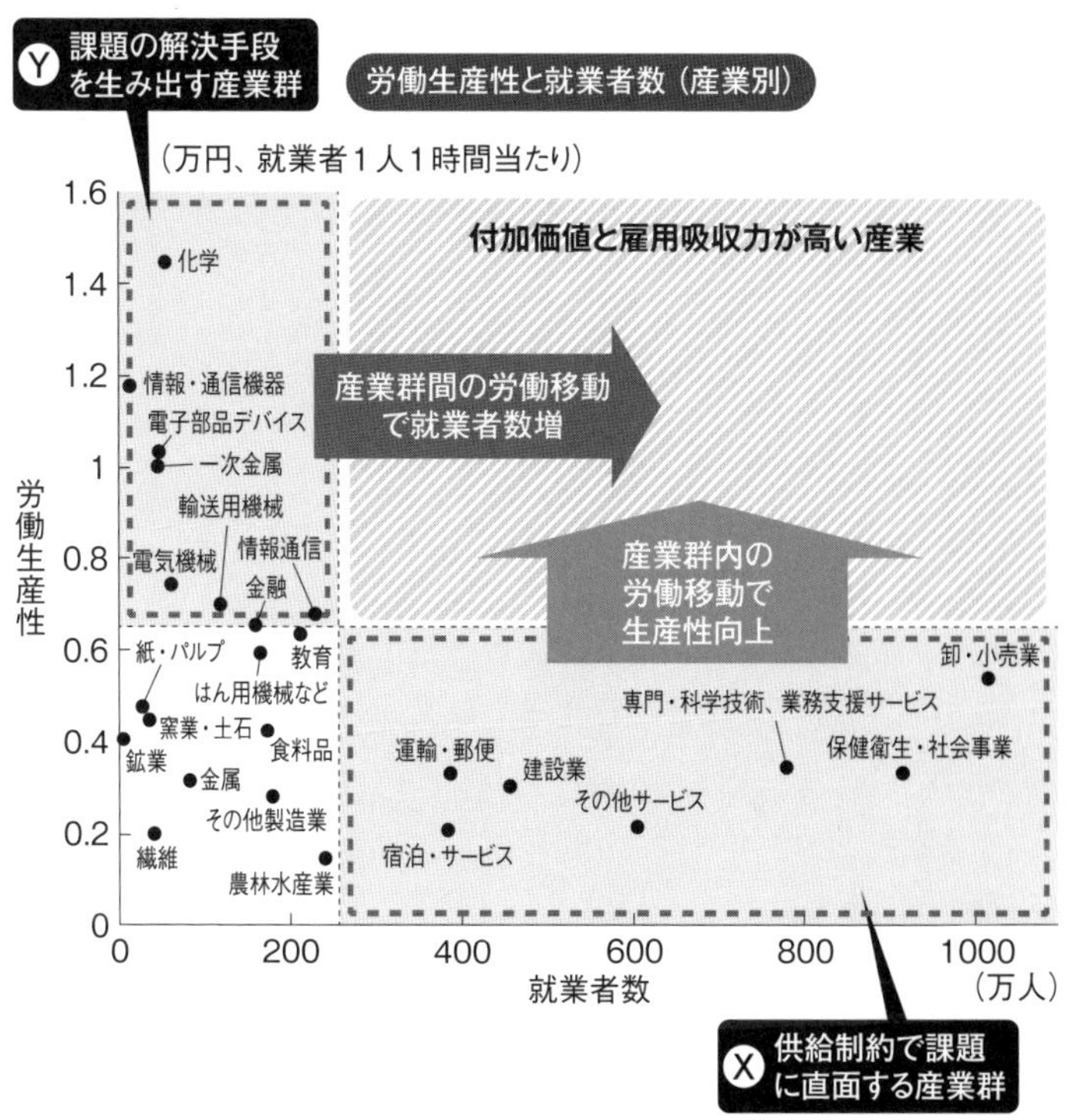

データソース：内閣府「国民経済計算」
注1：内閣府が公表している「経済活動別の国内総生産」における29産業のうち公的セクター（公務）・エネルギー（石油、電気・ガスなど）・不動産を除く25業種
注2：横の細点線は労働生産性上位8業種の閾値。縦の細点線は就業者数の平均値
注3：労働生産性は「付加価値÷（就業者×労働時間）」で算出

足するという事実である。

つまり、人手不足による供給制約の課題を抱えているXタイプの産業群においては、労働生産性を高めて将来の需要増に対応できるだけの供給能力を高めることが喫緊の課題である。

こうした特性を踏まえると、Xタイプの産業群において将来に向けて目指すべき労働移動の方向性は、人手不足が進む中でも雇用者数を可能な限り維持しながら、労働生産性を高めるものであるべきだ。つまり図表5-8において、いかにして右下の象限から上方向へのシフトを実現するか、という点になる。具体的には、労働者がDXや先端技術を活用して、同一産業群の中で今まで以上に生産性の高いタスクに従事する比重を高めること、いわば「タスクシフト」を徹底的に推し進めることが求められる。つまり、Xタイプの産業群には、「〝産業群内〟の労働移動」によって労働生産性を高めることが求められるのである。

一方で、Yタイプの産業群にはXタイプとは異なる労働移動の方向性が想定できる。Yタイプの産業群には「電子部品デバイス」や「情報通信機器」などハイテク製品を供給する産業が属している。これらは、DXやGX（グリーントランスフォーメーション）などを駆使して社会課題のソリューションを〝供給〟する産業と位置づけることができる。Yタイプの産業群は、今後ソリューション力を高めるための積極的な投資と成長が見込まれる産業群であり、この産業群に従事できる雇用者を増やしていく方向性が求められる。

つまり、Yタイプの産業群においては、一定以上の労働生産性を保ったまま、従事できる人数を増やすことによって全体として生み出される付加価値を高めていくことが望まれる。言い換えると、異業種からの移動を含めて「〝産業群間〟の労働移動」によって雇用者を増やす方向性だ。図表5-8で言えば、左上の象限から右側へシフトしていくことである。

ここから読み取れるポイントは、今後想定される労働移動には2つの経路が存在することだ。

XおよびYタイプの産業群が、それぞれの特性に応じて上側へのシフト（産業群内の労働移動）、右側へのシフト（産業群間の労働移動）をすることによって、労働生産性が高く雇用者が多い右上の象限への両方向からの移行が進み、全体としての労働生産性の向上につながるのである。

◆2つの労働移動をどのように実現するか

ここまで、全体の労働生産性を高めるための、労働移動の2つの経路を見てきた。それでは、これらの労働移動を積極的に促すには、どのような施策が有効なのだろうか。その解は、前章で述べた7つの成長アジェンダの中にすでに存在している。

本書では、循環型成長モデルにおける「大循環」において、社会課題を解決するソリューションを生み出すことで新たな市場を創出する（大循環CおよびD）有効性と、そこにおける有望テーマとして7つのアジェンダを掲げた。これらのアジェンダは、特定の産業に閉じたものではなく、各アジェンダにおいて複数の産業が密接に連関していることが特徴だ。つまり、成長アジェンダのソリューションが生まれると、現状の産業分類において複数の産業群に影響を与えるということになる。

例えば、ヘルスケア領域で、予防や医療・介護領域でのソリューションを生み出すことは、衣食住金のすべての産業に影響を与える。具体的には、医療介護サービスに直接従事する「保健衛生・社会事業」のみならず、健康に関する食料や日用品を扱う「卸・小売業」などXタイプの産業群に属するものもあれば、医療DXによる遠隔医療などの情報インフラやプログラム医療機器などの「電子部品デバイス」「情報・通信機器」といったYタイプの産業群も密接な関わりを持つのである。

さらに注目すべきは、ヘルスケア領域のソリューションを生み出すことがデジタル技術の活用などを促進し、人手不足に悩む医療・介護現場の効率性を高めて、供給制約を抱えるXタイプの産業群に属する「保健衛生・社会事業」における労働生産性を高める影響を与えることだ。それによって、Xタイプの産業群では、同一産業内において「より付加価値が高いタスクへのシフト」が可能になり、産業群内の労働移動が促されるのだ（図表5-8における上側シフト）。

他方で、こうしたソリューションで生み出された製品・サービスに対する需要が高まると、提供する側のYタイプの産業群において、供給力を強化する必要性から人材採用ニーズが高まる。その結果として、Yタイプの産業群では、雇用者増加につながり図表5-8における右側へのシフトが起こるのである。

ここで重要なことは、「成長アジェンダ」によって新たな市場が生まれると、XタイプとYタイプの双方の産業群において、付加価値が高い雇用機会の創出につながることだ。いわば、成長アジェンダの実現が「産業群内」と「産業群間」という2つの経路での労働移動を同時に促す呼び水になり、その結果、全体としての労働生産性が高まることになる。

これを、一人ひとりの働き手の視点からも考えてみよう。Xタイプの産業群に含まれる卸売業の会社に勤務する2人の個人、IT専門のMさんと営業担当のNさんを例に取る。Mさんが I Tの知識を生かしてYタイプの産業群に属する情報通信関連企業に転職すれば、Yタイプの産業群の雇用者増加となり、図表5-8の右向き矢印で示すシフトになる（この場合、Mさんは図表5-8の「産業群間の移動」に相当)。また、Nさんが営業の経験を生かして地元のホテルに転職し、ホテルの営業やマーケティングで付加価値の高いサービスを提供すると、Xタイプの産業群に属する宿泊・サービス業の生産性向上につながり、図表5-8の上向き矢印のシフトが進むことになる(この場合、Nさんは「産業群内の労働移動」に相当)。さらに、Yタイプの産業群に属する企業に転職したMさんが転職先で観光に関わるデータ基盤構築などの仕事で成果を上げれば、Xタイプの産業群に属する宿泊・サービス業の生産性向上にも寄与することになるため、図表5-8の上向き矢印のシフトがより一層進む。

このように、Xタイプの産業群の抱える課題から新たな需要が掘り起こされ、Yタイプの産業群がそうした需要に見合う製品・サービスを供給すると、Xタイプ、Yタイプ双方の産業群の成長につながり、その結果として日本全体の労働生産性が高まるのである。

本章では、前章で挙げた7つの成長アジェンダ(モビリティー、ヘルスケア、エネルギー、サーキュラーエコノミー、観光、メディア・エンターテインメント、半導体)による「新たな市場の創出」(大循環D)によって、付加価値が高い新たな雇用機会(小循環①)が生まれ(図表5-9)、それがXタイプとYタイプの産業群に対して、2つの経路で付加価値の高い分野への労働移動を促す原動力になることを述べてきた。

図表5-9 「市場の創出」がもたらす「新たな雇用機会」

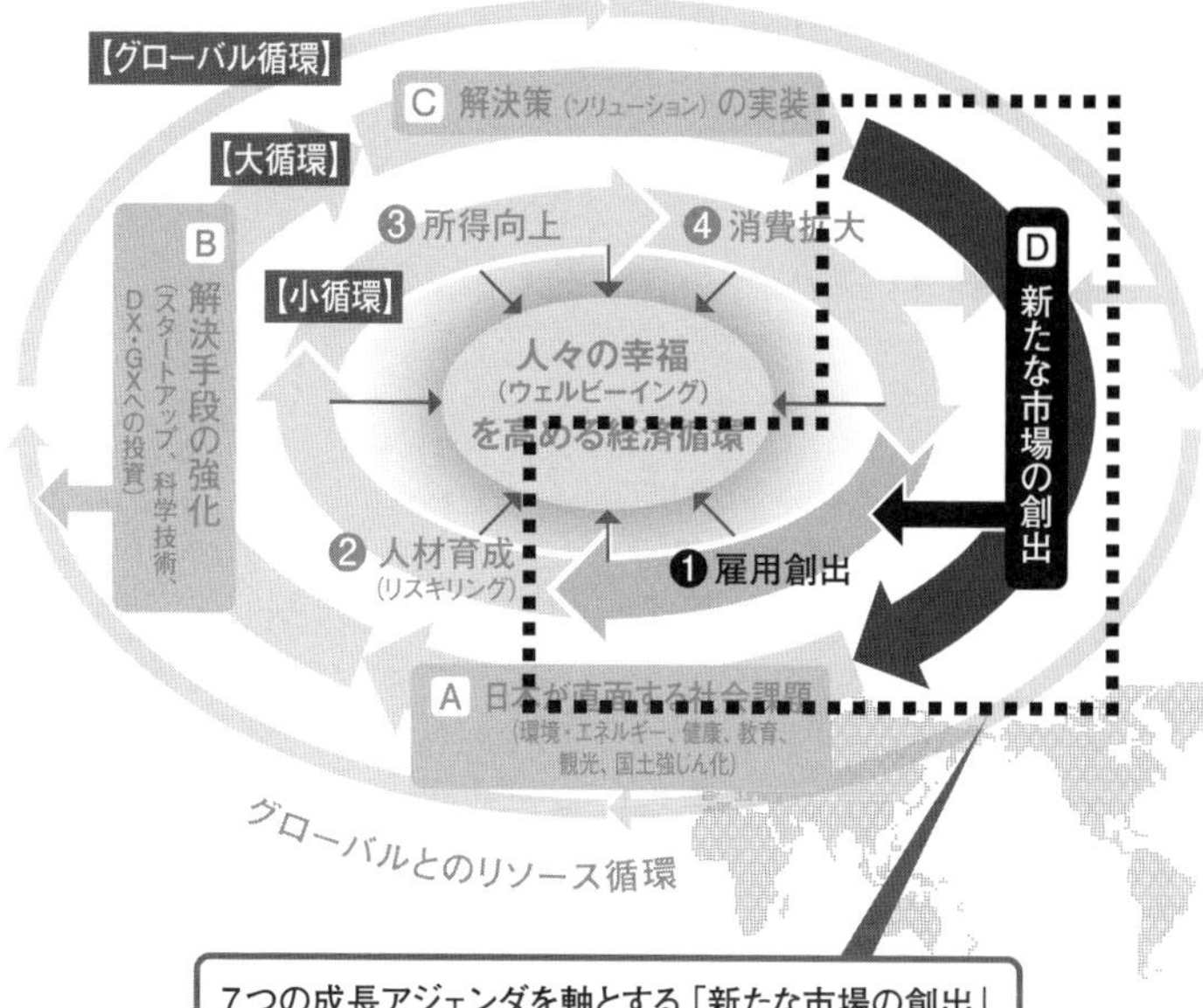

次章では、こうした付加価値の高い分野への労働移動を可能にするための、「人材育成（リスキリング）」（小循環②）のあり方、さらに「所得向上」（小循環③）を実現するための分配の方向性について見ていく。

第6章

〝個〟を生かす「全世代型リスキリング」と「レベルアップ型」賃上げ

◆個人の豊かさに関わる「小循環」をいかに実現するか

これまで見てきたように、1人当たり付加価値を向上し、一人ひとりの幸福で豊かな生活を実現するためには、図表6-1に示すように社会課題を起点に新たな市場を創出する「大循環」（大循環A～D）を、雇用と人材育成を通じて所得向上を目指す「小循環」（小循環①～④）へと確実につなげることが重要だ。新たな市場が創出した雇用を、働き手一人ひとりの所得向上に確実に結びつけることで、個人は豊かさを実感できる。この小循環をしっかりと回していくことが、循環型成長モデルを推進し続ける上で不可欠だ。

しかし現在の労働市場には、「小循環」の流れを阻む2つの壁がある。1つは、雇用創出（小循環①）と人材育成（小循環②）の間の壁だ。リスキリングは労働市場改革の重点分野の1つとなっているが、現在の日本では雇用との結びつきが弱い。労働市場の流動性を高め、新たに生まれる成長産業に働き手を集めるためには、より踏み込んだ取り組みが必要だ。

2つ目は、人材育成（小循環②）と所得向上（小循環③）の間の壁だ。新たな市場を通じて企業が生み出す付加価値を、働き手に適切に分配し、所得向上に結び付けることが重要だ。そのためには現状の賃金制度や労使交渉のあり方を見直し、「持続的な賃上げ」を可能にする賃金構造へと変革していくことが求められる。

本章では、この2つの壁をいかに乗り越え、「小循環」を実現していくべきかを考察する。

図表6-1 「循環型成長モデル」の見取り図

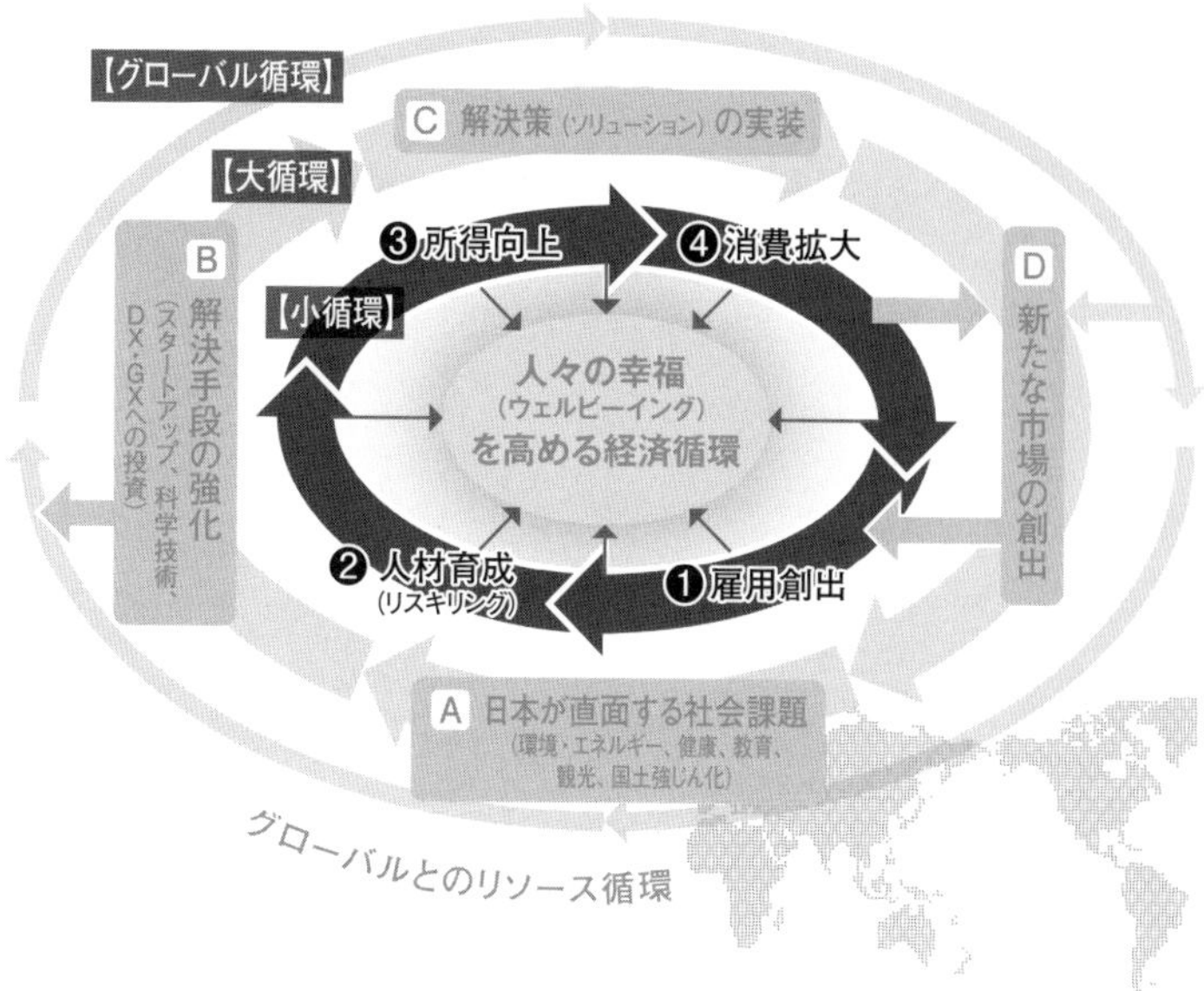

◆雇用機会創出と人材育成を戦略的に連携させる「デンマーク・モデル」

まずは、「小循環」を妨げている雇用創出（小循環①）と人材育成（小循環②）の間の壁を乗り越える方策について見ていきたい。

終身雇用制度に裏打ちされた「内部労働市場」中心の人材育成や労働移動は、高度成長期には日本の強みとされてきた。だが人口減少が進み、事業環境がダイナミックに変化する現在においては「小循環」を妨げる壁となっている。この壁を乗り越えるためには、人材育成機能の一部を企業の外部に出し、企業や業界を超えて労働移動を促す「外部労働市場」の活性化が必要だ。具体的には、産官学が協力して企業外部に人材育成の場を設置し、しっかりと雇用に結びつくリスキリングプログラムを構築していくべきだ。

さらにこれまで企業の終身雇用に守られてきた働き手の雇用を、社会全体で守る必要がある。年齢を問わず学び直しができるリスキリング環境や、新たな職に挑戦する際のセーフティネットなど、働き手が安心して長く活躍できる仕組みを整えていく。こうした、いわば「社会としての終身雇用」が目指すべき日本の労働市場の姿だ。

その際に、参考になるのが、デンマークの取り組みだ。デンマークは、1990年代から、労働市場の流動性を高めながら失業を減らすという、「社会としての終身雇用」の考え方に近い労働市場の構築に取り組んできた。

こうした取り組みが奏功し、デンマークはスイスの国際経営開発研究所（IMD）が作成する「世界競争力年鑑」で2022年、2023年と2年連続で第1位を獲得している（日本は64カ国・地域中35位）。また、就業者1人当たりの付加価値で見ても、OECD加盟諸国中第7位と高い水準にある（第1章の図表1-2参照）。また、国連の持続可能な開発ソリューションネットワーク（SDSN）の「世界幸福度報告2023」による幸福度ランキングでも2位に輝いており、個人の付加価値向上が幸福度の上昇につながるという好循環が機能していることが見てとれる。

本書では「1人当たり付加価値の向上」について、様々な角度から議論を進めてきた。約30年前から個人の付加価値を高めることに積極的に取り組み、一定の成功を収めてきたデンマークの労働市場政策には、先行例として日本が参考にすべき点が多い。

高い競争力の源泉となるデンマークの労働市場

具体的にデンマークの施策を見ていこう。デンマークでは、「フレキシキュリティー」と呼ばれる積極的な労働市場政策を取っている。これは「柔軟性（フレキシビリティー）」と「安全性（セキュリティー）」を組み合わせた造語で、柔軟な労働市場と手厚い社会保障を組み合わせたモデルだ。

日本と違い、デンマークの解雇に対する規制は緩やかで、労働市場の流動性は高い。一方で手厚い失業給付や職業訓練の仕組みが用意されており、社会制度として安全性を確保している。「失業してもやり直せる」という安心感があるため、企業が事業の都合で従業員を解雇することが社会的に容認されており、働き手もよりよい機会を求めて転職するリスクを取りやすい[1]。

こうした労働市場の高い流動性を後押ししているのが、充実した職業訓練制度だ。デンマークでは学校での教育・訓練と企業での実務訓練を並置する「デュアルシステム」と呼ばれる教育制度が確立されており、青少年だけでなく成人も教育を受ける習慣が根付いている[2]。

大人になってから学校に通うのは、デンマークでは珍しいことではない。成人向け教育の中には成人職業訓練プログラムも用意されており、20歳以上の若者から高齢者まで幅広い層が生涯を通じてリスキリングに取り組んでいる。

デンマーク・モデルから学ぶ3つのポイント

「小循環」における雇用創出（小循環①）と人材育成（小循環②）間の壁を乗り越える上では、このデンマークの仕組みが参考になる。なぜデンマークの職業訓練制度は機能しているのか、また、どのような制度を設計すれば日本のリスキリングは雇用につながるのか。そこでのポイントは3つある。

1つ目は、出口となる雇用目標を明確に設定することだ。デンマークでは、政府と労使団体が一体となって労働需要やスキル需要を調査し、その実態を基に全国や地方レベルの雇用政策を決定している。「どの分野でどのくらいの雇用を生むか」という目標が明確に設定され、その方針は現場レベルまで落とし込まれている。実効性がある施策を進めるためには、明確な目標を設定し、官民が一丸となってそれを追うことが重要だ[3]。

2つ目のポイントは、雇用に結びつく「実践的な」職業訓練プログラムを開発するために、産官学が連携することだ。現場の最前線にいる民間企業もプログラム開発や提供に参加することで、現場ですぐに生かせるスキル習得が可能となり、需要側のニーズに合わせてカリキュラムや資格が更新される。これは、個々の企業や大学が個別に教育プログラムを構築することによって部分最適で対応してきた日本のあり方とは大きく異なる部分だ。

3つ目のポイントは、職業訓練と雇用をつなぐインセンティブの設定だ。各分野の職業訓練プログラムを修了すると、受講者は一定の職業資格や認定を得られる。職業別に必要な資格やレベルが明確にされているため、企業にとって必要な人材と働き手が持つスキルとのミスマッチが起こりにくい。一方、働き手の側も資格を得れば就職に結びつく見通しが立つため、安心してリスキリングを経た転職を選択肢に入れられる[4]。

行政にもインセンティブが設定されている。日本のハローワークに当たるデンマークのジョブセンターでは、ケースワーカーが労働需要に基づき求職者にリスキリング内容や就職先を指導し、就労支援の面談や再就職の成果などの目標達成度合い（ＫＰＩ）に応じて国から自治体への財政支援額が左右される。このためケースワーカーにも再就職を成功させる強いインセンティブが働くようになっている。

このようにデンマークでは、働き手がより高い付加価値を生み出せるように、産官学が

図表6-2　フレキシキュリティーを支えるデンマークの高度な産官学連携

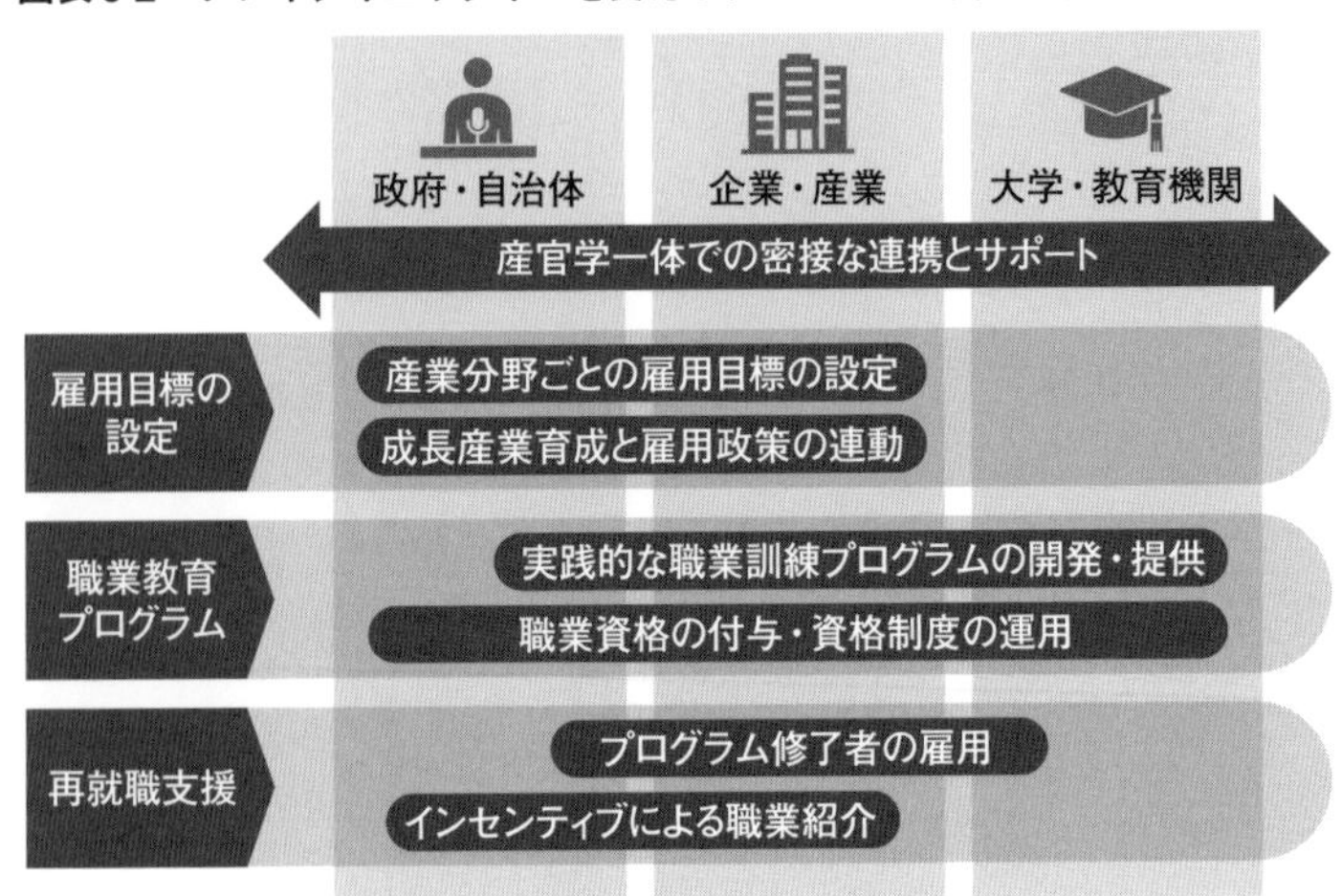

一体となってサポートする体制が整っている（図表6-2）。国が特定の企業や産業よりも「個人を守る」という考え方に根差し、高い労働流動性と手厚い社会保障を両立させた「フレキシキュリティー」は、国民の高い税金負担に支えられて実現しており、そのまま真似すればよいというものではない。だがデンマークでは、このような形で「社会としての終身雇用」を確保する仕組みを整えた結果、個人の将来不安も著しく軽減されているのだ。

仕事を辞めても、無料で学ぶ機会が多数用意されており、産官学が連携して働き手の再就職を後押ししてくれる。また、職に就いていない期間は、手厚い失業給付を受けられる。こうした充実した社会インフラによって「明日は今日より良くなる」という確信につながっていることが、幸福度の高さに表れている。

◆日本に求められる「全世代型リスキリングエコシステム」

次に、デンマークの労働市場政策を参考に日本型モデルを考えてみよう。

学校教育と職業教育を並置する「デュアルシステム」が浸透しているデンマークと違い、日本では主に企業が人材育成を担ってきた。業務に関するスキルは、入社後に研修や職場内訓練（OJT）など企業内（内部労働市場）で身につけるのが一般的だ。このためリスキリングプログラムを設計する際には、企業の内部と外部の線引きも明確にする必要がある。

また働き手の人口規模と年齢構成の違いも忘れてはならない。デンマークの人口は600万人弱と、日本の約20分の1の規模だ。さらにデンマークの人口は緩やかに増加しており、総人口に占める65歳以上人口の割合（高齢化率）は2022年時点で20・4％程度と高くない。一方、1億2000万人以上の人口を抱える日本は急激な少子高齢化に直面している。内閣府の高齢社会白書によると高齢化率は2022年時点で29・0％だが、今後上昇を続け、2037年には33・3％となる見込みだ。必然的に日本の働き手のボリュームゾーンは、ミドル・シニア層となっていく。

図表6-3 「全世代型リスキリングエコシステム」の3つのポイント

1	雇用目標とリスキリングを一体とした設計
2	産官学連携による外部労働市場の活性化
3	企業の内外におけるミドル・シニア人材の活躍の場づくり

これらの相違点を踏まえると、労働移動を実現するために必要な人材育成の仕組みが見えてくる。これからの日本の労働市場では、従来企業内で行われていた人材育成の一部を外部化し、若者からミドル・シニアまで、年齢にかかわらず新たなスキルを学べる「全世代型リスキリングエコシステム」の構築が急務だ。その実現に向けては、押さえるべきポイントが3つある（図表6-3）。

ポイント1：雇用目標とリスキリングを一体として設計する

まず考えるべきは、目標設定だ。例えば環境・エネルギー、健康、教育、観光、国土強じん化など今後成長が見込まれる分野ごとに「○万人の雇用を生み出す」という数値目標を設定し、必要な人材・スキルを洗い出す。そこから逆算してリスキリングプログラムを設計するのだ。こうして雇用とリスキリングを一体で設計することで、成長分野に戦略的に労働移動を促すことができる。

では、日本にはどのような雇用目標が必要なのか。重要になるのは、今後人材のニーズが高まる分野、具体的には「就業者が少なく生産性が高い分野（Yタイプ産業群）」と「就業者は多いが生産性が低い分野（Xタイプ産業群）」における雇用目標設定だ。

第5章で見た通り、Yタイプ産業群は、課題の解決手段を生み出す分野で、各産業のデジタル化を推進するDX（デジタルトランスフォーメーション）領域や、カーボンニュートラルに向けた取り組みを進めるGX（グリーントランスフォーメーション）領域などが含まれる。今後大きな投資が集まり人材ニーズが高まることが予想されるこの分野に、リスキリングによって他分野を経験した人材が参入することで、さらに高い付加価値を生み出せるようになる。

一方で、社会・生活インフラを支えるXタイプ産業群においても労働力不足は深刻化する。この領域では、雇用目標を設定して他分野から人を集めるとともに、積極的に新技術を用いて生産性を高める必要がある。例えば、橋や道路などのインフラ設備の点検にドローンを導入して工数を減らしたり、自動運転車を用いて訪問介護を行うヘルパーの負担を軽減したりするなど、生産性を改善する余地も大きい。こうした技術を十分使いこなせる人材を育成するためのリスキリングが重要になる。

またリスキリングにより複数のスキルを身につけることで、例えばハイシーズンは通訳ガイドとして観光分野で働きながら閑散期は海外向け電子商取引（ＥＣ）サイトを運営するなど、より柔軟な働き方が可能となり、結果的により高い付加価値を生み出せる。

このように、「社会としての終身雇用」によって労働市場の流動性が高まり、人々の働き方が柔軟になれば、Ｘタイプ、Ｙタイプのいずれの産業群でも１人当たり付加価値は向上する。

さらに雇用目標を設定する意義として、ＰＤＣＡサイクルを回せるという点も見逃せない。施策を数値で振り返り、改善するというサイクルを繰り返すことで、労働移動の実効性を高めていくことが可能となる。

雇用目標を着実に達成していく上では、適切なインセンティブの設定も重要だ。例えば、デンマークのジョブセンターのように、日本のハローワークにも、成果に応じて予算配分を決めるなどのインセンティブを設定すると、目指すゴールが一段と明確になり、施策の効果はさらに高まるはずだ。

ポイント２：産官学が連携して外部労働市場を活性化する

職業教育の主体も変えていく必要がある。従来、日本では実践的な職業教育の多くは内部労働市場、つまり企業の内部で実施されてきた。だが前述の通り、労働移動を促すためには企業の内部労働市場に加え、新たに外部労働市場における人材育成の仕組みをつくっていく必要がある。具体的には、産官学が連携し、働き手が年齢を問わず学ぶことができ、新たな雇用に結び付く「全世代型リスキリングエコシステム」が必要になる。その実現のためには、産官学のそれぞれにすべきことがある。

企業がすべきことは、職業教育の仕分けだ。企業の競争力につながる固有のスキルの教育は引き続き企業内部に残す。一方で、業界共通のスキルを習得するための教育については外部化し、業界や社会として職業教育の場を設けていく。その際の企業の役割は、職業教育プログラムづくりを外部に任せるのではなく、現場を知るプレーヤーとして積極的に参画し、即戦力を育てられる実践的なプログラムづくりを担うことだ

大学をはじめ教育機関に求められるのは、雇用を念頭に置いたプログラムの提供である。すでにリカレント教育やリスキリングプログラムなどの提供は進んでいるものの、今後はさらに企業と深く連携し、雇用という出口に直接結び付く実践的な職業訓練プログラムを開発していくことが重要だ。

そして政府や地方自治体の役割は、職業教育の出口として公的な資格や認証制度を整備することだ。職業教育により獲得したスキルを公的に保証することで、労働市場において働き手のスキルが可視化され、雇用に結びつきやすくなる。

図表6-4　これから求められる“逆台形モデル”

マネジメント型（ピラミッド型）	複線型（台形型）	目指すべき“逆台形型”（台形型＋オープン型）
上に行くほど役職も機会も狭まっていく	マネジメント・専門職共に機会がある	社外での取り組みを促進・評価し、社内外に機会の場が広がっていく

過去　将来

ポイント3：企業の内外でミドル・シニア人材の活躍の場をつくる

日本の年齢構成に対応することも重要だ。日本の労働人口は、今後ミドル・シニア世代がボリュームゾーンとなっていく。政策立案の現場では若い世代のリスキリングに注目が集まりがちだが、少子高齢化が進む日本においては、併せて働き手の大きな割合を占めるミドル・シニア世代への手立てを考えることが重要になる。

ミドル・シニア世代が培ってきた知識や経験は、他分野でも生かせる。またこの世代が活性化することで知識や経験という貴重な資産が失われることなく若い世代に還元され、受け継がれていく。これは今後の日本の大きな競争力につながるはずだ。

またミドル・シニア世代の活躍支援におい

ては、内部労働市場と外部労働市場の両面で変革が必要となる。特に企業内の内部労働市場では、年功序列のキャリアモデルの変革が求められる（図表6-4）。以前は多くの企業が「ピラミッド型」のキャリアモデルを取っており、少ないポストを多数の人材が取り合う構造となっていた。これではミドル・シニア世代の多様な人材が活躍する余地がない。現在は経営層だけでなく専門職にも機会が開かれた複線型人事を採用した「台形型」構造の組織も少なくない。しかし、シニア・ミドル世代が増える中、社内に閉じているだけでは限界がある。社内に十分なポストが用意できなければ人材のスキルが生かせず、不活性化の要因ともなってしまう。

そこで、これからの日本企業はさらに一歩進み、よりオープンなキャリアモデルを構築すべきだ。具体的には、社外での活躍も評価の対象とする「逆台形型」の組織である。複業、副業、兼業、在籍出向など、社内外を自在に行き来しながら活躍できる環境をつくることで、働き手の選択肢が増え、活躍の場が広がる。

外部労働市場においては、ミドル・シニア人材の（個人事業主を含む）起業や開業支援に目を向ける必要がある。終身雇用型キャリアの担い手だったミドル・シニア世代は、日本の労働力を高める〝眠れる資産〟だ。これからの働き手のボリュームゾーンであり経験を積んだ豊富な戦力でありながら、社会として活躍の場を提供しきれていない。

起業やスタートアップと聞くと20～30代の若者をイメージしがちだが、開業時の平均年齢

図表6-5　開業時平均年齢の推移

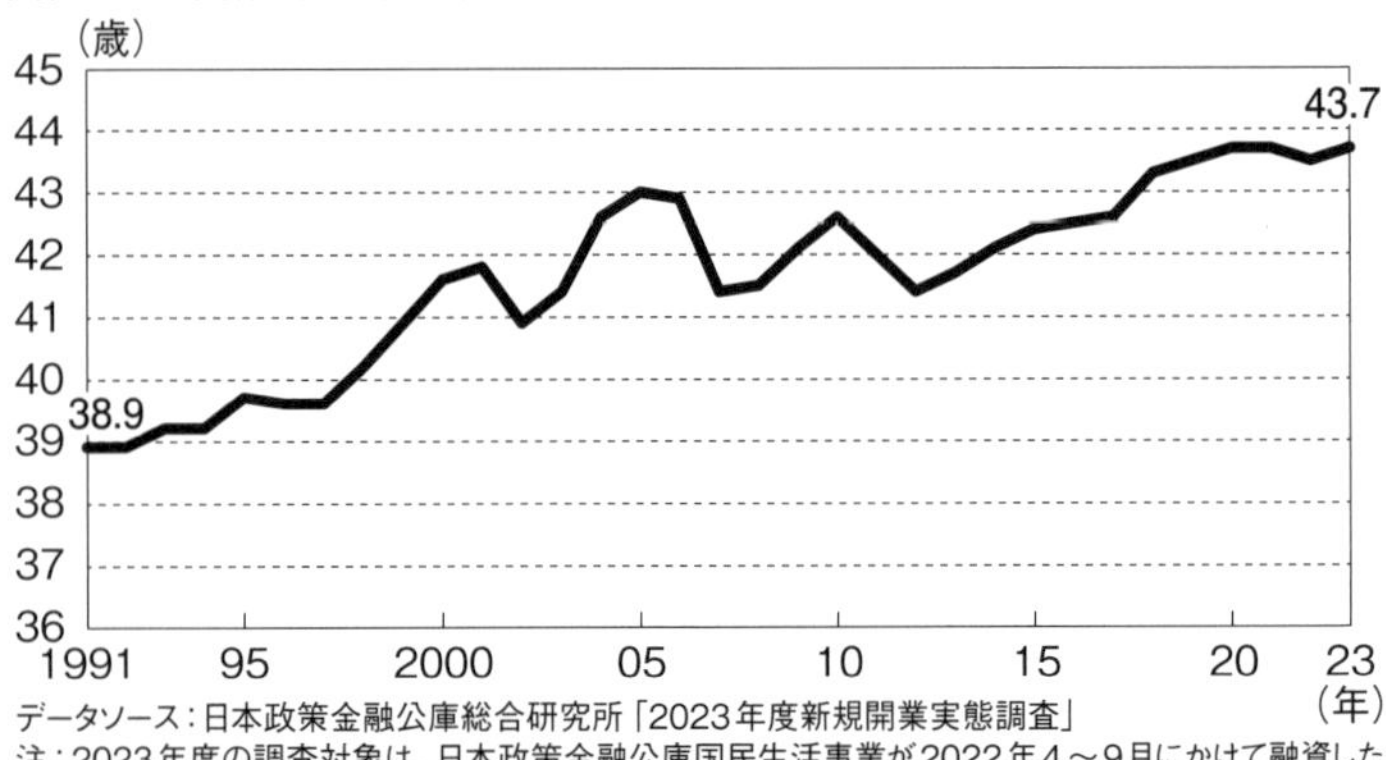

データソース：日本政策金融公庫総合研究所「2023年度新規開業実態調査」
注：2023年度の調査対象は、日本政策金融公庫国民生活事業が2022年4～9月にかけて融資した企業のうち、融資時点で開業後1年以内の企業（不動産賃貸業を除く）

は上昇傾向にある（図表6-5）。実は、日本の開業率を年代別に見ると最も比率が高いのは40代で、その上のシニア層も大きな割合を占めている。この層に対し、起業や開業に向けたリスキリングプログラムを提供したり、人材不足の産業や地域社会とのマッチングの場を設けたりするなど、外部労働市場で積極的な支援策を展開することで、ミドル・シニア人材が既存の組織に縛られず活躍できるようになる。働き手が常に複数の選択肢を持ち、最適な場所で働けるようにするための環境整備が求められている。

ここまで見てきたように、「小循環」を妨げている1つ目の「壁」を乗り越え「雇用創出」と「人材育成」を結びつけるには、デンマーク・モデルをお手本としながら、日本独自の「全世代型リスキリングエコシステム」を構築すべきだ。これまで主に企業内で行われてきた人材の育成や労働移動を、企業や産業の枠を超えて社会全体にまで広げ、産官学が一体となって「社会としての終身雇用」へと転換していくことが求められている。

◆「ベア」から「レア」へ。持続的な賃上げを経済に組み込む

次に、「小循環」における人材育成（小循環②）による新たなスキルの獲得と、所得向上（小循環③）の間にある2つ目の「壁」の乗り越え方について見ていこう。

リスキリングによって多くの働き手が成長市場に移動すれば、おのずと企業が生み出す全体の付加価値は向上する。また長く同じ企業や業界で働きながら、新たなスキルを身につけてキャリアアップし、付加価値を向上するケースもあるだろう。

「小循環」を円滑に回していくには、このようにして生み出された付加価値向上分をきちんと働き手に分配し、「持続的な賃上げ」という形で働き手の所得向上に結びつけなければならない。企業の付加価値が増加し、それを支える働き手の所得が向上し、一人ひとりの生活が豊かになることで「小循環」のサイクルが回り出す。

2024年の春闘では、「30年ぶりの高水準の賃上げ」といわれた前年に匹敵する賃上げに期待が集まった。この賃上げを一過性で終わらせることなく、持続的な賃上げを可能にする構造を各企業にしっかりと組み込むことが重要だ。

〝賃上げ〟の裏側にある2つの圧力〜「外圧」と「内圧」

持続的な賃上げを構造化するには、背景にある2つの圧力の存在を理解する必要がある。1つは世界経済におけるインフレという「外圧」だ。様々な地域紛争をはじめとする世界情勢や為替の影響で、特に輸入品の価格が上昇し、賃上げ率を上回る物価高が家計を圧迫して賃上げ圧力を高めている。これは足元で外部から迫る大きな圧力だ。

そして、もう1つの大きな圧力として見逃せないのが、人手不足という「内圧」だ。人口減少の影響が供給側の人員不足に出始めた結果として、人材確保のために賃上げが必要となっている。

ここで注目すべきは、物価高という「外圧」は世界情勢により変動し得る一方、人手不足という「内圧」は今後も日本で長きにわたって確実に続く、不可逆的な傾向にあるということだ。

従業員は最重要のステークホルダー〜「内圧」との対峙

企業が持続的な賃上げを仕組みとして実装するには、「内圧とどう向き合うか」という視点が不可欠だ。日本の人口は2011年を境に減少に転じた。女性就業率向上や高齢者の労働参加により増加した労働力人口も2019年以降は頭打ちで、働き手の確保という課題は今後も続く(図表6-6)。さらに、新型コロナウイルス禍を経て働き方の多様化に

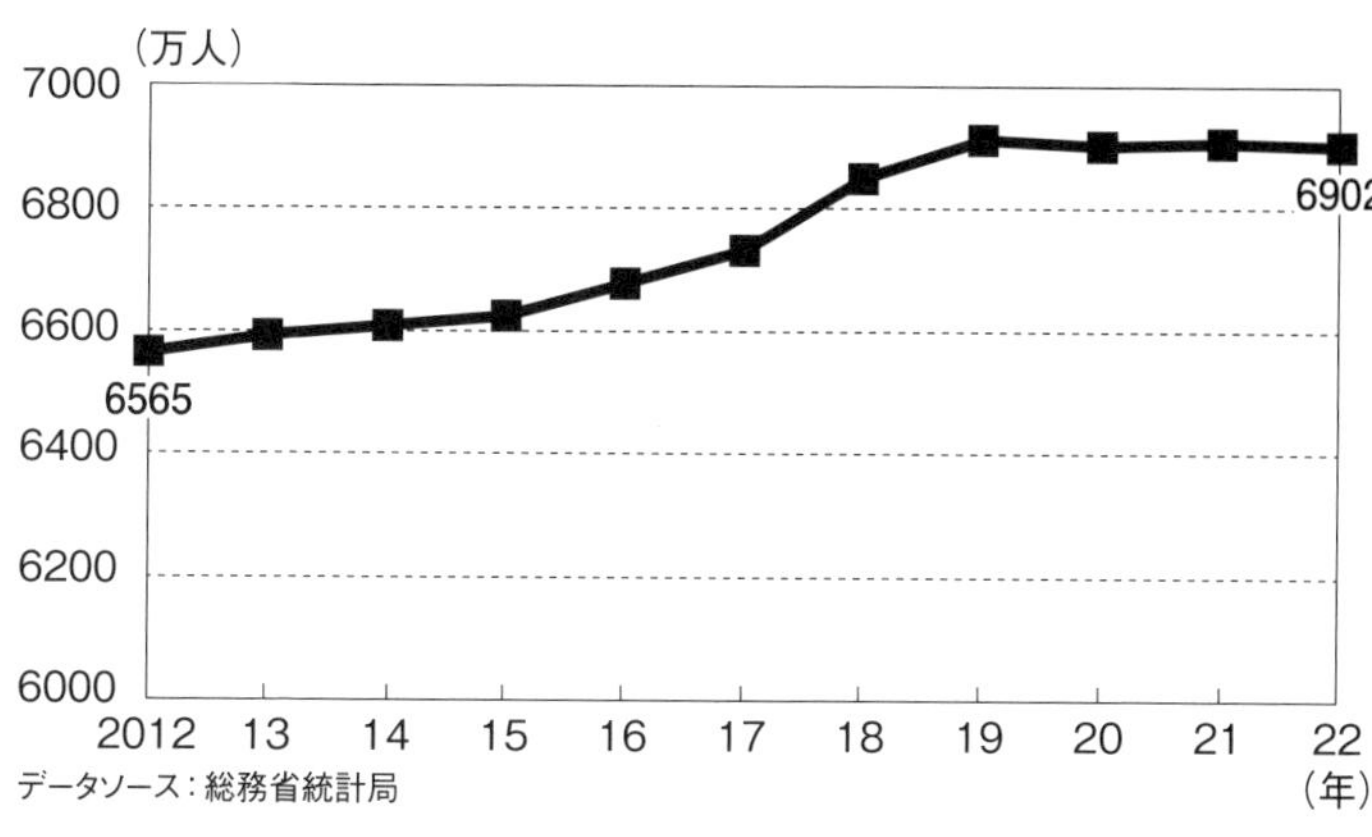

図表6-6　労働力人口の推移（男女計）

拍車がかかり、リモートワーク、副業・兼業など、働き手にとって労働に対する質的ニーズは多様化している。

人口減少下で働き手の希少価値が高まる中、いまや従業員は、企業にとって最重要のステークホルダーだ。株主への配当の分配と同様に、従業員への利益の分配に対する内側からの圧力は、質・量ともにますます高まる流れになっていく。こうした状況が企業に対して、人材を持続的に引き付け、内圧に耐え得るような賃金構造につくり替えることを迫っている。

「ベースアップ型」から「レベルアップ型」へ

多くの日本企業は、景気や物価水準を念頭に、賃金水準を一律で引き上げるベースアップに定期昇給を組み合わせた賃金制度を採用している。

しかし、人材が流動化しスキルが多様化する中

図表6-7　これから目指すべき賃金制度

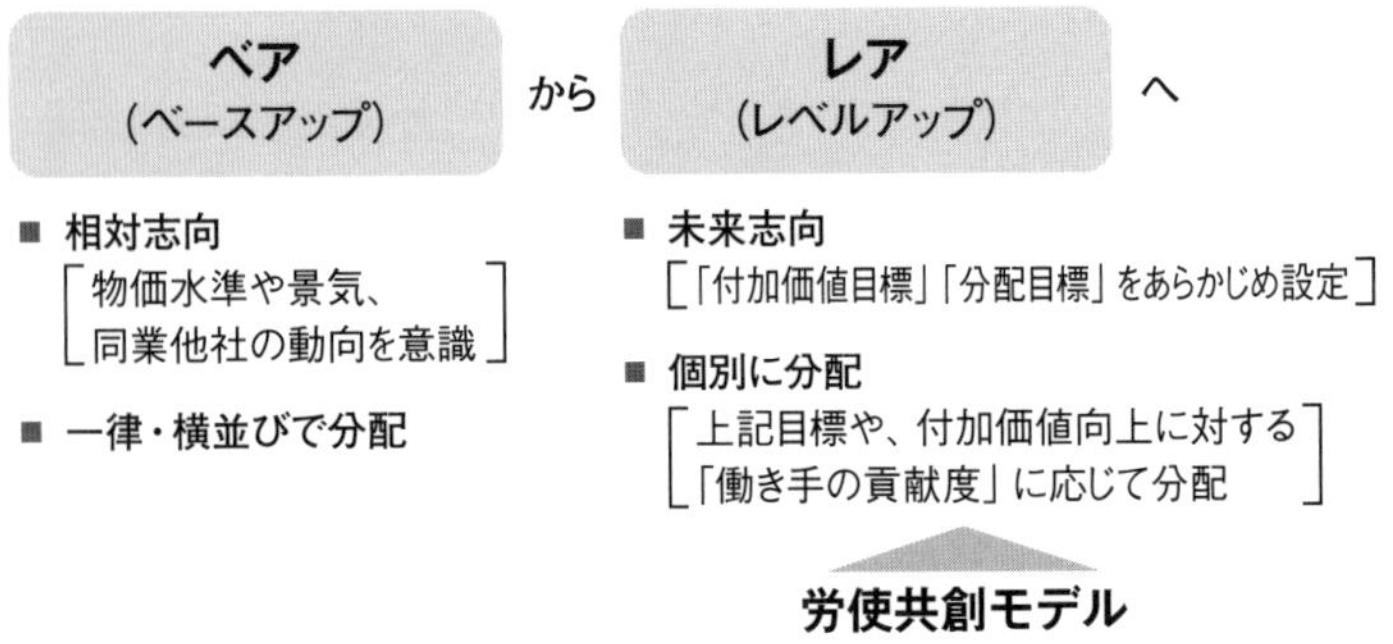

ベア（ベースアップ）	から	レア（レベルアップ）	へ
■ 相対志向 ［物価水準や景気、同業他社の動向を意識］ ■ 一律・横並びで分配		■ 未来志向 ［「付加価値目標」「分配目標」をあらかじめ設定］ ■ 個別に分配 ［上記目標や、付加価値向上に対する「働き手の貢献度」に応じて分配］ ▲ **労使共創モデル**	

では、終身雇用を前提とした「一律かつ微増」という賃金制度は内圧に対峙するには十分ではなく、働き手の状況に応じて分配を変えることが求められている。

今後は、従来の「ベースアップ（ベア）型」の賃上げから、働き手の1人当たり付加価値向上への貢献に基づくものにしていくべきだ。つまり、働き手と企業のレベルアップに対して賃上げを行う「レベルアップ（レア）型」の賃上げへと転換する必要がある（図表6-7）。

従来のベア型の特徴は「一律・横並び」である。これはいわば相対志向で、世の中（物価水準や景気）や同業他社の動向を見ながら、全社員の賃金水準を一律で設定するものだ。この方式では、働き手一人ひとりの付加価値向上への貢献はあまり反映されず、付加価値向上に取り組むインセンティブが弱い。また周りと比較しながらの横並びであるがゆえ、「コストを抑えたい経営側」と「賃金を上げたい労働者側」という対立構造になりやすい。

一方、レア型の特徴は「個別・未来志向」である。働き手一人ひとりの貢献を評価し、付加価値向上分の一定割合を分配する。このレア型のポイントとなるのが「労使共創」だ。労使が一丸となって同じ目標を目指し、得た付加価値を透明性のある形で分配するという共創の関係性を築くことが重要になる。

具体的には、当初の目標策定の際に「付加価値目標」に加え「分配目標」も設定しておくことが有効だ。付加価値目標を達成した際は、あらかじめ合意した分配目標通りに付加価値を働き手に分配することで、働き手に付加価値向上へのインセンティブが強く働く。

今後は働き手と企業の双方が「付加価値向上」という共通目標を見据え、その成果をフェアに分配するという「未来志向」の賃金制度にしていくことが重要だ。

個別事例に見る「レベルアップ型」賃上げの兆し

すでに、こうした動きにつながる具体的な取り組みも出ている。例えばある大手電器メーカーは「人材に投資して付加価値を高める」という会社の意志を明確にし、成果を測る指標として「人的創造性」を新たに設定した。さらに業績連動株式報酬制度の対象を管理職にまで広げ、積極的な分配施策を推進している。

中小企業でも同様の動きはある。従業員約130人の金属加工メーカーでは、利益を積極的に従業員に還元するために、赤字になると支給を停止する「停止条件付き手当」を導入。また賞与では「経常利益の4割を配分する」とコミットした。こうして賃上げを透明化し、月次で利益状況を社員に開示したことで社員のモチベーションは大幅にアップした。業績好調が続き、これまで赤字による支給停止は1度もないという。

海外諸国にも同様の取り組みが見られる。コロナ禍から回復し好業績を上げている米航空会社では、利益の10～20％を利益分配プールに充当するという明確なルールを定めている。その結果、同社は業界で非常に高い利益分配を実施することとなった。また、フランスでは「利益参加制度」として制度化されている。企業が一定の業績を上げた場合、従業員数50人以上の企業では業績の一部を従業員に分配することが、分配の計算式とともに法律で義務づけられている。

コラム

多様化する所得向上策：株式や非金銭的インセンティブの活用

従業員への分配の一環として、従業員向けに「譲渡制限付株式」を付与する動きも広がっている。これは一定期間の譲渡が制限された株式のことで、従業員が株主になり株式報酬を得るという仕組みだ。従業員にとっては将来の株価上昇による所得向上というメリットがあり、企業にとっては従業員の企業価値に対する意識醸成や離職防止効果もある。

日本経済団体連合会の報告書によると、従業員向け譲渡制限付株式の導入企業は2023年10月末時点で400社超に上る。役員や管理職のみならず、幅広く従業員に付与する企業も登場し、ある大手小売業では2023年から従業員約5000人に譲渡制限付株式を付与した。さらに前述の大手電器メーカーにおいても、対象者を一般職にまで広げて付与した。働き手が株主になり、将来の所得や資産を増やす動きは今後も広がっていくだろう。

さらに、個の所得向上につながる施策は、賃上げや株式付与のような金銭的インセンティブだけでなく、非金銭的なインセンティブの提供を含め多様化している。背景としては、一人ひとりの生み出す付加価値を高めるには、働きやすい環境整備、職種・階級・世代ごとにふさわしい待遇、教育機会の提供などを通じて、働き手のモチベーションを高めることが不可欠という考え方が労使間で共有され始めていることがある。

実際、ある大手自動車メーカーでは、2023年の労使交渉をきっかけに「従業員が失敗を恐れず、挑戦し続けられる環境」への投資を強化した。具体的には、評価制度の見直し、社内FA制度、育休を取りやすい環境整備などを実施している。また、ある大手電機メーカーでは労使間で「生産性向上を伴う賃上げ」を議論する中で、従業員の成長を支援するための社内副業制度や学習プラットフォームの整備まで、賃上げと併せて検討された。

「レベルアップ型」を後押しする賃上げ促進税制を

企業の持続的な賃上げ実現には、国の政策的な支援も欠かせない。政府の「賃上げ促進税制」改定は進んでいるが、「レベルアップ（レア）型」に基づく持続的な賃上げを実現する上では、2つの考え方を加味することが求められる。

1つ目は、「結果志向」から、計画をベースにした「未来志向」への転換だ。具体的には、この制度が持続的な賃上げの原資となる1人当たり付加価値の向上を促すための仕組みであることを明確に打ち出すために、給与総額の増加という「結果」だけでなく、付加価値向上を目指す取り組みを評価対象に組み込むことが想定される。付加価値向上に関して労使であらかじめ合意した「計画」があることを要件とし、計画の達成度に応じて税制優遇のレベルに差をつけることなども検討されるとよい。

過去にも、生産性向上のための設備投資計画について、同様の控除が導入された経緯もある。昨今注目されている「人的資本への投資」についても、労使共創の計画的な付加価値向上策として税制優遇のインセンティブを与えるようにすれば、取り組みに一層弾みがつくことが期待される。

2つ目の考え方は、予見可能性を高めるために、賃上げ促進税制を現状の「時限措置」から「長期的な制度」に移行させることだ。持続的な賃上げを実現するには、様々な制度や慣行の構造的な変革が必要であり、長期的な取り組みが求められる。これを支援するに

図表6-8 「働き手」「企業」「行政」の三位一体による経済成長

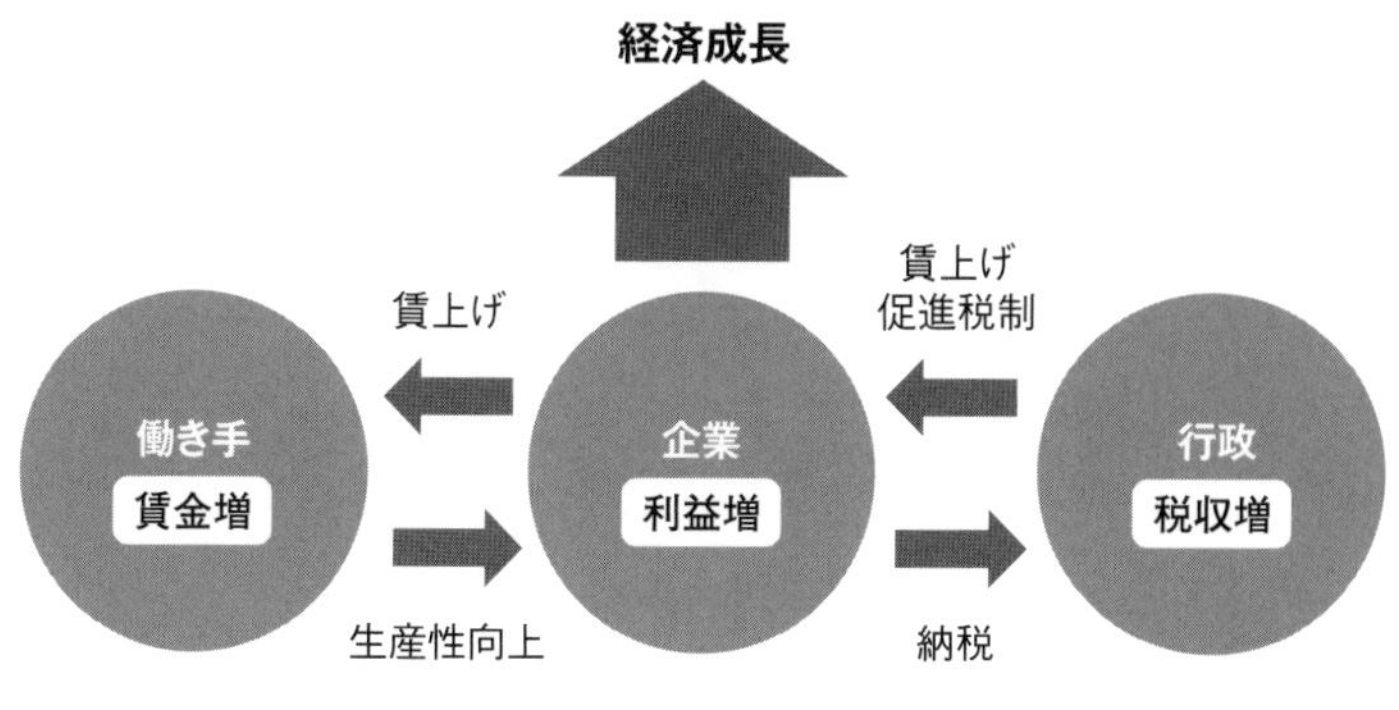

は、現状の時限措置という位置づけでは不十分だ。

2024年度税制改正によって賃上げ促進税制は3年間延長され、赤字の中小企業を対象に控除を最大5年間繰り越せる措置も導入された。赤字企業に対するインセンティブが組み込まれたことは望ましいが、賃上げ促進税制が時限措置にとどまる以上、企業は長期的な視点から賃上げに取り組みにくい。企業が賃上げを制度として組み込むことを促すには、より中長期的な観点からの制度設計が必要だ。

「働き手」「企業」「行政」の三位一体で賃上げ構造を社会に組み込む

ここまで見てきたように、持続的な賃上げ構造を社会に組み込むには、働き手、企業、行政が三位一体で取り組むことが必要だ(図表6-8)。

働き手はリスキリング制度などを活用してより高度なスキルを獲得し、1人当たり付加価値の向上を目指す。企業は付加価値向上によって増えた利益を、透明性を持って働き手に分配する。行政は賃上げ促進税制などの制度設計によって、働き手と企業の取り組みを後押しする。こうして持続的な賃上げの仕組みを構築できれば、働き手には賃金増、企業には利益増、そして行政には税収増という結果がついてくる。

さらに付け加えるなら、「官」による賃上げも重要だ。特に医療・介護などの業界において政府が定める「公定価格」の見直しが必要だろう。医療・介護業界では公定価格が賃上げの妨げになっている面がある。サービスの対価が定められているため、付加価値向上の余地が少なく、結果として働き手の賃金が低く抑えられている。公定価格は多くの人に低価格でサービスを提供するために必要な施策ではあるが、その適用範囲については再検討の余地がある。

例えば、ベースとなる医療や福祉と追加となるサービスを切り分ける方法である。ベースとなる医療や福祉は現状通り公定価格で広く提供する。その範囲外では自由な料金設定を可能にして、より高付加価値なサービスを提供できるようにするのだ。こうすることで企業や働き手は工夫次第で付加価値を向上できるようになり、持続的な賃上げの原資を確保しやすくなる。

「はじめに」で触れたように、日本人看護師がオーストラリアに移り住み介護のアルバイトをしたところ、月収が3倍になったという。オーストラリアは公定価格で定められる範囲が日本よりも狭く、高付加価値サービスと組み合わせて提供することで、こうした高賃金が可能になっている。高齢化に伴って若い世代の医療費負担がますます増える中、このような「質の高いサービスに見合った価格を払う仕組み」の導入は、今後大いに検討する必要がある。

◆「将来への期待」を高め、所得向上を消費拡大につなげる

本章ではここまで、「大循環」によってもたらされる雇用創出（小循環①）を起点に、それが働き手の所得向上（小循環③）などへとつながっていく「小循環」を回すために必要な施策について検討してきた。雇用創出（小循環①）と人材育成（小循環②）をしっかりと呼応させるには、雇用とリスキリングを一体のものとして設計し、ミドル・シニア世代も含めた「全世代型リスキリングエコシステム」の構築が必要だと指摘した。また従来の終身雇用制に代わる制度として、「社会としての終身雇用」を目指すべきだと提言した。人材育成（小循環②）を所得向上（小循環③）につなげるには、「持続的な賃上げ」の実現が必要だ。労使が同じ目標を目指して付加価値を共創し、働き手の貢献に応じて分配する新たな賃金決定の仕組みや構造を社会や企業に組み込むことが重要になる。

さらに、このようにして回ってきた「小循環」の輪を完結させるためには、所得向上（小循環③）を消費拡大（小循環④）につなげる必要がある。そのためには、私たち一人ひとり

図表6-9　「小循環」を回すために必要な施策

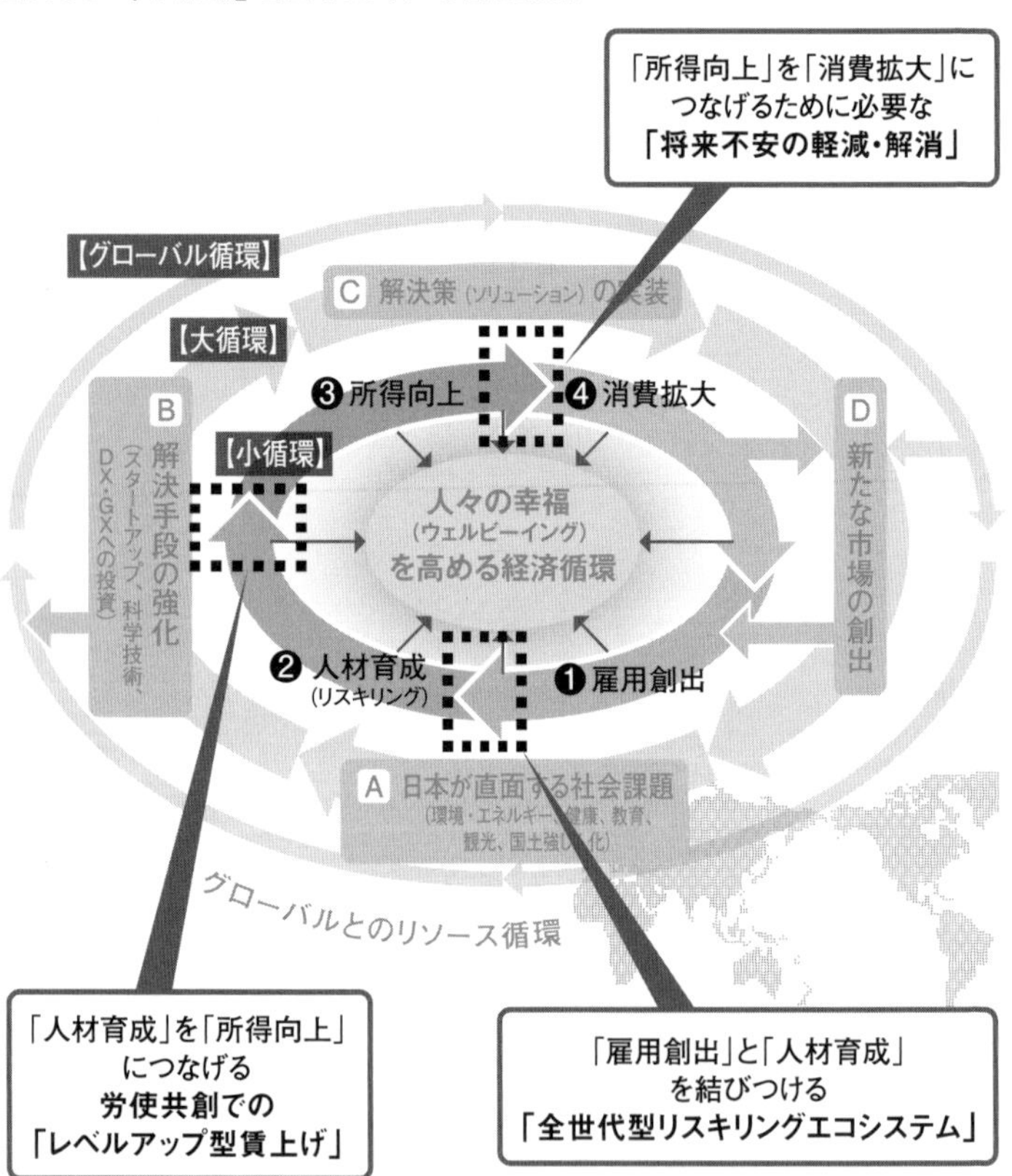

図表6-10　平均消費性向の推移（全世代と若い世代との比較）

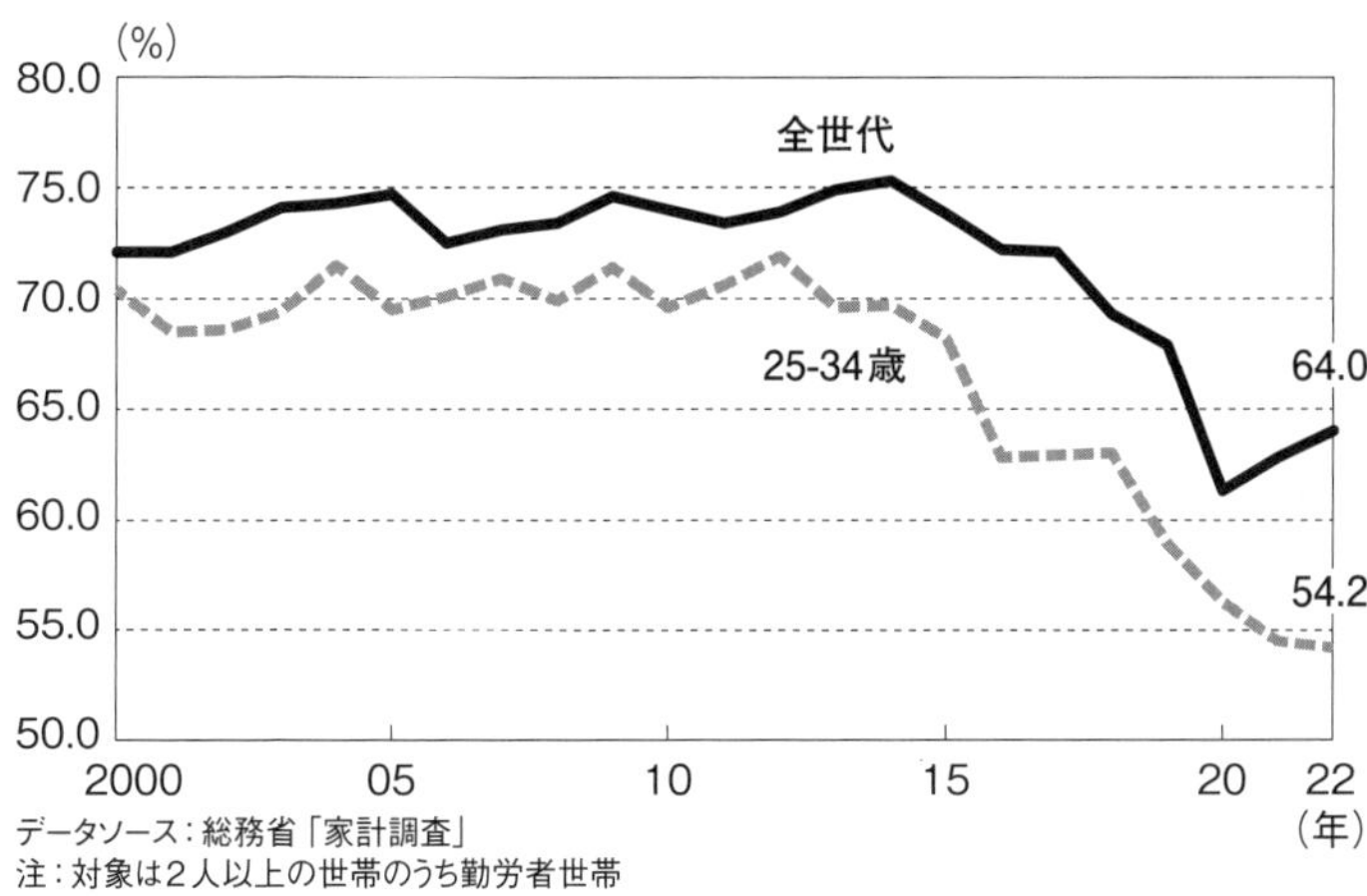

データソース：総務省「家計調査」
注：対象は2人以上の世帯のうち勤労者世帯

が所得を貯蓄するのではなく、消費や投資といった形で循環させることが重要だ。所得向上が消費拡大へとつながることで、さらなる雇用が創出されるという好循環が生まれる（図表6-9）。

しかし現状では、所得向上が必ずしも消費拡大にスムーズにつながっていない。日本の消費に関する総務省のデータを見ると、可処分所得に対する消費支出の割合を示す「平均消費性向」は減少傾向にある。つまり、消費に回す割合が減り、貯蓄の割合が増えている。この傾向は若い世代で顕著で、25～34歳は全世代と比べて特に平均消費性向が低く、また減少幅が大きい点が課題となっている（図表6-10）。

こうした強い貯蓄志向の背景にあるのは、「将来への不安」だ。人口減少や少子高齢化の中で、将来の生活の安定や持続性に対する不安が大きく、その備えとして貯蓄が増えているという実情がある。

すでに、家計には2000兆円余りに上る金融資産が積み上がっているが、それを消費に回していくには、何よりも「将来不安」を軽減することが必要だ。現在の延長線上に明るい将来への道筋が見えず、将来像が描けないことが不安につながっている。

こうした状況を打開するには、個人の「将来への期待」をいかに高めるかが重要となる。「こうすれば将来がより良くなる」という明確な道筋を描き、明るい未来への予見可能性を高めることで、少しでも将来に期待を持てるようにしなければならない。

本書ではそのための見取り図として、価値循環の考え方に基づく「循環型成長モデル」を提唱した。循環型成長のサイクルを持続的に回すと、国、組織、個人のあらゆるレベルで付加価値が高まる。持続的に付加価値向上が見込める構造をつくれば、予見可能性が高まり、個人はより自由に自分の生き方を選び、自身の価値観に沿った幸福な将来を描けるようになるはずだ。

さらに将来不安を打破し、価値循環を実現するために最も重要なのは、個人一人ひとりの意識の変革だ。一人ひとりが「意識や思い込みの壁」を乗り越え、個がそれぞれ動き出すことが、日本の循環型成長の起点になる。この点について次章で具体的に見ていこう。

第7章

〝個が輝く〟日本を目指して

図表7-1 「循環型成長モデル」の見取り図

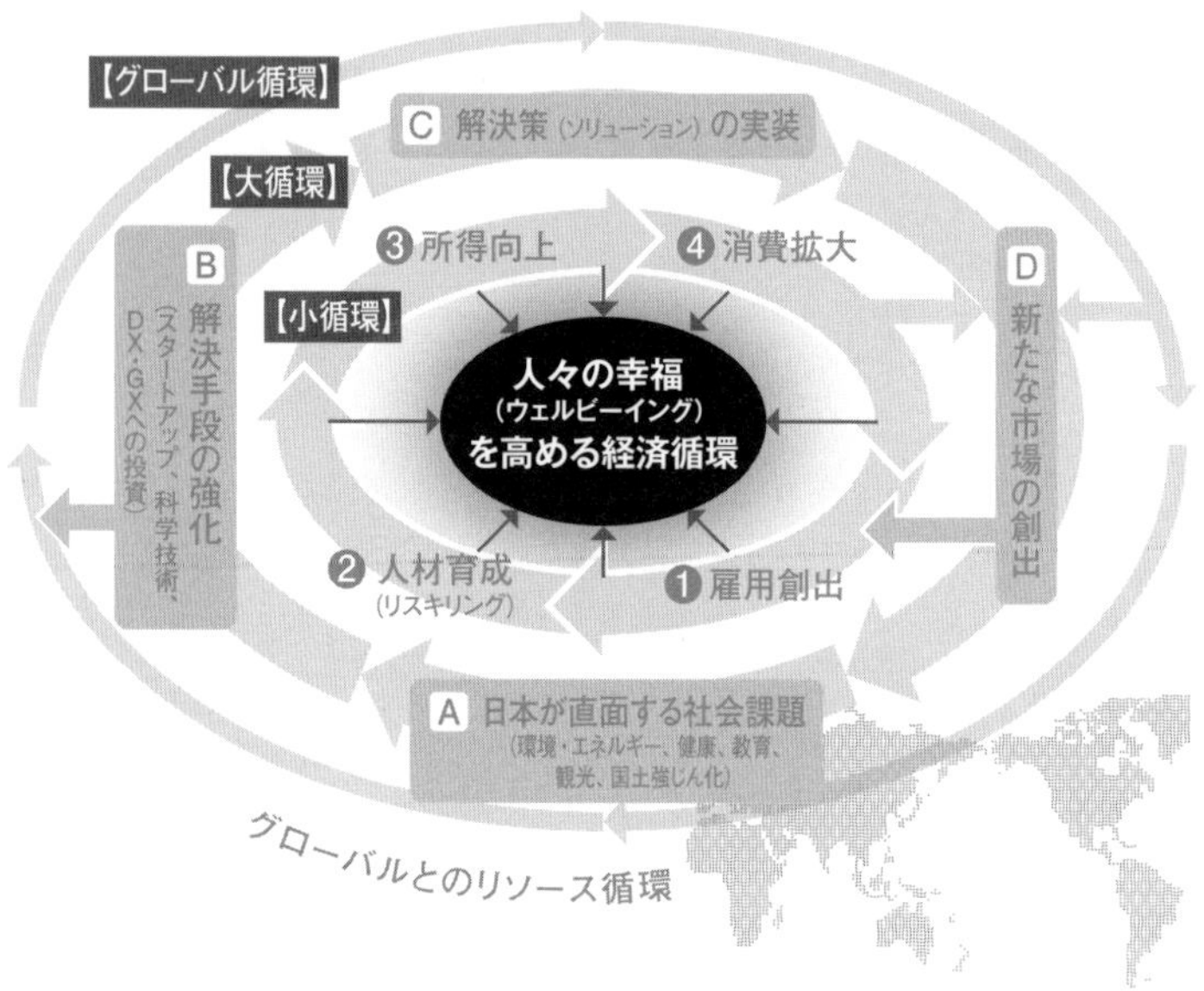

本書の「はじめに」で衝撃のデータを紹介した。内閣府の調査によると、これから先の生活が「良くなっていく」と答えた日本人の割合は、わずか7・7％だったのだ。「今日より良い明日がくる」と考えている人は1割にも満たない。それが日本の現状だ。

本書では、そんな日本社会を変えていく道筋を、マクロとミクロの両方の観点から示してきた。価値循環を通じて「個の豊かさ」を一層高めるための方法論として「循環型成長モデル」の見取り図を提示し、社会課題を起点に新たな市場を生み出す「大循環」、そこで生まれる雇用を一人ひとりの所得拡大につなげる「小

図7-2　ウェルビーイング実感に関するランキング上位10カ国（2019年）

順位	現在の生活評価		順位	5年後の生活評価	
1位	フィンランド	7.78	1位	ウズベキスタン	8.75
2位	スイス	7.69	2位	ジャマイカ	8.57
3位	デンマーク	7.69	3位	ブラジル	8.36
4位	アイスランド	7.53	4位	サウジアラビア	8.25
5位	ノルウェー	7.44	5位	アラブ首長国連邦	8.21
6位	オランダ	7.43	6位	キルギス	8.19
7位	ルクセンブルク	7.4	7位	バーレーン王国	8.13
8位	スウェーデン	7.4	8位	デンマーク	8.12
9位	イスラエル	7.33	9位	モンゴル	8.09
10位	アイルランド	7.25	10位	スイス	8.03

データソース：Global Wellbeing Initiative
注：調査では「今の生活に満足しているか」「5年後にどのくらいの生活をしていると思うか」について、最も理想的な生活を10、最悪な生活を0として、自分がどの程度かを回答

循環」、そして国際的な循環である「グローバル循環」の連動により、人口減少下においても経済を成長させる方法を提唱した。

一人ひとりの幸福度の向上を実現する上で、最後に残されたパズルのピースは「個人」の意識の壁を乗り越えることだ（図表7-1）。

循環型成長は、個人にも当てはまる

図表7-2は、世界各国のウェルビーイング実感のランキングだ。国際団体のグローバル・ウェルビーイング・イニシアチブが「現在の生活

評価」と「5年後の生活評価」についてアンケート調査を行い、その回答結果を国ごとにまとめてランキング化した。

現在の生活評価の上位には、フィンランド、デンマーク、アイスランドなど世界幸福度ランキング[1]の常連国が並ぶ。興味深いのは5年後の生活評価のランキングで、トップ3はウズベキスタン、ジャマイカ、ブラジルである。対して日本の順位は１２２位だ。日本は経済的にも治安の面でも相対的に恵まれているはずなのに、なぜこんなにも将来に期待が持てないのだろうか。

日本は戦後、長年にわたって経済成長を続け、世界有数の経済大国という地位を築いてきた。そんな状況がいつの間にか当たり前になってしまった結果、経済が停滞し、「失われた30年」によって日本人はすっかり自信を失ってしまった。

だが考えてみてほしい。日本はまだトップレベルの経済規模を維持し、安心、安全に生活できる社会インフラ、先端技術から歴史・文化的資産まで、過去から蓄積してきた数多くの資産がある。客観的に見れば、5年後の幸福な生活を目指す上では、他国と比べても相対的に有利な立ち位置にいるはずだ。

つまり、現在の日本を縛っているのは人口動態や経済状況といった外的要因のみならず、私たち一人ひとりの中にある内的要因、つまり「意識や思い込みの壁」なのだ。私たちは、知らず知らずのうちに様々な思い込みにとらわれている。「人口減少下で経済成長はできない」「日本に明るい未来はない」「この状況は自分には変えられない」などだ。だが、これらの「思い込み」は根拠がある事実というよりは、漠然とした不安や諦めに近いものだ。日本が循環型成長に向けて動き出すために必要なのは、一人ひとりがこの思い込みの壁を乗り越えること、いわば、壁を乗り越えようという〝意思〟を持つことだ。

思い込みの壁を乗り越えた先には、何が待っているのか。そこにあるのは、一人ひとりの「循環型成長」だ。

一人ひとりが追求すべき個人版「循環型成長モデル」とは

本書で繰り返し紹介してきた循環型成長モデルの見取り図は、社会全体の成長シナリオであると同時に、実は個人にも当てはまる。

働き手の一人ひとりは、組織の中にいるか、個人でビジネスを営んでいるかにかかわらず、何らかの形で社会課題解決につながる仕事をしている。つまり循環型成長モデルの図でいうところの「(大循環A)日本が直面する社会課題」に、日々取り組んでいる。

自分の仕事を「社会課題の解決」と捉えて能動的に改善していけば、個人の中で「大循環」、「小循環」のサイクルを回し、付加価値を高めていくことができる。

図表7-3　個人版「循環型成長モデル」

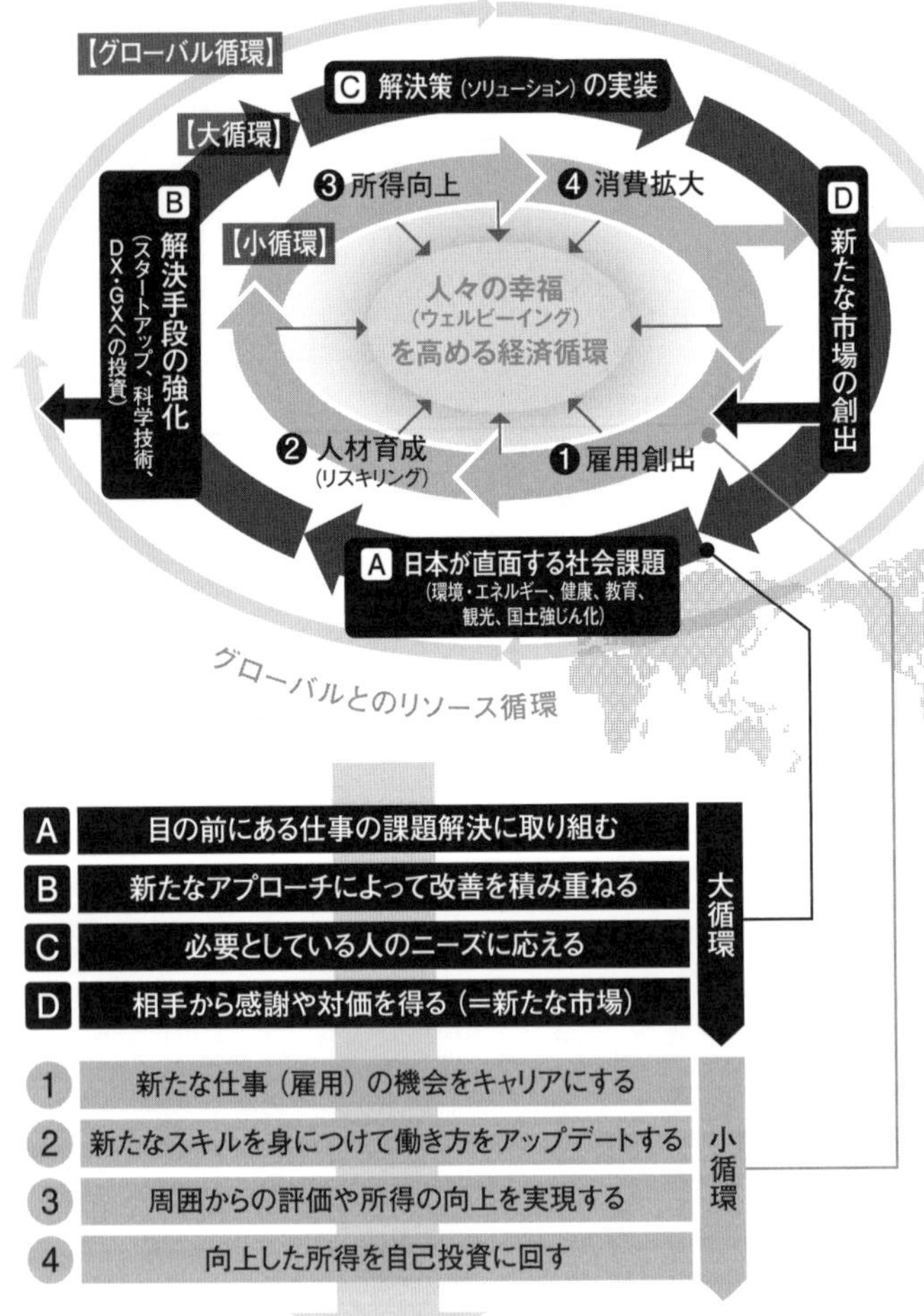

図表7-3に示すように、一人ひとりが自分の目の前にある仕事の課題解決に積極的に取り組み（大循環A）、新たなアプローチによって改善を積み重ねることで（大循環B）、それを必要としている人のニーズに応えられれば（大循環C）、相手からの感謝や対価を得ることにつながる。いわば、個人にとっての新たな市場が生まれ（大循環D）、個人の「大循環」を回していくことができる。

さらに、そこで生まれる新たな仕事（雇用）の依頼の機会を自分のキャリアにすべく（小循環①）、新たなスキルを身につけて自分の働き方をアップデートしていくことで（小循環②）、周囲からの評価や所得の向上につながり（小循環③）、向上した所得を自己投資に回すことで（小循環④）、さらなる自己成長につながる（小循環①）という「小循環」が回る。

こうして個人単位で循環型成長モデルのサイクルを回すことが、自分の価値向上につながっていく。さらに海外も視野に入れ、グローバル循環につなげることで、さらに高い付加価値を生むことが可能だ。

この個人版「循環型成長」は、なにも独立や起業をしなければ実現できないわけではない。大企業や中小企業にいる組織人でも同じだ。常に自分をアップデートし続け、新たな仕事をつくっていくことで自分の価値を向上し続けられる。

◆「個」を起点に活躍できる時代

日本を見渡せば、すでに個人として、所属組織の内外で「大循環」「小循環」を回して循環型成長を遂げて活躍している人材はたくさんいる。

●ユニークなアイデアで新たな移動型のサービスをつくった人がいる。勤務先の路線バス会社の新規事業制度の改変をきっかけに、たった1人で新たな事業を立ち上げた。第1弾は、引退したバス車両を改装してサウナに仕立て上げた移動型サウナだ。当初は社内の反対もあった中、国の補助金が出る「出向起業」という形で事業を立ち上げた。

その後、第2弾として移動型託児バスの提供も開始。これは、イベントや商業施設などに保育士を乗せたバスを派遣して一定時間子どもを預かるというものだ。コンサートやフードフェス、ショッピングなど、子ども連れではゆっくり楽しむことが難しかったイベントや施設に託児バスを派遣することで、集客に悩む商業施設などや利用する子育て世代にも大きなメリットをもたらす。組織内にいながらも「個」から新たな価値を生み出している例だ。

●組織から飛び出して新たな市場を生み出している人もいる。広告会社に勤務していた時代に偶然100年以上前のコーラのレシピに出会ったのをきっかけに、趣味でコーラづくりを始めた。数年間研究に没頭した結果、あるとき会社の同僚から「お金を払ってでも飲みたい」と言われ、自分が生み出したコーラの価値に気づく。会社員としてよりもコーラづくりの方が高い価値を生み出し社会に貢献できると考え、起業した。現在複数の店舗を構えるほか、オリジナルコーラの販路を着実に広げており、世界展開も視野に入れている。

●「個」を起点にグローバル循環に挑戦している人の例もある。大学時代にバングラデシュの教育支援を手掛けるNPO法人を立ち上げ、国際協力団体の職員とNPOの「二足のわらじ」を続けてきたが、活動拡大に伴いNPOに専念。これまで教育を支援してきた新興国の生徒たちが社会人になるタイミングで、彼らとともに日本の課題解決をする取り組みを始めた。日本の高校生向け英語教育サービスの開発などを通じ、「新興国の若者の雇用創出」「日本の高校生の英語力向上」「人口減少に直面する日本の教育業界の機会創出」など、複数の課題解決に取り組んでいる。

このように、「個」を起点に「循環型成長」を遂げている人々は、日本の明るい未来を着実につくり始めているのだ。

◆「IKIGAI」の追求がよりよい明日をつくる

2016年、スペイン人作家が『IKIGAI』(Urano)という本を出版した。沖縄県にある長寿の村を訪れ、その秘密を探るという内容だ。いわば外国人から見た日本の魅力や可能性を、IKIGAI(生きがい)という日本語の言葉に込めて描いたものである。同書の中で著者のエクトル・ガルシア氏は、IKIGAIの要素を「好きなこと」「得意なこと」「稼げること」「世界が必要としていること」の4つに分解している[2]。この4つが重なる部分こそがIKIGAIであり、私たちが生きる理由なのだと著者は説く。

同書は世界各国で翻訳されて500万部を超えるベストセラーとなり[3]、IKIGAIという日本語は世界で通じる概念となった。つまり海外から見れば、日本人はIKIGAIを持って暮らす、幸福な生き方のお手本なのだ。

私たちは、日本人が育んできた幸福な生き方を、自らが忘れてしまっているだけなのではないだろうか。本来、日本は、一人ひとりの個人にとってのIKIGAIを理解し、互いのことを尊重し、集団として大切に育むことができる社会なのだ。価値循環によって再び私たち自身が持つ考え方を呼び起こし自信を取り戻して、これを未来志向で実現していけば、必ずや「今日より良い明日」を再び信じられるようになるはずだ。

◆人口減少時代は、〝個が輝く〟時代～同調から〝協調〟へ

人類が20世紀に目指してきた「右肩上がり、一過性」の経済モデルは、21世紀の今、もはや持続できなくなっていることは明白だ。化石資源は有限で、無尽蔵に使い続けることはできない。CO_2排出量の増大を主因とした気候変動の影響は地球全体に及び、早急な削減が必要だ。右肩上がりの経済成長を支えてきた世界人口の増加はすでに鈍化しており、いずれ減少に転じる。つまり22世紀には、人類全体が新たな成長モデルに転換する必要に迫られる。その先頭を行くのが日本だ。

人口が減るということは、国全体の規模を考えれば縮小だが、見方を変えれば「一人ひとりの希少価値が高まる時代」と言える。これからの時代を、人の数ではなく「個」の質、付加価値に目を向ける〝好機〟と捉える、新たな発想を持つべき時ではないか。それが本書の時代認識である。

従来から日本では「全体」の規律や効率性が重視され、同調性の強い社会風土が醸成されてきた。その一方で、近年盛んにいわれているダイバーシティーやウェルビーイングでは、個性の尊重や主観的な豊かさといった個に目を向けることになる。

これからの日本が目指すべきは、自律した個が輝きを放ちながらも、相互に尊重し力を合わせる〝真に協調できる社会〟の姿である。人口減少社会を迎えた日本は、「個」の希

少価値に着目して理想の未来社会の実現に向けて歩み始める時に来ている。

本書では、循環型成長によって企業、地域、産業が、それぞれ壁を乗り越えて成長する道筋を提示してきた。いずれのケースでも、その主役となるのは「個人」だ。循環型成長モデルの見取り図は、3つの循環が目指すものとして、その中心に私たち一人ひとりの幸福を置いている。

一人ひとりが、価値循環を通じて〝個〟の付加価値を高めウェルビーイングを追求することが、日本全体として、誰もが幸福に暮らせる社会へとつながる。一人ひとりが「今日より明日が良くなる」と実感できる社会こそが、日本が目指すべき未来図だ。

これから世界は、地域の差こそあれ多くの国で人口減少を迎える。国連の推計によると、全世界での人口は2080年代にピークを迎えると予測されている。来たるべき22世紀は世界全体が人口減少の時代を迎えるのだ。世界に先駆けて人口減少を迎えた日本が、個の価値を高める幸福な社会の未来図をつくり出すことは、22世紀に向かう世界の指針としても意義がある。

今こそ、〝個が輝く〟日本を目指し、22世紀の世界のお手本として歩み出す時だ。

おわりに

前著『価値循環が日本を動かす～人口減少を乗り越える新成長戦略』には、お陰様で想像以上に大きな反響をいただいた。多くの企業の方々や経営者、業界、政府関係者、地方自治体、政治家の方々などからお声掛けがあり、数多くの対話の機会に恵まれた。

その中で強く感じたことは、人口減少という大きな課題に対する行き詰まり感だ。このまま「縮小均衡」に成り下がるのか、少子化対策や移民政策によって人数を増やし「規模の維持」を目指すのか、という二元論から思考が抜け出せず、前向きな未来への道筋を描けない閉塞(へいそく)感が日本社会を覆っている。

こうした旧来の二元論的な発想や固定観念を脱却して、新たな成長論を提起したい。それが、ヒト・モノ・データ・カネを循環させて付加価値を高める「価値循環」という新たな発想の原点だ。

その一方で私たちが新たに直面したテーマが、「価値循環をどう社会実装すればよいのか」という問いだ。企業、業界、地域自治体、政府関係者にとって、それぞれの立場で何をすればよいのかを指し示し、価値循環の実現を幅広く促していくための実践的な方法論をつくりたい、という使命感が、本書『価値循環の成長戦略』を誕生させた原動力である。

今の日本社会において、循環型成長の実現に向けて一歩を踏み出そうとすると、あらゆる「壁」に遭遇する。知らず知らずのうちに過去から続く商慣習や組織の立場にとらわれる「固定観念の壁」が流れを分断し、循環を妨げている。本書では、「壁」を明らかにし乗り越える方向性を示すことで、循環型成長への道筋を解き明かした。

「壁」を乗り越えた先に何があるのか。最終的に行き着いたのは「個」の幸せだ。本書『価値循環の成長戦略』が、自らを縛る「壁」の存在に向き合い乗り越えることで、〝個が輝く〟日本を実現するきっかけとなれば幸いだ。

本書は、デロイト トーマツ グループ内の各分野のプロフェッショナルが、それぞれの専門的な知見を生かして、「日本を前向きに」する未来図づくりに携わった成果を凝縮したものである。日本の経済社会の発展に寄与するインパクトある仕事がしたいという、多くのプロフェッショナルの職業人としての共通の志がここに宿っている。

さらに本書を世に送り出すに当たっては、各界から多くのご支援や貴重なご助力をいただいた。特に、令和臨調共同代表の小林喜光氏、経済同友会代表幹事の新浪剛史氏、東京大学大学院教授の柳川範之氏には、本書の内容にご理解とご賛同をいただき、推薦のメッセージを寄せてくださったことに心から感謝申し上げる。

また、本年3月まで我々の同僚であった金山亮氏（現在、フライシュマン・ヒラード・ジャパン代表取締役社長）とライターの出雲井亨氏には、前著に続き、企画段階からの議論に積極的に参画し一連の執筆過程に至るまで、本書の誕生において、余人をもって代えがたいパートナーとして多大なご貢献をいただいたことに深く御礼を申し上げたい。加えて、編集から出版に向けてきめ細かくご支援いただいた日経BPの渡辺博則氏、平山舞氏に、改めて感謝申し上げたい。

本書は、人口減少下の日本にあって、閉塞感や悲観論を打破し前向きな未来を描きたい、そう願うあらゆる分野の方々との対話から生み出された作品である。

本書がきっかけとなり、「明日は今日より良くなる」と感じられる〝対話の続き〟が広がっていくことを願ってやまない。

執筆者を代表して

デロイト トーマツ グループ 執行役
デロイト トーマツ インスティテュート（DTI）代表
松江 英夫

謝辞

デロイト トーマツ グループは、約2万人のプロフェッショナルを擁する日本最大級のプロフェッショナルファームとして、クライアントや社会に対して“One of a kind”と呼ばれるような唯一無二の価値を提供する存在になることを目指している。そのために、一人ひとりのプロフェッショナルが自らの専門性を磨くだけでなく、専門領域を異にするメンバー同士が緊密に連携し、さらなる高みを目指して互いに切磋琢磨することを積極的に奨励している。

本書のテーマである「価値循環」になぞらえるならば、専門領域の壁を取り払って様々な仕組みを「共通化」してメンバーの間での知識やアイデアの「回転」を促し、そこから得られた独自の知見を「蓄積」することで、「差異化」につながる提言やソリューションを生み出すよう努めている。クライアントや社会を取り巻く課題がますます高度化し複雑化する中で、課題解決に資する本質的な貢献を行うためにも、こうした「価値循環」を自らつくり出していくことに、今後より一層力を注いでいく必要があると考えている。

本書も、こうした専門領域の壁を越えた共同作業によって生み出された作品だ。多様な専門性を有するプロフェッショナルが、人口減少下での日本の未来図を指し示すという高い志の下にグループ全体のシンクタンク機能であるデロイト トーマツ インスティテュート（DTI）に集い、日々対話を重ねながら、「ミクロ」と「マクロ」、「地域」と「グローバル」、「分析」と「提言」といった異なる次元の知見を独自の切り口から結晶化させたものである。

本書が、前著『価値循環が日本を動かす～人口減少を乗り越える新成長戦略』とともに、日本の経済社会の持続的な成長と繁栄を願う多くの方々の目に触れ、政産官学の垣根を越えた未来志向での議論を促すための一助となることを願っている。併せて、私たちの提言を引き続き深め、磨き上げていくために、読者の皆様から忌憚（きたん）のないご意見やご感想を頂戴できれば幸いである。

末筆ながら、本書の刊行を有形無形の様々な形で支援していただいたすべての皆様に深く感謝し、心より御礼申し上げる。

デロイト トーマツ グループ CEO
木村 研一

執筆者一覧

■第2章

川中 彩美 Kawanaka Ayami

デロイト トーマツ グループ合同会社
マネジャー

国内系コンサルティングファームを経て現職。官公庁向け調査プロジェクトに従事する他、組織内のナレッジマネジメントシステム立ち上げや業務プロセス導入を経験。現在はデロイト トーマツ インスティテュート（DTI）において、幅広いテーマに関して官公庁・経済団体やマス向けの対外発信活動や調査業務に従事。

■第2章、第3章

松原 信英 Matsubara Nobuhide

デロイト トーマツ コンサルティング合同会社

教育NPOでのフィリピン法人立ち上げを経て現職。CSV起点の新規事業開発支援や社内新規事業企画での新興国向け事業構想などに従事。

現在はグループ経営企画に出向し、官公庁・経済団体向けの政策提言に係る調査業務に携わる。

■第2章、第3章

毛利 研 Mori Ken

デロイト トーマツ リスクアドバイザリー合同会社
デロイトアナリティクス
シニアマネジャー

社会課題の解決と経済的利益の両立を目指すサステナビリティ領域において、AI人工知能・機械学習を用いたデータ分析活動の推進支援に関わる。ドローン含む次世代モビリティの最適化、風力発電をはじめとする環境問題への取り組み、人口減少、リスキリングなど幅広く調査・研究に邁進。

■第2章、第3章

篠原 滉 Shinohara Hiroshi

デロイト トーマツ リスクアドバイザリー合同会社
デロイトアナリティクス

外資系ITベンダーにてシステム基盤導入支援、ビッグデータ利活用業務を経て現職。機械学習モデリング、数理最適化を活用した顧客分析、業務効率化支援などを強みとする。また、アナリティクス手法を利用したアセットプロダクト開発業務に従事。

■全体企画・監修、第1章、第2章、第5章、第6章、第7章

松江 英夫 Matsue Hideo

デロイト トーマツ グループ 執行役
デロイト トーマツ インスティテュート 代表

経営戦略および組織変革、経済政策が専門、産官学メディアにおいて多様な経験を有する。デロイト トーマツ グループ全体のシンクタンク機能であるデロイト トーマツ インスティテュート（DTI）の代表を務める。フジテレビ『Live News α』コメンテーター、中央大学ビジネススクール客員教授、事業構想大学院大学客員教授、経済同友会幹事（「経済財政金融社会保障委員会」委員長）、国際戦略経営研究学会常任理事、内閣官房、経済産業省などで数多くの政策委員を歴任。

著書に『価値循環が日本を動かす 人口減少を乗り越える新成長戦略』（日経BP、企画・全体監修）、『「脱・自前」の日本成長戦略』（新潮社）、『日経MOOK グリーン・トランスフォーメーション戦略』（日本経済新聞出版、監修）など多数。

■第1章、第2章、第5章

勝藤 史郎 Katsufuji Shiro

デロイト トーマツ リスクアドバイザリー合同会社
マネージングディレクター

2017年から現職にてマクロ経済分析、リスク管理に関するアドバイザリーに従事。経済シナリオ策定、国際金融規制調査、リスク管理高度化支援などを提供する。2011年から約6年半、メガバンクリスク統括部署でグローバルリスク管理とバーゼルIII当局協議を推進。2004年から6年間同行ニューヨーク駐在チーフエコノミストとして米国経済調査予測に従事した。著書に『9つのカテゴリーで読み解くグローバル金融規制』（中央経済社、共著）、『非財務リスク管理の実務』（金融財政事情研究会、共著）など。

■第1章、第6章

高田 真紀 Takada Maki

デロイト トーマツ合同会社／有限責任監査法人トーマツ
マネージングディレクター

Sierを経てシステム監査、内部統制・デジタルガバナンス構築支援などアドバイザリー業務に多数従事。現在はデジタル×女性活躍の視点で、産官学金連携による社会課題解決、地域活性化、スタートアップを含むイノベーション創出支援の取組を進めている。現NPO法人大丸有エリアマネジメント協会理事。

■第4章　ヘルスケア

波江野 武　Haeno Takeshi

デロイト トーマツ コンサルティング合同会社
モニター デロイト
パートナー

戦略ユニットのリーダー。日本・米国・欧州での経験を基に、国内外のヘルスケア・医療に関する社会課題の解決とビジネス機会構築の双方を見据えたコンサルティングを政府や幅広い産業に対して提供することを専門としている。

アジア全体の高齢者イノベーション団体Ageing AsiaにおけるEldercare Innovation Awards国際審査員。他執筆講演など多数。

■第4章　ヘルスケア

眞砂 和英　Masago Kazuhide

デロイト トーマツ コンサルティング合同会社
シニアマネジャー

製薬企業にて創薬研究および学術業務に従事後現職。製薬企業を対象とした支援に加え、民間保険会社や通信系企業といった異業種企業を対象に、最新のデジタル技術や医療データを活用したライフサイエンス・ヘルスケア業界への新規事業参入支援を手掛ける。

■第4章　エネルギー

庵原 一水　Ihara Issui

デロイト トーマツ コンサルティング合同会社
パートナー

建設コンサルタント、総合シンクタンクを経て現職。エネルギー・地球温暖化対策を中心とする環境分野において、官民双方の立場からの政策実現に取り組む。現在、Sustainability & Climate Initiative Co-Leader。

■第4章　エネルギー

赤峰 陽太郎　Akamine Yotaro

デロイト トーマツ リスクアドバイザリー合同会社
パートナー

電力会社にて企画部門（自由化対応戦略、電気事業連合会対応、需給計画、広域運営、系統計画、技術開発戦略）や人材育成部門を経験。海外留学後戦略および総合コンサルティングファームでエネルギー分野の責任者や欧州系大手製造業（事業部長）、起業を経て現職。環境・エネルギー分野のアドバイザリー業務に従事。

■第4章　サーキュラーエコノミー

吉原 博昭　Yoshihara Hiroaki

デロイト トーマツ コンサルティング合同会社
ディレクター

企業・業界横断視点に基づく戦略立案から産業エコシステム形成、デジタル実装に至る一気通貫での企業変革を支援する数多くのプロジェクトに従事。製造DXを通じた社会実装に特に強みを持ち、関連テーマにおける外部講演も数多く経験。

■第3章、第6章

渡邊 翔吾　Watanabe Shogo

デロイト トーマツ コンサルティング合同会社

外資系コンサルティングファームの自動車セクター、戦略部門を経て現職。モビリティー領域におけるCASE・MaaSなどの新規事業構想を数多く推進。現在はデロイト トーマツ インスティテュートにおいて政界、官公庁、財界への政策提言活動に注力（公共経営修士）。

■第4章　モビリティー

木村 将之　Kimura Masayuki

デロイト トーマツ ベンチャーサポート株式会社
COO（Chief Operating Officer）

スタートアップ支援、大企業のイノベーション支援などの分野での豊富な経験に基づき、現在はデロイト トーマツ ベンチャーサポートの全社執行責任者を務める。モビリティー、気候変動をはじめ幅広い分野で活動を行っており、脱炭素Expo2023, Automotive World 2019, などでの講演など多数。

■第4章　モビリティー

井出 潔　Ide Kiyoshi

デロイト トーマツ コンサルティング合同会社
パートナー

製造業を中心に特に自動車業界での、戦略立案から現場変革まで様々なプロジェクトに従事。

著書に『モビリティー革命2030 自動車産業の破壊と創造』（日経BP、共著）、『自動車産業ASEAN攻略』（日経BP、共著）がある。

■第4章　モビリティー

後石原 大治　Goishihara Taiji

デロイト トーマツ コンサルティング合同会社
パートナー

自動車業界の変革を表すCASE（コネクテッド・自動運転・シェアリング・電動化）や脱炭素対応に向けた各社の事業変革に従事。

著書に『モビリティー革命2030 自動車産業の破壊と創造』（日経BP、共著）、『自動車産業ASEAN攻略』（日経BP、共著）など。

■第4章　ヘルスケア

大川 康宏　Okawa Yasuhiro

デロイト トーマツ コンサルティング合同会社
パートナー

ライフサイエンス系スタートアップの上場経験を経て現職。ライフサイエンス＆ヘルスケア領域の事業支援を専門に、イノベーションを通じた持続的成長をコンセプトとし、事業戦略、組織変革、R&D戦略などのプロジェクトを手掛ける。

■第4章　メディア・エンターテインメント、半導体

柳川 素子　Yanagawa Motoko

デロイト トーマツ グループ合同会社
マネジャー

メディア関連シンクタンクでの調査研究業務を経て現職。TMT（テクノロジー・メディア・通信）セクター担当として、インダストリーの情報収集・個別案件のリサーチ、「TMT Predictions」「Digital Consumer Trends」をはじめとするレポートの編集・発行、関連領域のナレッジマネジメントなどに携わっている。

■第4章　半導体

三津江 敏之　Mitsue Toshiyuki

デロイト トーマツ コンサルティング合同会社
シニアマネジャー

半導体メーカーのビジネス開発、商品マーケティングなどを経て現職。半導体ソリューションビジネス構築支援、半導体製造装置領域アナリティクス支援などに係るビジネスコンサルティングの実績・経験を持つ。

■第4章　半導体

児玉 英治　Kodama Eiji

デロイト トーマツ コンサルティング合同会社
シニアマネジャー

日系半導体メーカー、シンクタンクを経て現職。半導体・電子部品業界を中心に事業戦略・業務プロセス変革などの構想策定から実行支援まで幅広いプロジェクトに従事。デロイトの半導体知見を集積する半導体CoEのグローバルメンバーの一員。

■第4章　半導体

植松 庸平　Uematsu Yohei

デロイト トーマツ コンサルティング合同会社
パートナー

大手総合商社を経て現職。15年以上に渡り、ハイテク産業向けに数多くのプロジェクトを手掛ける。近年では、特に半導体・電子部品業界に対するサービスへ注力している。

■第5章

梶田 脩斗　Kajita Yuto

デロイト トーマツ リスクアドバイザリー合同会社
マネジャー

リスク管理戦略センターにて日米経済および金融政策の分析・予測を担当。以前はシンクタンクにて、海外経済の分析および金融研究に従事。米中貿易戦争や銀行の店舗ネットワークの分析、GDPナウキャストモデルの開発など幅広いテーマのレポート・論文を執筆。

■第4章　サーキュラーエコノミー

橋本 寛　Hashimoto Hiroshi

デロイト トーマツ コンサルティング合同会社
シニアマネジャー

業務・組織設計などのオペレーションに関わる汎用的な知見を中核に、ビジョンや戦略策定から現場業務変革まで、End to Endの支援を行う。最近ではサーキュラーエコノミーなどの新たなテーマやトレンドに対する企業・自治体の変革支援に多く携わる。

■第4章　サーキュラーエコノミー

丹羽 弘善　Niwa Hiroyoshi

デロイト トーマツ コンサルティング合同会社
モニター デロイト
パートナー

政策提言、排出量取引スキームの構築、気候変動経営・サステナビリティ戦略業務に高度な専門性を有す。気候変動・サーキュラーエコノミー・生物多様性および社会アジェンダの政策と経営戦略を基軸としたソリューションを官民双方へ提示している。

■第4章　観光

高柳 良和　Takayanagi Yoshikazu

デロイト トーマツ コンサルティング合同会社
モニター デロイト
マネージングディレクター

政府系金融機関にて大企業ファイナンス、経済産業省（出向）にて産業金融政策立案を経て現職。

官民連携を通じた地域産業変革や、民間企業の地域事業推進を通じた地域課題解決（地域CSV推進）をリード。

■第4章　メディア・エンターテインメント

清水 武　Shimizu Takeshi

デロイト トーマツ コンサルティング合同会社
パートナー

国内大手IT事業者、国内コンサルティングファーム、ベンチャー企業経営などを経て現職。メディア業界向けに、企業ビジョン／戦略策定、経営管理、プライバシーなどの各種法制度対応などを含む幅広い領域でのコンサルティングサービスを多く手掛ける。

■第4章　メディア・エンターテインメント

越智 隆之　Ochi Takayuki

デロイト トーマツ コンサルティング合同会社
ディレクター

大手通信キャリアの海外M&A部門を経て現職。テレコム・メディア・ハイテクメーカー向けにAI・5G・メタバースなどのEmerging Technology領域を中心とした新規事業戦略立案・M&A関連のプロジェクトに従事。特にクロスボーダー案件に強みを持つ。

協力者一覧

大野 久子 Ono Hisako
デロイト トーマツ税理士法人
マネージングディレクター

越智 崇充 Ochi Takamichi
デロイト トーマツ コンサルティング合同会社
ディレクター

小野 隆 Ono Takashi
デロイト トーマツ コンサルティング合同会社
パートナー

片桐 亮 Katagiri Ryo
デロイト トーマツ ファイナンシャルアドバイザリー合同会社／デロイト トーマツ スペース アンド セキュリティ合同会社
マネージングディレクター

加藤 彰 Kato Akira
デロイト トーマツ コンサルティング合同会社
シニアマネジャー

加藤 健太郎 Kato Kentaro
デロイト トーマツ コンサルティング合同会社
パートナー

神薗 雅紀 Kamizono Masaki
デロイト トーマツ サイバー合同会社
執行役 CTO（Chief Technology Officer）

川口 知宏 Kawaguchi Tomohiro
デロイト トーマツ コンサルティング合同会社
シニアスペシャリストリード

川村 拓哉 Kawamura Takuya
有限責任監査法人トーマツ
パートナー

北川 史和 Kitagawa Fumikazu
デロイト トーマツ コンサルティング合同会社
パートナー

北村 隆幸 Kitamura Takayuki
デロイト トーマツ コンサルティング合同会社
スペシャリストディレクター

木戸 太一 Kido Taichi
デロイト トーマツ コンサルティング合同会社
ディレクター

赤星 弘樹 Akahoshi Hiroki
デロイト トーマツ コンサルティング合同会社
パートナー

朝日 裕一 Asahi Yuichi
デロイト トーマツ コンサルティング合同会社
パートナー

有澤 友里 Arisawa Yuri
デロイト トーマツ リスクアドバイザリー合同会社
マネジャー

磯俣 克平 Isomata Kappei
有限責任監査法人トーマツ
パートナー

市川 雄介 Ichikawa Yusuke
デロイト トーマツ リスクアドバイザリー合同会社
シニアマネジャー

伊藤 裕之 Ito Hiroyuki
有限責任監査法人トーマツ
パートナー

伊藤 正彦 Ito Masahiko
デロイト トーマツ リスクアドバイザリー合同会社
シニアマネジャー

稲垣 健一 Inagaki Kenichi
デロイト トーマツ ファイナンシャルアドバイザリー合同会社
マネージングディレクター

稲川 敦之 Inagawa Nobuyuki
デロイト トーマツ リスクアドバイザリー合同会社
パートナー

井上 誠 Inoue Makoto
デロイト トーマツ税理士法人
マネジャー

植木 貴之 Ueki Takayuki
デロイト トーマツ コンサルティング合同会社
マネジャー

Oh Dabin
デロイト トーマツ サイバー合同会社

谷本 浩隆 Tanimoto Hirotaka
デロイト トーマツ コンサルティング合同会社／デロイト トーマツ スペース アンド セキュリティ合同会社
ディレクター

近末 奈津子 Chikasue Natsuko
デロイト トーマツ グループ合同会社
ディレクター

寺園 知広 Terazono Tomohiro
デロイト トーマツ コンサルティング合同会社
ディレクター

寺部 雅能 Terabe Masayoshi
デロイト トーマツ コンサルティング合同会社
スペシャリストディレクター

土井 秀文 Doi Hidefumi
デロイト トーマツ リスクアドバイザリー合同会社
マネージングディレクター

長川 知太郎 Nagakawa Tomotaro
デロイト トーマツ グループ
COO（Chief Operating Officer）

長島 拓也 Nagashima Takuya
有限責任監査法人トーマツ
パートナー

中島 礼子 Nakajima Reiko
デロイト トーマツ税理士法人
シニアマネジャー

中村 剛彰 Nakamura Takeaki
デロイト トーマツ コンサルティング合同会社
マネジャー

西上 慎司 Nishigami Shinji
デロイト トーマツ コンサルティング合同会社
パートナー

野邑 和輝 Nomura Kazuteru
デロイト トーマツ税理士法人
理事長

芳賀 圭吾 Haga Keigo
デロイト トーマツ コンサルティング合同会社
パートナー

濵﨑 博 Hamasaki Hiroshi
デロイト トーマツ コンサルティング合同会社
スペシャリストディレクター

神津 友武 Kozu Tomotake
デロイト トーマツ リスクアドバイザリー合同会社
デロイトアナリティクス
パートナー

香野 剛 Kono Tsuyoshi
デロイト トーマツ リスクアドバイザリー合同会社
パートナー

小林 晋也 Kobayashi Shinya
デロイト トーマツ リスクアドバイザリー合同会社
マネージングディレクター

斎藤 祐馬 Saito Yuma
デロイト トーマツ ベンチャーサポート株式会社
代表取締役社長

佐藤 公則 Sato Kiminori
デロイト トーマツ ファイナンシャルアドバイザリー合同会社
パートナー

柴田 宗一郎 Shibata Soichiro
デロイト トーマツ コンサルティング合同会社
ディレクター

清水 咲里 Shimizu Sari
デロイト トーマツ グループ合同会社
ディレクター

鈴木 淳 Suzuki Atsushi
デロイト トーマツ コンサルティング合同会社
パートナー

鈴木 綾奈 Suzuki Ayana
デロイト トーマツ リスクアドバイザリー合同会社
マネジャー

鈴木 真由 Suzuki Mayu
デロイト トーマツ グループ合同会社

Zulkhairi PuteriKhairunnisaZafirah
デロイト トーマツ リスクアドバイザリー合同会社

髙山 朋也 Takayama Tomoya
有限責任監査法人トーマツ
パートナー

竹内 豪 Takeuchi Tsuyoshi
デロイト トーマツ ファイナンシャルアドバイザリー合同会社
バイスプレジデント

三浦 正暁 Miura Masaaki
デロイト トーマツ税理士法人
パートナー

水野 博泰 Mizuno Hiroyasu
デロイト トーマツ ファイナンシャルアドバイザリー合同会社
シニアバイスプレジデント

溝口 史子 Mizoguchi Fumiko
デロイト トーマツ税理士法人
パートナー

三宅 佐衣子 Miyake Saeko
デロイト トーマツ コンサルティング合同会社
パートナー

宮本 浩明 Miyamoto Hiroaki
有限責任監査法人トーマツ
シニアマネジャー

森田 哲平 Morita Teppei
デロイト トーマツ コンサルティング合同会社
パートナー

森本 陽介 Morimoto Yosuke
デロイト トーマツ リスクアドバイザリー合同会社
シニアマネジャー

山本 優樹 Yamamoto Yuki
デロイト トーマツ リスクアドバイザリー合同会社
デロイトアナリティクス
シニアマネジャー

湯田 誠二郎 Yuda Seijiro
デロイト トーマツ人材機構株式会社
ディレクター

吉川 玄徳 Yoshikawa Gentoku
デロイト トーマツ ファイナンシャルアドバイザリー合同会社
パートナー

余田 乙乃 Yoda Otoe
デロイト トーマツ コンサルティング合同会社
スペシャリストリード

渡邉 知志 Watanabe Satoshi
デロイト トーマツ コンサルティング合同会社
パートナー

早竹 裕士 Hayatake Hiroshi
デロイト トーマツ リスクアドバイザリー合同会社
パートナー

樋野 智也 Hino Tomoya
有限責任監査法人トーマツ
パートナー

藤井 行紀 Fujii Yukinori
デロイト トーマツ税理士法人
パートナー

藤川 智暁 Fujikawa Tomoaki
デロイト トーマツ リスクアドバイザリー合同会社
デロイトアナリティクス
シニアマネジャー

藤本 貴子 Fujimoto Takako
デロイト トーマツ グループ
執行役 AAF（Accountability/Assurance Fellow）

逸見 伸弘 Hemmi Nobuhiro
デロイト トーマツ コンサルティング合同会社
モニターデロイト
パートナー

細野 彩香 Hosono Ayaka
デロイト トーマツ リスクアドバイザリー合同会社
マネージングディレクター

牧野 宏司 Makino Koji
デロイト トーマツ GTB 株式会社
代表取締役社長

増井 慶太 Masui Keita
デロイト トーマツ コンサルティング合同会社
モニター デロイト
パートナー

町田 幸司 Machida Koji
デロイト トーマツ コンサルティング合同会社
シニアマネジャー

松本 敬史 Matsumoto Takashi
デロイト トーマツ コンサルティング合同会社
シニアスペシャリストリード

松山 知規 Matsuyama Tomoki
デロイト トーマツ コンサルティング合同会社
パートナー

参考文献一覧

第2章

1.「東京ディズニーランド・シー 価格変動制を発表 休日は値上げへ」, NHK, 2020年12月22日: https://www3.nhk.or.jp/news/html/20201222/k10012778581000.html
2.「オリエンタルランド、東京ディズニーリゾートで有料サービス『ディズニー・プレミアアクセス』を導入」, 日本経済新聞, 2022年5月13日: https://www.nikkei.com/article/DGXZRSP632221_T10C22A5000000/
3.「オリエンタルランドが最高益、値上げでも客増　4～12月」, 日本経済新聞, 2024年1月30日: https://www.nikkei.com/article/DGXZQOUC298460Z20C24A1000000/
4.「SBSホールディングス・鎌田正彦社長が語る『グループ化したからと言ってリストラはしない！』」, TECH+, 2023年3月29日: https://news.mynavi.jp/techplus/article/20230329-2639021/
5.「雪印乳業　雪印物流の株式をエスビーエスに譲渡」, 物流ウィークリー, 2004年4月1日: https://weekly-net.co.jp/news/6524/
6.「SBS、積極的M&A――東急ロジなど3社を子会社化」, 株式新聞, 2005年5月18日
7.「SBSHD鎌田正彦社長に聞く、東芝ロジ買収の狙い」, Logistics Today, 2020年5月27日: https://www.logi-today.com/378741
8.「特集 "絶対負けない"自身のある分野でなければ、M&Aは成功しない！」, CEO社長情報: https://www.ceo-vnetj.com/president/%e9%8e%8c%e7%94%b0%e6%ad%a3%e5%bd%a6/
9.「3PLからLLPへ見えてきた次世代物流の進化」, ダイヤモンド・オンライン, 2016年8月29日: https://diamond.jp/articles/-/99656
10. 東 正志, 横井 克典 (2013),「部品サプライヤー特性の産業間比較」
11. 山口 和幸 (2003),「シマノ 世界を制した自転車パーツ」, 光文社
12.「"Beyond Digital" シマノが拓く新境地」, ダイヤモンド・オンライン, 2021年4月12日：https://diamond.jp/articles/-/266329

第3章

1.「逆転の発想で目指す『日本一、ドローンが飛ぶ町』」, 四国電力グループ: https://www.yonden.co.jp/cnt_landl/1901/jumping_furusato.html
2.「日本一ドローンが飛ぶ町を目指して」, とくしま移住交流促進センター: https://iju.pref.tokushima.lg.jp/interview/805/
3.「ドローンで町おこし『日本一、ドローンが飛ぶ町』を目指す徳島県那賀町」, ミロク会計人会, 2020年12月1日: https://www.mirokukai.ne.jp/channel/genre/tanikai/post_116/
4.「『日本一ドローンが飛ぶ町』を目指す徳島県那賀町の取組み」, Yahoo!ニュース, 2018年5月1日: https://news.yahoo.co.jp/expert/articles/ac0093a644ce6c1b66b287671801e518fe2134b8
5. 経済産業省,「エコタウン事業事例集」, 2007年3月: https://www.meti.go.jp/policy/recycle/main/3r_policy/policy/pdf/ecotown/ecotown_casebook/akita.pdf
6.「西山猛・更別村村長『スーパーシティに挑戦、日本一の"幸齢化"のまちに』」, 財界さっぽろ, 2021年12月24日: https://www.zaikaisapporo.co.jp/interview/article.php?id=16299
7.「東大が北海道に新拠点　更別村は『GPS農機』400台」, 日本経済新聞, 2021年11月8日: https://www.nikkei.com/article/DGXZQOFC229600S1A021C2000000/

8. デジタル庁,「デジタル田園都市国家構想推進交付金デジタル実装タイプ(TYPE2/3)の採択事例」, 2022年10月5日: https://www.digital.go.jp/assets/contents/node/basic_page/field_ref_resources/10acd848-153a-4225-b4dd-d91c45e20912/0eb066b3/20221005_policies_digital_garden_city_nation_outline_01.pdf

9.「ネットワーク化するパーソナルヘルスレコード ～生活密着型のPHRサービスへの活用～」, SOMPOインスティチュート・プラス, 2023年2月28日: https://www.sompo-ri.co.jp/2023/02/28/7068/

■ 第4章

1.「相乗りから医療輸送へ　ウーバーとリフト回生の一手」, 日本経済新聞, 2020年6月19日: https://www.nikkei.com/article/DGXMZO60438260X10C20A6000000/

2. Webber SC, Porter MM, Menec VH (2010), "Mobility in older adults: a comprehensive framework", The Gerontologist, 2010年2月9日: https://academic.oup.com/gerontologist/article/50/4/443/743504?login=false

3. Tiran J, Lakner M, Drobne S. (2019), "Modelling walking accessibility: A case study of Ljubljana", Slovenia Moravian Geograph, 2019年12月: https://www.researchgate.net/publication/338767738_Modelling_walking_accessibility_A_case_study_of_Ljubljana_Slovenia

4. 国土交通省,「市民の生活の質と、観光客の移動満足度の向上を実現する『加賀MaaS』実証事業(石川県加賀市)」: https://www.mlit.go.jp/sogoseisaku/transport/content/001406470.pdf

5.「衰退する地方交通をデータ分析で再興へ」, 日経BP, 2023年11月14日: https://project.nikkeibp.co.jp/onestep/keyperson/00033/

6. "Reimagine patient access to transportation with Uber Health", Uber Health: https://www.uberhealth.com/us/en/transportation/

7. "How CareMore Health and Lyft cut costs and improved patient satisfaction", MedCity News, 2018年9月21日: https://medcitynews.com/2018/09/how-caremore-health-and-lyft-cut-costs-and-improved-patient-satisfaction/

8.「助っ人会社員、市町村に刺激　北海道や三重で観光・DX」, 日本経済新聞, 2023年6月9日: https://www.nikkei.com/article/DGXZQOCC2984V0Z20C23A5000000/

9. "Healthcare Access and Quality Index based on mortality from causes amenable to personal health care in 195 countries and territories, 1990–2015: a novel analysis from the Global Burden of Disease Study 2015", THE LUNCET, 2017年5月18日: https://www.thelancet.com/journals/lancet/article/PIIS0140-6736(17)30818-8/fulltext

10. "Health literacy and public health: A systematic review and integration of definitions and models", BMC Public Health volume 12, Article number: 80 (2012), 2012年1月25日: https://bmcpublichealth.biomedcentral.com/articles/10.1186/1471-2458-12-80

11. 経済産業省,「医療機器産業を取り巻く課題について」, 2023年5月25日: https://www.meti.go.jp/shingikai/mono_info_service/medical_device/pdf/001_06_00.pdf

12.「独自の健康ビッグデータでイノベーションを創出し、経済発展とウェルビーイングの共進化モデルをつくる」, Harvard Business Review, 2023年2月14日: https://dhbr.diamond.jp/articles/-/9243

13.「岸田首相 日韓両国で水素やアンモニア供給網の創設の考え示す」, NHK, 2023年11月18日: https://www3.nhk.or.jp/news/html/20231118/k10014261961000.html

14. "Most Innovative Companies 2011", Fast Company: https://www.fastcompany.com/most-innovative-companies/2011

15.「元GIC駐日代表手掛ける2000億円スキーリゾート、妙高に高級ホテル」, Bloomberg, 2023年10月11日: https://www.bloomberg.co.jp/news/articles/2023-10-10/S2BC3EDWLU6801

16.「アジアの超高級リゾート、日本開拓　訪日富裕層に照準」, 日本経済新聞, 2023年10月28日: https://www.nikkei.com/article/DGXZQOGS185H80Y3A011C2000000/

17. 観光庁,「最先端観光コンテンツインキュベーター事業　事業成果報告書」, 2020年3月: https://www.mlit.go.jp/kankocho/content/001341404.pdf

18.「クローズアップ佐賀『有田焼　欧州富裕層向け 新たなツアー』」, NHK, 2019年12月17日放送

19.「チップレット化で「中工程」出現、日本の製造装置や材料に脚光」, 日経クロステック, 2023年6月29日: https://xtech.nikkei.com/atcl/nxt/column/18/00001/08119/

■ 第6章

1. リクルートワークス研究所,「Works 139号　雇用再興」, 2016.12-2017.01: https://www.works-i.com/works/item/w_139.pdf

2. Børne- og Undervisningsministeriet, "Aktivitet på arbejdsmarkedsuddannelser (AMU) – Landstal": https://uddannelsesstatistik.dk/Pages/Reports/1808.aspx

3. 加藤 壮一郎 (2014),「デンマークのフレキシキュリティと社会扶助受給者：就労支援のガバナンス・プロセスを中心に」: https://sucra.repo.nii.ac.jp/records/10218

4. 労働政策研究・研修機構,「北欧の公共職業訓練制度と実態」, 2016年5月31日: https://www.jil.go.jp/institute/siryo/2016/documents/0176_02.pdf

■ 第7章

1. Sustainable Development Solutions Network, "World Happiness Report 2023", 2023年3月20日: https://worldhappiness.report/ed/2023/

2. Héctor García, Francesc Miralles (2016), "Ikigai: Los secretos de Japón para una vida larga y feliz", Urano

3.「なぜ『IKIGAI』は海外でベストセラーに　スペイン人著者が分析する生きがいの価値」, Hint-Pot, 2023年8月25日: https://hint-pot.jp/archives/182872

デロイト トーマツ グループ

Deloitte Tohmatsu Group

デロイト トーマツ グループは、日本におけるデロイト アジア パシフィック リミテッドおよびデロイトネットワークのメンバーであるデロイト トーマツ合同会社ならびにそのグループ法人（有限責任監査法人トーマツ、デロイト トーマツ リスクアドバイザリー合同会社、デロイト トーマツ コンサルティング合同会社、デロイト トーマツ ファイナンシャルアドバイザリー合同会社、デロイト トーマツ税理士法人、DT弁護士法人およびデロイト トーマツ グループ合同会社を含む）の総称です。デロイト トーマツ グループは、日本で最大級のプロフェッショナルグループのひとつであり、各法人がそれぞれの適用法令に従い、監査・保証業務、リスクアドバイザリー、コンサルティング、ファイナンシャルアドバイザリー、税務、法務などを提供しています。また、国内約30都市に約2万人の専門家を擁し、多国籍企業や主要な日本企業をクライアントとしています。

価値循環の成長戦略

人口減少下に“個が輝く”日本の未来図

2024年4月30日　第1版第1刷発行

著者　デロイト トーマツ グループ
発行者　松井健
発行　株式会社日経BP
発売　株式会社日経BPマーケティング
〒105-8308 東京都港区虎ノ門4-3-12
ブックデザイン　小口翔平＋後藤司（tobufune）
制作・DTP　松川直也（株式会社日経BPコンサルティング）
印刷・製本　図書印刷株式会社

本書籍に関するお問い合わせ、ご連絡は下記にて承ります。
https://nkbp.jp/booksQA

ISBN 978-4-296-20478-6
Printed in Japan